KB253835

나의 사도신경

그리스도교 신앙의 진수

후지모토 미쓰루 지음

문병철 옮김

신교횃불

나의 사도신경
그리스도교 신앙의 진수

지은이 | 후지모토 미쓰루
초판 발행 | 2012년 8월 20일

등록번호 | 제22-657호
등록된 곳 | 서울특별시 송파구 삼전동 103번지
발행처 | 도서출판 선교횃불
영업부 | 2203-2739
출판부 | 2203-2765

책 값은 뒤 표지에 있습니다.
ISBN 978-89-5546-193-3 03230

편집부에서 독자의 의견을 기다립니다.
ccm2you@gmail.com   http://www.ccm2u.com

나의 사도신경
그리스도교 신앙의 진수

후지모토 미쓰루 지음

문병철 옮김

오늘날, 우리 기독교인들이 고백하고 있는 사도신경은, 기원 8세기경의 것입니다. 그러나 그 원형이 되는 고(古)로마 신조(信條)는, 3세기 초의 힛포류토스의 「사도전승(使徒傳承)」 안에 이미 기록되어 있습니다. 즉 고(古)로마 신조는, 2세기 후반에는 이미 교회에서 쓰이고 있던 것이 됩니다. 이것은 세례 받는 자들에게 했던 질문으로, 세 개의 신앙항목(信仰項目)을 믿는가를 묻고 있는 것입니다.

"당신은, 전능하신 하나님을 믿습니까?"

"당신은, 성령으로 잉태하사 동정녀 마리아에게 나시고, 본디오 빌라도에게 고난을 받으사 십자가에 못 박혀 돌아가시고, 장사한지 사흘 만에 죽은 자 가운데서 다시 살아나시고, 하늘에 오르사 전능하신 하나님 우편에 앉아 계시다가 저리로서 산 자와 죽은 자를 심판하러 오시리라 하는 하나님의 아들이신 예수 그리스도를 믿습니까?"

"당신은, 성령과 거룩한 교회와, 몸이 다시 사는 것과 영원히 사는 것을 믿습니까?"[1]

세례라는 것은, '성부와 성자와 성령의 이름으로' 받는 것이므로, 이와 같은 질문을 했던 것이라고 생각됩니다. 세례와 같이 결부되어진 이 신앙고백은, 당시의 기독교 교회 전체에 있어서 큰 역할을 다

하고 있었습니다. C. E. B. 크랜필드의 『사도신경 강해』(新敎出版社)를 번역한 세키가와(關川泰寬)는, 역주(譯註)에서 다음과 같이 쓰고 있습니다.

"3세기의 로마에서는, 이교(異敎)로부터의 개종자가 증대하여, 그와 동반하여, 여러 가지의 다른 가르침이 교회 내에 유입되었다. 그 때문에 교회는, 전통적인 교리의 재통합에 한 발 다가서게 되고, 교회의 정통한 신앙을 말로 나타내고, 세례를 받기 위한 세례자 교육과 함께 올바른 교리의 확립이라는 것을, 신조의 형성에 의해 목표로 삼게 되었다."[2]

고(古)로마 신조[3]는 정통신앙의 기준으로써, 이단적인 가르침을 배제하는 역할을 담당하고, 그리스도교 신앙의 기본 진수를 콤팩트하게 한데 모아 정리한 것으로서 암송되어, 전해 내려 옵니다. 이 고(古)로마 신조는, 당시의 교회에 있어서, 보편적으로 고백되어진 것이 아니고, 어디까지나 지역적으로 쓰이고 있었다고 생각됩니다.

또 이와 비슷한 신조는 다른 것도 존재하고 있었습니다. 이윽고 고(古) 로마 신조는, 교리논쟁을 결정하기 위해 열린 교회회의에서 더욱 정리되어, 니케아, 콘스탄티노스폴리스신조(서방교회뿐 만이 아니고 그리스 로마 정교회에서도 쓰이고 있다)가 형성되고, 시간이 흘러 사도신경도 공동신조로서 쓰이게 됩니다.

사도신경은, 현대에서는 거의 모든 프로테스탄트(개신교) 교회의 예배에서 고백되고 있는 것입니다. 이것은 독일의 종교개혁가인 마르틴 루터까지 거슬러 올라갑니다. 그는 사도신경을 존중하고 「소교리문답(小敎理問答)」에도 쓰고 있습니다. 레이브니히는, 루터가 사도신경을 사용한 이유로서 이 사도신경이 갖는, 교단교파(敎團敎派)를 초월한 공동성을 들고 있습니다. "종교개혁은, 하나의 분파(分派)로서 가 아니고, 하나의 참된 공동의 교회의 갱신으로써 이해되어지는 것에 최대의 가치를 두고 있다는 것이다."[4]

사도신경은 성부 성자 성령 되시는 하나님을 고백하면서도 압도적으로 많은 글자 수를 성자 되신 그리스도께 대해 적고 있습니다. 그것만으로도, 과연 이것은 그리스도교의 신앙고백이라고 생각됩니다만, 그것 이상으로 이 책에서는 「우리는 십자가의 그리스도를 믿사오며」의 장에서 언급하고 있듯이, 역사성 객관성을 보고 간파할 수 있습니다.

요컨대, 사도신경은 신앙인의 경건한 사상의 요약도, 그리스도의 가르침을 한곳에 모아 정리한 것도 아닙니다. 하나님께서 그리스도를 통해서 하셨던 역사적 사실의 선언이고, "그 말씀을 통해서, 위대하신 하나님께서 역사하셨던 때로 우리들을 되돌린다."[5]는 것입니다. 구약 성경에서 하나님의 백성 이스라엘 민족을 애굽(이집트)에서 탈출해 내는 위대하신 하나님의 구원의 역사(役事) 과정에서 생긴 일들을 토대로 역사(歷史), 벌어진 일, 인생을 생각했던 것처럼 사도신경을 고백하는 사람들은, 구원의 근거는 자신들 속에 있는 것이 아니고, 자신들 밖에, 즉 예수 그리스도의 역사적 사실 가운데에 있다고 생각하고 있는 것입니다.

본서에 대한 개요, 장르, 목차, 특징에 대하여

이 책은 기독교 신앙을 갖고 있는 사람이라면 누구나가 한 번쯤은 읽고, 자기의 신앙을 확인해 볼 필요가 있는 내용이라고 생각한다. 신앙생활을 오래 하면서도 그 대답을 어려워하던 '예수님이 어떤 분이신가?' 그리고 '나의 구원의 확증은 무엇인가? 나의 신앙생활의 태도는 어떠한가? 말씀을 나의 삶에 어떻게 적용해야 하는가?'라는 물음에 확실하게 답을 해 주는 책이라고 할 수 있다. 기독교 신앙의 핵심적인 내용을, 사도신경의 구절구절을 본문으로 하여 제시하고 있는데, 예화와 함께 성경말씀을 그대로 본문에 실어서 설명을 해 주고 있으므로 성도라면 누구나 이해하기 쉽게 되어 있다.

저자인 후지모토 미쓰루는, 목사인 아버지의 신앙을 물려받은 크리스천 가정 출신의 목사로, 미국 유학생활 7년을 경험한 후(역사신학을 전공한 철학박사) 일본으로 돌아와서 25년간 목회를 하고 있는 중이다. 이 책을 보면 알 수 있듯이 일본인 특유의 섬세함에다가 미국 유학생활에서 체험한 개방적인 사고가 더해져 신학적 사고의 폭이 넓은 것을 볼 수 있다.

구약시대의 역사적인 사건들, 하나의 신화나 이야기로밖에 끝날 수 없는 사건들을 하나님께서 역사하셨던 사건의 한 부분 부분으로 이해하고, 현대에 사는 우리들에게 영적인 신앙의 눈으로 바라볼 수 있도록 알기 쉽게 설명해 주고 있다. 이러한 맥락에서 이 책을 통해 '사도신경의 배경과 역사적인 사실' 그리고 '예수님이 어떤 분이신가?', 그리고 '우리는 구원의 확증을 갖고 있는가?' 하는 물음에 대한 해답을 얻을 수 있다. 더욱이 아직 예수님을 알지 못하는 사람들이 읽어도 충분히 이해가 되도록 예화를 곁들여서 설명하고 있기 때문에 구원의 진리를 이해하는 데 많은 도움이 되리라 생각한다.

일본선교

청년 시절에 주님을 영접하고, 어머니 최인순 권사와 함께 드린 헌신적인 새벽기도가 응답이 되어 동생이 구원받고 목사가 되었다(성남 반석교회 문덕용 목사). 결혼 후 아내와 온 가족(1남2녀 자녀를 둠)이 "온 가족 온전한 주일성수"를 모토로 지금까지 신앙생활을 하고 있다.

역자는 2004년 서울에 하얀돌교회를 세우기도 했고, 해외선교비지원과 농어촌 미자립교회 돕기를 했고, 일본으로 건너 와 일본의 (株)FOREVER의 대표취체역으로서 사업과 전도를 병행하고 있는 자비량선교사로 활동하고 있다.

역자는 2011년 3월11일의 일본동북아대지진 이후에도 계속 일본에서 선교활동을 하면서 한국어교실에 오는 일본인들에게 한국어와 한국 문화를 가르치고 있는 데, 지진이 일어나고 3일째 되던 날 한국어를 배우러 온 분들에게 기도하는 법을 알려 주고 같이 기도를 드리기도 했는데 그들은 눈물을 흘리며 기도를 드렸다, (후에 그들 중 한 사람을 교회로 데리고 갔다.)

또, 한 여성분에게 한국어공부 시간에 복음성가 "당신은 사랑 받기 위해 태어난 사람" 등을 노래부르면서 한국어를 읽히게 했고, 이 "나의 사도신경" 번역내용을 가지고 성경공부처럼 공부하기도 하면서 전도를 해서, 지난 5월25일 영국인 남편과 딸과 함께 영국으로 갔는데, 영국으로 가기 전에 같이 기도하면서 꼭 영국에 가거든 교회에 가라고 했더니 그렇게 하겠다는 약속을 하고 영국으로 떠났다. 이렇게 예수님을 알지 못하는 일본 분 들에게 예수님의 창조사역과 예수님이 어떤 분이라는 것을 알려 주고, 복음성가와 찬송가를 통한 노래로 한국어를 가르치고 있다.

세계모든 나라가운데에 이스람권을 제외하고는 전도와 선교하기가 가장 어렵다는 곳이 일본입니다. 경제적으로 풍요로움과 다수의 종교를 믿는 일본인들에게는 자기에게 이익이 있다면 뭐든지 믿는 일본인들의 종교관과 사상 때문에 하나님의 말씀이 들어가기 어렵다.

이들에게 "원수를 사랑하라"고 가르쳐 주신 주님의 말씀대로 일본인들의 구원에 노력하고자 한다.

지난 2월18일 과 5월19일~20일 후쿠시마현(福島県) 이와키시(い、わき市)에 있는 우찌고(内郷) 그리스도 교회를 방문하여 현지에서 목회와 자원봉사 활동을 하고 있는 가나리(金成孝悟)목사님의 안내로 토미오카(富岡: 후쿠시마 원자력발전소로부터 약 4km정도 떨어진 마을로 방사능으로 인해 주민들이 살 수 없게 된 마을)마을에서 피난을 와서 가설주택에 살고 있는 분들을 위한 위로 공연(복음가수 여성 듀엣 "올리브")과 자원봉사(쌀과 생수 등 생활필수품을 집집 마다 방문 무료배급) 를 위해 16명으로 구성된 자원봉사단을 꾸려서 다녀왔다. 모든 것을 한 순간에 잃어 버리고 좌절과 고통 속에 살아가고 있는 피난민들을 위로하고 물질적 정신적으로 조금이라도 도움이 되었으면 하는 마음으로 다녀왔고 앞으로도 이 자원봉사 활동을 계속하면서 고난에 처한 그들에게 예수그리스만 영접하면 모든 것이 해결 받는 다는 사실을 전해 주려고 한다.

"일본인들은 태어날 때는 신사(神社)를 찾아가고, 결혼할 때는 교회나 성당을 찾고, 죽은 후에는 절로 간다"는 말이 일본인들의 종교관을 잘 반영한다. 일반적으로 일본인들은 신사(神社)는 현실세계의 욕구나 희망을 추구하는 장소로 인식하고, 절은 사후세계의 희망을 추구하는 장소로 인식한다.

지난해 1월 말경, 후지모토 미쓰루(藤本 満) 목사님으로부터『나의 사도신경』을 한 해 동안 주일설교를 한 후에 책으로 출간 할 계획인데 한국에서도 출간을 했으면 하는데 번역을 해보라는 말씀을 듣게 되었다. 나는 처음 하는 작업이라 설레임과 또 한편으로는『사도신경』으로 얼마나 좋은 내용의 설교가 되고 책으로 될 수 있을까 하는 마음도 조금은 솔직히 있었다.

왜냐하면 오랜 신앙 생활을 해온 신앙심 깊은 성도들이라 할 지라도 사도신경이라는 단어 만으로도 중압감을 느낄 것이라고 생각했던 것이다.

그러나 그러한 우려는 완전히 잘 못된 것이었음을 설교를 듣는 동안에 이미 하나씩 하나씩 불식되어가고 있었다. 존·웨슬레의 성령·신앙부흥운동에 대한 연구서를 많이 내신 후지모토 미쓰루 목사님의 성경말씀을 기초로   한 철저한 복음주의적인 영적 설교는 나의 마음 깊은 곳으로부터 영적인 교감을 통해 주님과 좀더 가까이서 만날 수 있는 기회가 되었다.

지금까지의 신앙을 되돌아 보면서 말씀을 아는 것과 말씀대로 사는 것은 정말 너무나도 틀리 다는 것을 깨닫는 계기가 되었다.

그로부터 얼마 후 뉴질랜드의 크라이스트처치에서 지진이 발생하여 30여명 가까운 일본인이 사망하는 사건이 발생했다. 그리고 다시 그로부터 얼마 후 3월11일, 일본열도는 동북지방에서 대형 지진과 쓰나미가 발생하였다, 원자력발전소의 방사능 문제가 온 세상의 뉴스가 되는 엄청난 사건이 일어났다.

나는 그날 아는 분을 우연히 만나게 돼서 그 분의 안내를 받아 미조노구찌역(溝の口駅) 앞에 있는 마루이(丸井) 백화점 4층 안에 있는 커피숍에 따라 들어 간지 5분도 채 되지 않아 지진이 발생했는데, 종업원이 가지고 온 커피를 내려놓고 아직 제대로 마시지도 못했는데, 갑자기 손님들 중 몇 사람이 테이블 밑으로 고개를 숙이길래 나는 동전이 떨어져서 주우려는 줄 알았다.

웅성 웅성 하는 웅성거림속에 누군가가 "지진이다" 하는 소리가 들려 왔고, 그래도 나는 그 때까지는 아무런 느낌도 느낄 수가 없었다. 주위를 돌아 보려고 고개를 돌리는 순간! 건물 전체가 "부지직 부지직" 소리를 내면서 흔들리기 시작했다. 내가 있던 백화점 4층의 커피숍은 빙 둘러서 유리로 되어 있고 천정이 높았다. 일본사람들은 지진에 익숙해져 있었기 때문에 바로 알아 차리고 테이블 밑으로 고개를 숙이고 몸을 피했던 것인데 나는 처음 경험하는 거라 전혀 알지를 못했던 것이다.

마치 영화의 한 장면 같았다. 망치로 뒤통수를 얻어 맞은 듯 아무런 생각도 나지를 않고 머리속이 하얗게 된 것 같았다. 백화점 건물이 다 무너지고 모두가 다 파묻혀 죽는 거 아닌 가 하는 생각이 들었다. 건물이 흔들리며 부지직 부지직 소리를 낼 때마다 여자들의 비명이 들려오고, 아수라장이 되어 갔다.

나는 그대로 계단을 향해 뛰어 내려갔다. 밖으로 나가는 정문에는 경비하는 사람들이 손을 맞잡고 밖에서 들어오지 못하게 막고 있었다. 밖으로 나 갈 수는 있었다. 빌딩들이 곧 넘어져서 나를 덮칠 것 같이 느껴졌고, 자전거를 타고 강변쪽으로 가는 도중에도 길이 지진으로 인해 움직이기 때문에 붕붕 뜨는 느낌에다가 마치 미끄러운 얼음판 위를 자전거를 타고 가는 기분으로 미끄러지기도 했다. 야나기상으로부터 메시지가 들어 왔다. 높은 건물이 없는 강변쪽으로 피하라는 것이었다. 자기가 있는 곳에서는 방금 집이 무너졌다고 하는 메시지가 들어 왔다 그리고는 얼마 후부터는 아예 전화기가 전부 불통이 되어 버렸다. 강변까지 가는 도중에 다까쓰 임마누엘 교회가 있었기 때문에 교회 앞으로 먼저 가서는 교회밖에 선채로 기도를 드렸다. "하나님 아버지 도와주소서!" 라고.

기도를 마치고는 강변쪽으로 가는 데 지인이 운영하는 카페앞으로 지나게 되었는 데 사람들이 "안으로 들어 오라는 것이다. 여기는 1층이라 안전하니까."그렇게 해서 몇 시간 동안 피해 있다가 저녁때가 되어서 집으로 가봤는데 책상은 뒤죽박죽이 되고 위에 있던 물건들은 바닥으로 떨어져 흩어져 있었고, 화장실의 변기의 물이 넘쳐서 화장실바닥이 물바다가 되었었다. 그런 가운데에도 제일 먼저 걱정이 된 것은 노트북이었다. 물통을 옆에 세워 둔 채였는데 기가 막히게 그 물통만은 넘어지지 않고 옆으로 비뚤어지게 서 있었다. 나의 전 재산이나 마찬가지인 이 컴퓨터 가 없어지면 나는 정말 모든 것이 끝나는 절망적인 상황이었던 것인데 하나님께서 도와 주셨던 것이다.

일본의 종교는

1. 일본의 신토오(神道) 2. 일본의 불교 3. 일본의 기독교

일본 문화청에서 발간한 『종교연감』에 따르면, 2009년 1월 현재 일본의 종교인 수는 신토오(神道) 약 1억 843만 명, 불교 8750만 명, 기독교 237만 명, 기타 888만 명으로 추산되고 있다. 총인구 수를 상회하는 이러한 수치는 한 사람이 복수의 종교에 관여하는 경우가 많다는 것을 의미하는데, 이는 신앙에서 우러난 것이라기보다 각 종교 행사가 일상생활에 녹아 있는 일본의 독특한 종교 사정을 반영한 것이라고 볼 수 있다. 팔백만의 신(야호요로즈노가미: 수많은 신)이라고 하는 말이 있듯이 신들의 수는 극히 많다

"일본인들은 태어날 때는 신사(神社)를 찾아가고, 결혼할 때는 교회나 성당을 찾고, 죽은 후에는 절로 간다"는 말이 일본인들의 종교관을 잘 반영한다. 일반적으로 일본인들은 신사(神社)는 현실세계의 욕구나 희망을 추구하는 장소로 인식하고, 절은 사후세계의 희망을 추구하는 장소로 인식한다.

1. 일본의 신토오(神道)

일본의 신토오(神道)는 정령신앙(精靈信仰)에서 기원한 것으로, 매개체를 통해 죽은 사람의 영령(英靈)을 접할 수 있다고 생각한다.

6세기경 일본에 불교가 전래된 이후 신토오(神道)가 쇠퇴하였으나 에도(江戶) 시대(1603년~1867년)에 다시 부흥하였다. 메이지(明治) 시대(1868년~1912년)에는 천황이 신의 후손임이 헌법에 명시되었

는데, 신도(神道)의 전설에 따르면 황족은 신의 직계자손이라고 한다.
이는 제2차 세계대전에서 패한 후 연합군이 신도(神道)를 국가로부터
분리시킬 때까지 계속되었다.

2. 일본의 불교

일본의 불교는 6세기 중반 지배층에 의해 대륙문화의 일부로서 도
입되었다. 궁정의 보수파가 불교의 도입을 반대하였으나 쇼토쿠 태자
(聖德 太子)가 불교에 관심을 갖게 되어 7세기부터 국교(國教)로 인
정되었다. 나라(奈良) 시대(710년~794년)에 중국식 사찰이 다수 건
축되었으며, 불교로 인해 전통 신도(神道)에도 불교적인 색채가 가미
되었다. 나라시대에 정립된 6개 불교종파 중 3파가 현재까지 잔존하
고 있다. 헤이안(平安) 시대(794년~1185년)에는 신도(神道)와 불교
의 공존이 합법화되었다.

현재 승려 수는 약 16만 명, 절은 8만여 개로 추정되며, 신도(神道)
예식이 결혼이나 출생 등 길사(吉事)에 행해지는 데 비해 불교예식은
주로 장례 때 이용된다.

3. 일본의 기독교

일본의 기독교는 포르투갈 제수이트(Jesuits) 교파(教派)에 의해
16세기 중엽에 도입되었으며, 17세기까지 수십 개의 교회가 건립되
었다. 그러나 기독교인들이 일본을 식민지로 만들기 위해 포교활동을
한다고 생각한 도요토미 히데요시(豊臣 秀吉)에 의해 1587년부터 박
해를 받기 시작하였다. 그로부터 10년 후 나가사키(長崎)에서 26명의
기독교도들이 십자가형을 당한 이후 2세기 동안 일본은 외부 세계로

부터 고립되었다.

메이지(明治) 시대(1868년~1912년) 초기부터 미국과 서구의 개신교파 선교사들이 도쿄(東京)와 요코하마(橫濱)에 교회를 건립하고 학교와 병원 등을 지어 사회에 공헌하기 시작하면서 기독교가 다시 부활하게 되었다.

현재 일본의 기독교도는 전체 인구 1억3천만명의 0.8%으로 소수파인데, 지금까지 기독교 신자가 인구의 1%를 넘은 적은 없으며, 일본의 기독교 관계자는 이를 가리켜 '1%의 벽'으로 표현하기도 한다.

마지막으로 이 책을 내기까지 많은 협조를 해 주신 후지모토 미쓰루(藤本 滿) 목사님 내외분과, 어머니 최인순권사의 기도와 아내 김영숙집사의 내조에 감사 드린다. 성남반석교회의 문덕용목사는 육적으로는 동생이지만 언제나 영적으로 나를 이끌어주고 있는 것에 감사한다. 어려운 경제사정 가운데에서도 구김살 없이 밝게 자라고 있는 아이들 서영, 서정, 다니엘에게 그리고 언제나 가까이서 나를 돕고 있는 야나기 다카노리와 친구 정용섭에게 감사한다. 이 책을 출판해 주신 선교횃불의 김수곤 장로님께도 감사 드리며, 그러나 무엇보다도 하나님께 감사 드린다.

"나의 가는 길을 오직 그가 아시나니, 그가 나를 단련하신 후에는 내가 정금같이 나오리라"(욥기 23장 10절)

2012년 6월 12일
문병철

이 책은 대담하게도 「기독교 신앙의 진수(眞髓)」라고 부제를 달았습니다. 사도신경을 해설하는 것으로, 기독교 신앙의 본질적인 요소에 접할 수가 있기 때문입니다. 그저 이 책에서 할 수 있는 것은 '진수'에 접하는 정도의, 신앙의 입문(入門)에 이르는 것입니다. 이 책은 오히려, 기독교 신앙의 알맹이(핵심)를 해설해 감으로써, 신앙으로 사는 것에 역점을 두고 있습니다. 거기에서 책 이름을 『나'의' 사도신경』이라고 했습니다. 사도신경이 고백하고 있는 알맹이(핵심)를 신학적으로 이성적으로 이해해 가는 동시에 그 영적인 현실을 「나'의' 것」으로 하기 위해 이것들의 설교를 강해했습니다.

제가 목회하고 있는 임마누엘 종합전도단, 다카쓰(高津)그리스도교회는, 18세기 영국의 신앙부흥운동(성령부흥운동)의 존 웨슬레, 또 거기에 계속해서 19세기 홀리니스(신성함) 운동의 유파(流派)를 이어받고 있습니다. 웨슬레는 신앙고백을 신학적으로 해설하고 논했습니다. 그러나 동시에 그는, 신앙신조를 자기의 것으로 하는, 즉 고백하고 있는 것을 명확히 '사는 것'에 역점을 두었습니다.

그것은 이같은 체험이 시작이었습니다. 존 웨슬레는 17세에 옥스포드대학에서 공부하고, 22세에 영국국교회의 조제(助司祭)의 안수를 받고, 25세에 사제(司祭)의 안수를 받았습니다. 대학원에서는 '홀리클럽'을 결성하여 성경과 신학을 공부하고, 형무소와 병원을 방문하며, 주위로부터 메도디스트(Methodist: 規律家)라고 할 정도의 지독하게 깐깐한 성격의 신앙의 교사였습니다. 도리나 이치, 지식에 치우쳐 있던 그가, 32세에 미국으로 선교하기 위해 건너간 때, 거기서 복음체험을 강조하는 독일 경건주의의 모라비아 파의 사람들을 만납니다.

어느 날, 웨슬레는 모라비아 파의 지도자 슈팡겐베르그에게 영적인 조언을 구합니다. 그러자 그는, 반대로 이런 질문을 웨슬레에게 던집니다.

"'형제여, 그럼 처음으로 질문 드려 보겠습니다. … 당신은 예수 그리스도를 알고 계십니까?' 웨슬레는 잠시 시간을 두고, '주가 이 세상의 구주이신 것을 알고 있습니다.'라고 대답했다. 그러자 그는, '틀림없이 그렇습니다. 그러나 주가 당신을 구원해 주신 것을 아십니까?'라고 물었다. … '예, 알고 있습니다.'라고 대답했지만, 그것들이 헛된 거짓말이라는 것을 웨슬레 자신은 알고 있었다."[6]

이 때 웨슬레는, 사도신경의 핵심 내용에 대해서는 깊게 이해하고 있어도, 그 신앙고백이 자신의 것이 되어있지 않은 것을 충격적으로 깨달았습니다. 이 일은 후에 웨슬레의 미래를 결정짓게 만들었습니다. 정통신앙을 이해해야, 논할 수가 있고, 전할 수가 있으므로 그것은 대단히 중요합니다. 이러한 것은 성경으로부터도 확인할 수가 있습니다. 바울은 고린도전서 15장에서, 역사적인 진리로써 복음을 전할 것과 믿는 일에 대한 중요성을 강조하고 있습니다.

"형제들아 내가 너희에게 전한 복음을 너희로 알게 하노니 이는 너희가 받은 것이요 또 그 가운데 선 것이라 너희가 만일 내가 전한 그 말을 굳게 지키고 헛되이 믿지 아니하였으면 그로 말미암아 구원을 받으리라 내가 받은 것을 먼저 너희에게 전하였노니 이는 성경대로 그리스도께서 우리 죄를 위하여 죽으시고 장사 지낸 바 되셨다가 성경대로 사흘 만에 다시 살아나사 게바(베드로)에게 보이시고 후에 열두 제자에게와 그 후에 오백여 형제에게 일시에 보이셨나니"(고전 15:1-6).

예수 그리스도께서 십자가에서 돌아가시고 부활하시어, 분명히 드러내신 것은 '역사적 사실'이고, 이 십자가의 부활은 복음의 가장 중요한 사항입니다. 그것을 전하는 자가 있고, 이해하고 받아들이는 자가 있다는 것을 그 전달하는 가운데에서, 진리가 확실하게 유지되어 온 것을 사도 바울은 강조하고 있습니다. 사도신경은 그와 같이 계승되어 왔습니다. 그러나 사도 바울은 여기서, 역사적 객관적인 옛날에 일어났던 일로서의 '진리'라고 하는 이해만으로 신앙을 머물게 하는 것은 아닙니다. 그리스도의 구원과 부활하신 모습은, 예수님이 살아 계셨던 시대에는 접촉점이 없었던 사도 바울 자신에게도 미칩니다.

"그 후에 야고보에게 보이셨으며 그 후에 모든 사도에게와 맨 나중에 만삭되지 못하여 난 자 같은 내게도 보이셨느니라"(7-8절).

요컨대, 우리가 사도신경을 고백할 때, 그것을 기독교 신앙이 제시하는 진리로 믿고, 거기에 서고, 그것을 유지하는 것만이 아니고, 사도신경에 나타나 있는 하나님의 능력, 그리스도의 구원, 성령의 역사하심이 나에게도 미치고, 부활의 주님이 나에게도 나타나 주신다는 것을 믿고 있는 것입니다. 기독교 신앙이 약 2천년 동안 유지되어 왔다는 사실은, 바른 가르침이 지켜져 왔다라고 하는 것만이 아니고, 옛 신앙인들, 신앙의 선진들이 체험해 온 기독교 신앙의 넘치는 은혜를, '지금'도 우리들이 '살아있는 사실(事實)'로서 체험하고 있기 때문입니다.

예수 그리스도에 관한 고백에 대해서는, 전반을 「… 의 예수를 믿사오며」로 하고, 십자가에서 일어난 사건으로부터는 「… 의 그리스도를 믿사오며」로 하고 있습니다. 이것은 소위 역사적인 예수와 초대교회의 신앙의 대상이신 그리스도라는 현대성서학(現代聖書學)의 구별이 아니고, 복음서에 그려진 예수 그리스도를 그대로 뒤좇아 간 것뿐입니다.

예수님은 베들레헴에서 나시고, 나사렛 지방에서 자라시고, 이윽고 사역을 시작하시고, 권위 있는 가르침을 설파하십니다. 귀신을 쫓아내시는 모습에, 사람들은 "도대체 이분은 누구신가!" 하고 매우 놀라고, 제자들은 수많은 기적을 눈으로 목격하고, 드디어는 이분이야말로 "그리스도(구세주)"라고 고백합니다.

예수님의 가르침과 기적이 얼마나 위대했다 할지라도 눈앞에 있는 한 사람의 인간을 '그리스도'라고 고백하기에는, 상당한 갈등이 있었을 것입니다. 그것을 뛰어넘어, "주님은 그리스도이십니다."라고 제자들이 고백한 때, 그들이 상상했던 그리스도는 로마제국의 압제로부터 유대인들을 해방시키고, 이스라엘 왕국을 재건시켜 줄 강력한 정치적 종교적 지도자였습니다. 그러나 예수님은 세상의 죄를 등에 지시고 자신의 목숨을 던지신 '고난의 그리스도'를 선언하십니다.

나사렛 예수가 하나님의 아들 그리스도이신 것을 이해하는 것은 물론, 그 그리스도께서 사람들로부터 버림당하시고, 멸시당하시면서 십자가에 달리신 때, 이 고난이 하나님의 최대의 구원의 역사이심을 이해하기에는 상당히 큰 신앙의 에너지가 필요한 것임은 틀림없습니다.

예수 그리스도를 믿기에 즈음하여, 이 두 단계의 신앙의 에너지가 필요했었던 것을 표현하기 위해서, 감히 십자가를 경계로 해서 그 이전을 '예수', 그 이후를 '그리스도'로 했습니다.

사도신경 전문
The Apostle's Creed

전능하사 천지를 만드신 하나님 아버지를 내가 믿사오며,

그 외아들 우리 주 예수 그리스도를 믿사오니,

이는 성령으로 잉태하사 동정녀 마리아에게 나시고,

본디오 빌라도에게 고난을 받으사,

십자가에 못 박혀 죽으시고,

장사한지 사흘 만에 죽은 자 가운데서 다시 살아나시며,

하늘에 오르사 전능하신 하나님 우편에 앉아 계시다가,

저리로서 산 자와 죽은 자를 심판하러 오시리라.

성령을 믿사오며,

거룩한 공회와,

성도가 서로 교통하는 것과,

죄를 사하여 주시는 것과,

몸이 다시 사는 것과,

영원히 사는 것을 믿사옵나이다. 아멘

목차 contents

1. 천지를 만드신 하나님 아버지를 내가 믿사오며

"태초에 하나님이 천지를 창조하시니라"
(창세기 1장 1절)

성경을 펴서 첫 장에 무엇이 쓰여 있을까 살펴보면, 제일 첫 줄에 "태초에 하나님이 천지를 창조하시니라"는 구절이 눈에 들어옵니다. 현대인들이 이것을 보면 가장 먼저 어떤 느낌을 받게 됩니까? 저는 크리스천 가정에서 자랐기 때문에, 하나님께서 천지 창조하신 것을 당연한 것으로 받아들입니다. 그러나 기독교 신앙을 접해본 적이 없는 공립학교에서 교육을 받은 사람이라면 무엇을 생각할 수 있을까요?

일본의 교육은 일방적으로 진화론(進化論)을 가르치고 있습니다. 그것을 당연한 과학의 이론으로 가르치고 있습니다. 하지만 이 세계에는 하나님에 의한 창조론을 믿는 사람이 있는가 하면, 진화론을 '가설(假說)과 관찰'이라는 전제에 입각한 하나의 학설에 그친다고 생각하는 사람도 있습니다. 즉 진화론은 증명된 진리가 아니라 가설을 세워 놓고 여러 가지로 관찰을 하는 과정에서 마치 진리인 것처럼 여기게 된 하나의 학설에 지나지 않는다고 생각하는 사람들이 있다는 것입니다. 19세기에 진화론이 등장한 이래, 이것을 보편적으로 받아들여, 과학자로부터 일반인, 어른부터 아이에 이르기까지 진화론에 물들여져 왔다는 점에서, 현대인은 그 영향 아래 있다고 생각됩니다. 모두가 당연한 일로 여기며, 진화의 과정을 전제로 지구와 동물 그리고 인간을 언급하고 있습니다.

그와 같은 정신적 토양에서 자란 사람들이 "태초에 하나님이 천지를 창조하시니라"라는 성경의 첫 구절을 읽으면, 성경은 고대문서나 신화적인 이야기책이라고 생각할 수밖에 없을 것입니다. 이것이 기독교라고 한다면, 자기는 도저히 따라갈 수 없을 것이라고 단정하고는 아예 성경을 덮어버릴지도 모릅니다.

잠시 그 성급한 생각을 누르고, 눈을 돌리시길 바랍니다. 현 세계에는 과학의 최첨단을 열어 가면서도, 천지 창조주이신 하나님을 믿고 있는 과학자들이 많이 있습니다. 과학의 길에 정진하고 있다는 것이 신앙의 세계를 부정하고 있다는 것은 결코 아닙니다. 하나님을 믿는다면 과학을 버리지 않으면 안 되는 것이 아닙니다. 반대로 또 당연히 과학을 믿고 있다고 해서 신앙을 버리게 되는 이유가 되지도 않습니다.

과학은 이 세계의 성립(成立)을 탐구하고, 어떠한 인과관계에 의해 현재 세계의 모습이 되어 있는지를 해명하고자 합니다. 그러므로 세계의 성립 과정과 움직임을 해명했다고 해서 이 세계를 창조하신 분을 부정할 수는 없을 것입니다.

과학은 신앙을 부정하는가?

진화론적인 관찰을 가지고 단순히 하나님이 천지만물을 창조하셨다는 사실을 부정해 버리는 사람이 있다면, 이런 예화를 들어 생각해 보고자 합니다.

어느 날 밤, 남태평양 외딴 섬 위에 비행기가 날아 왔습니다. 굉장한 엔진소리와 함께 비행기는 그 섬 위를 저공비행으로 날아가다가, 해변에 손목시계를 떨어뜨리고는 사라져 갔습니다. 다음날 아침, 우연히 한 마을 사람이 반짝거리며 빛나는 손목시계가 해변에 떨어져 있는 것을 발견했습니다. 그 섬에 있는 어느 누구도 그렇게 생긴 물건을 본 적이 없었습니다. 순식간에 그 뉴스는 마을 전체에 퍼져 갔고, 마을 사람들이 이 작은 시계 주위로 모여 들기 시작했습니다. 처음에는 멀리 떨어져서 그 시계를 무서워하며 바라보고만 있었습니다. 그러다가 조금씩 호기심이 생겨 다가갔습니다.

드디어 누군가가 용기를 내어 만져 보았습니다. 만져본 남자는 빙그레 웃었습니다. 계곡의 돌보다도 더 반들반들하고 단단하고 차가웠습니다. 그러다가 그 물건을 귀에다 대보고는 소스라치게 놀라서 떨어뜨리고 말았습니다. '째깍 째깍' 하는 소리가 들렸기 때문입니다.

아침 일과가 시작되는 시간입니다. 모든 마을 사람이 거기에 앉아서 이 시계를 보고 있었던 것은 아닙니다. 그러나 어느 세계, 어느 사회에도 시간적 여유가 있어서 한가한 사람과 호기심이 왕성한 사람이 있기 마련입니다. 그곳에서도 호기심 있는 몇 명이 앉아서, 이 미지의 물건을 연구하기 시작했습니다.

그렇게 해서 이 시계는 몇 년 동안이나 이 마을에 머물러 있게 되었습니다. 그런 가운데 조금씩 그 연구의 성과가 생겨났습니다. 긴 바늘이 일정한 주기로 한 바퀴 도는 것은 간단히 발견했습니다. 얼마 지나지 않아 누군가가, 긴 바늘이 한 바퀴 돌면 짧은 바늘이 한 눈금 씩 움직이는 것도 관찰했습니다.

그러다가 그들 중 누군가가 자랑스럽게 이야기를 했습니다.

"어이, 이 바늘이 오늘도 어제 아침과 같은 곳을 가리키고 있네."

이것은 놀라운 발견이었습니다. 틀림없이 이 물건은 태양과 함께 움직이고 있는 것이라는 생각에 미치게 되었습니다. '그렇다면 이 시계가 태양을 움직이고 있는지도 몰라.' 아니, 성급한 사람은 이렇게 선언했습니다.

"드디어 저 태양을 콘트롤하는 물체를 우리가 발견한 것이다!"

그러다가 다른 누군가가 변칙적이긴 하지만 달도 함께 움직이고 있는 것을 발견하자, 이 주장(說)은 더욱더 설득력을 갖게 되었습니다.

그 이후로 마을 사람들은 이 시계에 어떤 두려움과 공포를 느꼈습니다. 그렇게 이야기하던 중에, 시계를 발견했던 전날 밤에 섬 전체에 굉장한 폭음이 들렸던 것을 기억해 냈습니다. '이 물체는 도대체 어디서 온 것일까?' 이를 놓고 억측의 이야기가 많이 나왔습니다. "거대한 벌이 떨어뜨리고 갔다, 날개 달린 사자가 하늘로부터 날아 와서 떨어뜨렸다." 등등. 두려운 나머지, 이 시계를 격리시키는 것이 좋겠다고 주장하는 사람도 있었고, 주술사에게 맡겨 관리하자는 사람도 있었습니다. '만일 이것이 태양과 달을 콘트롤하는 것이라면, 또 만일 이것이 거대한 벌이나 날개 달린 사자가 놓고 갔다고 한다면, 어마어마한 재앙이 이 섬에 닥칠지도 몰라!'

그러나 연구그룹은, 조금 더 냉정했습니다. 그리고 좀 더 신경을 써서 시계를 관찰했습니다. 그들은 이 시계를 보면서 이 시계를 만든 존재를 생각하게 되었습니다. 그리고 몇 가지의 결론을 끌어냈습니다.

〈시계는 규칙적이며, 그 움직임이 예측 가능하다. 아무렇게나 움직이지 않는다. 또 내구성이 있다.〉

〈이것을 만든 사람은 그 기능을 잘 생각하고 만들었다. 그것은 또한 아름다움도 지니고 있다. 빛이 난다. 그러므로 그것을 만든 자는 아름다움을 좋아한다.〉

그런데 이 마을사람 중에는, 이 시계를 만든 자는 없을 것이라고 생각한 사람은 한 사람도 없었습니다. 즉 이 시계가 아무것도 아닌 곳에서 시간이 지나, 돌연히 해변의 모래 위에서 생겨났다고 생각한 사람은 없었다는 것입니다.

그러나 극히 최근에 와서, 어떤 사람들—그것은 우리의 일이기도 합니다만—은 이렇게 생각하게 되었습니다. 그 발상은 그 마을 사람들의 머리(생각)를 훔칠 것도 없는 대담한 생각이었습니다.

"우리들은 시계가 어떻게 움직이고 있는가를 점점 알게 되었다. 이 세계의 일도 파악해서 장악하고 나니까, 해명이 가능하게 되었다. 설명이 가능하다." 그러고는 갑자기 논리가 비약했습니다. "그러니까 시계를 만든 자는 없다. 원래 존재하지 않는다. 시계는 진화해서, 지금, 이 해변에 생겨났다."

과학적인 가설을 실험이나 관찰로 논증해 가다가는 갑자기 논리를 비약시켜, 천지를 창조하신 하나님을 갑자기 완전 부정하는 것입니다.

이것을 단순하게 말하자면 이렇습니다.

"우리 아버지는 집을 지었다. 나는 그 집을 잘 연구해 봤다. 그 집이 어떻게 지어졌는지, 드디어 밝혀냈다. 실제로 지금은 우리가 집을 지을 수도 있다. 그러니까 아버지는 존재하지 않는다."

아니, 이렇게 난폭하고 어이없는 말을 과학자들이 할 리가 없습니다.

하지만 과학만능주의의 사람은 그런 것을 그렇게 말하기도 합니다. 그러나 경건한 마음을 가진 과학자라면, 이 세계의 성립과 구조 장치를 연구하고, 보다 깊은 그 신비로움에 감탄하고, 코스모스(이 세계)의 창조자를 생각하게 될 것입니다.

이 세계는 외딴 섬의 해변에 떨어진 그 반짝반짝 빛나는 시계와 닮았습니다. 거기에는 질서도 있고 규칙도 있습니다. 그리고 아름다움도 갖추고 있습니다. 웅대한 산으로부터 양파껍질 같은 세포에 이르기까지, 환상적인 아름다움도 있습니다. 새에게는 날개가 있고, 거북이에게는 딱딱한 등이 있고, 물고기는 몇 억 개나 되는 알을 낳습니다. 인간 역사의 페이지 어디를 열어봐도, 인간은 대자연에 감동하고, 그 뒤에 숨어 있는 자연을 창조한 '무언가'를 생각해 왔습니다.

이야기를 성경으로 돌립니다. 창세기 1장을 보십시오. 천지창조는 이렇게 시작되어 갑니다.

"땅이 혼돈하고 공허하며 흑암이 깊음 위에 있고 하나님의 영은 수면 위에 운행하시니라"(2절).

"하나님이 이르시되 빛이 있으라 하시니 빛이 있었고"(3절).

여기 "하나님이 이르시되"라는 구절은 독특한 표현입니다. 성경이 가르치는 하나님은, 말씀으로 이 세계를 창조하셨습니다. 여기서 '말씀으로 창조하셨다'는 것은 창조의 수단, 어떻게 만드셨는가 하는 방법을 설명하는 것이 아닙니다. '말씀으로'라는 것이 의미하고 있는 것은 무엇입니까? 창조의 역사 가운데에, 하나님의 명확한 계획, 하나님의 마음과 의지-하나님의 로고스(logos; 하나님의 말씀, 또는 그 말씀이 형태를 취하여 나타난 삼위일체의 제2위인 그리스도), 로직(logic; 수학, 기하학적 논리학), 논리, 그러한 것이 전부 있었다는 것입니다. 즉 말씀을 입으로 말했다는(發說) 그 이상으로, 하나님께서 이 세계를 주님의 계획과 의도대로 창조하셨다는 의미입니다.

하나님께서 창조하신 세계는, 이전의 혼돈상태였던 의미도 없고, 형태도 갖추지 못한 황량한 상태의 세계와 달리, 의미를 가지고 일관되고 규칙적인 아름다운 세계입니다. 그 한 가운데를 살아가는 우리 인간은 무질서한 세계에 무의미하게 존재하고 있는 생명체가 아닙니다. 사도신경의 「천지를 만드신 하나님(창조주) 아버지를 믿사오며」라고 고백할 때, 우리는 이 역사의 연속, 불연속, 우연, 우발적인 것 등등, 여러 가지 벌어지는 일들과 만나는 가운데서도, 이 작디작은 나는 결코 '무의미한 존재가 아니다'라고 고백하는 것입니다.

하나님은 질서와 계획과 의도를 가지시고, 이 세계와 그 가운데 사는 우리를 창조해 주셨습니다. 이 세계는 하나님의 은혜로 만들어지고 지켜지고, 나의 인생은 하나님의 은혜에 의해 지킴을 받고 인도함을 받고 있습니다. 얼핏 보면 아무 가치도 없는 것 같이 보이는 나의 인생일지라도, 하나님은 가치를 갖고 나를 보고 계신다는 의미를 넣어서, 천지의 창조주이신 하나님을 고백하고 있는 것입니다. 이것은 과학자들이 우리에게 가르쳐 주지 않는 대단히 중요한 진리가 아닐까 생각합니다. 과학의 원리나 설명으로는 이러한 살아있는 의미나 가치가 보이지 않는 것입니다.

일본인 크리스천으로서 고백

우리 일본인은, 이 점을 곰곰이 생각해 볼 필요가 있다고 생각합니다. 진화론은 일본인에게 이상할 정도로 많이 침투되어 있습니다. 제가 학생시절인 1970, 80년대의 청년이라면, 거의 무종교(無宗敎) 쪽으로 달려갔습니다. 왜 그런 경향으로만 달려갔던 것일까요?

우리 일본인은, 얼핏 보면 매우 경건한 종교심이 독실한 민족처럼 생각됩니다. 어쨌든 위대한 인물, 사무라이(일본 무사), 학자, 정치가, 영웅이나 위인은 모두 신처럼 받들어지는 나라입니다. 이처럼 종교심이 독실한 나라는 별로 없습니다. 맹위를 떨치는 자연, 높은 산, 깊은 숲이나, 심지어 늑대나 여우 등도 모두 신으로 받들어 모시는 정신풍토 속에 살고 있는 것입니다.

일본에는 무려 800만 신이 있다고 말합니다. "멸치대가리도 믿는 마음으로부터"라고. 자연계에 존재하고 있는 모든 것을 신으로 떠받들고 있는 것 같은 문화가 현대 일본 속에 지금도 살아남아 있습니다. 그런데 800만 신들이 있는 반면에, 일본인의 대다수는 상당히 무종교적으로 살고 있습니다. 아니, 무종교라고 말하기보다는 통과 의례적으로 종교를 취하고 있는 것 같습니다. 태어났을 때에는 신사참배에 가고, 또 매년 첫 참배는 빠지지 않습니다.

그런데 자녀가 학교 입학시험을 칠 때에는 많은 부모들이 미션스쿨(기독교 학교)에 가기를 원합니다. 확실히 인간교육을 중시하고, 높은 교육 수준을 갖고 있는 기독교 미션스쿨은 인기가 있습니다. 하지만 거기서 매일 기독교 예배가 드려지고 있다는 사실을 부모들은 어떻게 받아들이고 있을까요. 우리 크리스천조차도 한 주일에 한 번 정도 밖에 예배를 드리지 못하는데, 미션스쿨에서는 매일 예배시간이 있어서 찬송가를 부르고, 성경말씀을 듣고, 하나님께 기도드리고 있습니다. 그 정도로 기독교 색깔이 뚜렷한 학교에 자녀들을 보내고 있는 것입니다.

그리고 대개 결혼식은 기독교식으로, 장례는 불교식으로 치르고 있습니다. 불교식으로 장례를 치르다가 "아, 우리 집은 종파(宗派)가 뭐였더라?"라고 물을 정도로, 보통은 불교와 아무 관계가 없이 살아온 사람도 불교식 장례예식을 당연시 하고 있습니다. 도대체 무슨 생각으로 그렇게 여러 종교와 접하면서, 한평생을 지내는 것일까요.

자주 듣는 것처럼, 일본인은 원래 극히 현세적인 신불(神佛)에 의한 음덕(御利益; '고랴쿠'-신불의 혜택, 은혜, 영검) 때문에 신들을 받들어 섬깁니다. 가내안전, 합격기원, 인연 맺기, 풍어, 풍작 등 현세의 풍요로움과 결부시켜서 신들을 믿어 왔던 민족이 바로 일본인입니다. 그렇다면 필요가 있을 것 같은 신들이거나, 영험이 있어서 이득을 봤다고 들으면, 무엇이든지 그쪽 편이 되어 줍니다. 그렇게 되면 신사(神社)는 그 '음덕'을 강조해서 말하므로, 죽은 사후의 일은 전부 절(신사)에 맡겨 왔던 것입니다.

그런 일본에 근대 과학이 들어오자, 마치 현세의 일들은 과학으로 증명이 다 되는 듯이 생각하게 되었습니다. 진화론으로 지구를 생각해 볼 수 있고, 심리학으로 인간의 행동 패턴, 인생이나 성격, 인격을 생각해 볼 수 있습니다. 대뇌생리학으로 인간의 감정을 증명할 수도 있습니다.

그렇게 되면 하나님과 세계를, 하나님과 인간을 결부시킬 이유가 없습니다. 현세의 '음덕'만을 위해 신을 믿으면 되고, 신을 받들면 됩니다. 그리고 나머지는 전부, 과학과 학문으로 이 세계를 관리해 갑니다.

그렇기 때문에 기독교인이 「천지를 만드신 하나님 아버지를 내가 믿사오며」라고 고백하는 것은 일본에 발하는 복음의 제일성(第一聲)이 되는 것입니다. 이렇게 성경의 첫 구절은, 일본인에게 매우 충격적인 내용입니다. 즉 현세의 '음덕'이라는 관점으로 행복을 생각하고, 근대과학으로 세계와 인간을 설명하고, 세상에서 일어나는 일에 결부해 버리는, 하나님 없는 정신세계에 있어서 "태초에 하나님이 천지를 창조하시니라"라는 이 첫 구절 말씀은, 정말 충격적이고 그 만큼의 복음적인 구절은 없을 정도라고 생각됩니다.

이 고백은 인생의 새벽

1968년, 꽤 오래 전 이야기입니다. 1968년 12월 21일, 아폴로 8호는 새턴(Saturn) V형 로켓으로 쏘아 올려져, 처음으로 달의 궤도 주위를 돌았습니다. 달 주위를 몇 바퀴(8~9바퀴) 돌고 지구로 돌아오게 되었습니다. 이때 이 우주선의 우주비행사 3명은 인류 역사상 처음으로 달의 뒤쪽을 보게 되었습니다. 달은 언제나 한쪽 면밖에 지구에 보이지 않기 때문에, 그동안 달의 뒤쪽을 본 사람이 없었던 것입니다.

그들이 달의 궤도에 들어 간 때는 크리스마스 이브였습니다. 16시간 동안 달 뒤쪽의 궤도를 돌았는데, 후반에 지구와 교신이 되었고 영상을 보내기 시작했습니다. 과연 지구에서 보이지 않았던 달의 뒷면은 도대체 어떤 모습이었을까요?

선장 프랭크 보만이 대답합니다.

"달의 뒷면의 느낌은 넓고 고독하고, 모든 생명체의 존재를 배제하고 있는 듯이 보였다."

우주비행사 중의 한 사람인 짐 러브웰은 "이 달의 공허함은, 보고 있는 인간에게 경외스런 생각을 불러일으킨다. 그런 광경을 보고 있노라면, 새삼스럽게 지구의 풍요로움을 깨닫게 되네요. 여기서 보는 지구는, 마치 광대한 우주 가운데 단 한 점으로 존재하는 낙원이다."라고 했습니다.

또 한 사람의 우주비행사인 빌 앤더스는 말합니다. 이것이 그 유명한 대사입니다.

"자, 곧 지구의 출(出; Earthrise 지구의 일출)입니다."

'지구의 출(出)'이라는 것은 달에서 봐서, 지구가 맞은편에서 떠올라오는 장면을 말합니다. 태양 빛을 받은 지구가, 해처럼 떠올라 오는 광경입니다. 그렇게 해서 보낸 영상은, 파랗게 빛나는 아름다운 지구의 출(出)이었습니다. 그리고 우주비행사 빌 앤더스는 이렇게 말합니다.

"우리 아폴로 8호의 우주비행사들로부터 지구의 여러분에게 메시지를 보냅니다. '태초에 하나님이 천지를 창조하시니라 땅이 혼돈하고 공허하며 흑암이 깊음 위에 있고 하나님의 영은 수면 위에 운행하시니라 하나님이 이르시되 빛이 있으라 하시니 빛이 있었고.'"

이것은 창세기 1장 1-3절을 그대로 인용한 것입니다. 그리고 'Earthrise(달에서 본 지구의 일출)'의 영상을 지구에 보내 왔습니다. 인류 최초로 달 주위의 궤도를 돈 세 사람은, 달의 뒤쪽을 돌고 있던

16시간 동안 지구와의 교신이 도중에 끊어지자 불안하게 생각했을 것입니다. 과연 달의 궤도로부터 빠져 나와, 지구로 돌아올 수 있을까? 그런 불안은, 세계가 황량하고, 모든 생명을 배제하고 있는 고독한 암흑의 세계일수록 점점 더 불안하게 되는 것은 틀림없을 것입니다.

그러나 이윽고 그들의 눈에 들어온 것은, 광대한 우주 가운데 한 점으로 존재하는 낙원 같은 지구—그것이 생명체처럼 풍부하게 빛나고 있는 광경이었습니다. 그 때에 그들의 입으로부터 나온 말은 "태초에 하나님이 천지를 창조하시니라"(창 1:1)였던 것입니다. 과학 기술을 경탄하는 말이 아니었습니다. 조금 있으면, 달의 궤도를 나와 지구로 귀환해야 하는 상당히 어려운 과정이 기다리고 있었지만, 그것에 대한 불안의 말도 없었습니다. 그들이 멍하니 넋을 잃고 응시한 것은 하나님께서 창조하신 이 풍요한 세계였고, 이 아름다움을 전하고 싶었던 것입니다.

우리의 인생이라는 존재는, 언젠가는 달의 뒷면(공허와 실망)으로 들어가게 됩니다. 옆에서 보고 있고, 그런 곳에 가지 않아도 되지 않는가라고 생각하겠지만, 어쩔 수 없이 우리 인생은 달의 뒷면을 비집고 들어가게 됩니다. 그런 때에, 현세에서 얻게 되는 '음덕이나 이득'을 얻을 수 없게 되면, 이미 인생의 목적이나 가치, 시련의 의미, 그런 것은 존재하지 않는다고 생각해 버릴 것입니다. 원하는 것이 손에 들어오지 않으면, 혹은 보통의 행복을 느낄 수 없게 되면, 이미 그것만으로도 달의 뒷면에 들어가 있는 것 같이 실망하게 됩니다.

그러나 우리들이 「전능하사 천지를 만드신 하나님 아버지를 내가 믿사오며」라고 고백할 때에, 그것은 인생의 새벽이 되는 것입니다. 그 신앙으로 이 세계를 봤을 때에, 황량하고 무의미 했던 세계에 빛이 비쳐 오고, 이 세계에서 끝없이 벌어지는 일들, 무수한 만남— 그 가운데에서 우롱당하고 있는 '나'라는 작은 생명의 존재—그 의식, 그 의의를 만들어 내고, 이끌어 내고, 지켜 주시는 하나님이 계시다는 것을 알게 됩니다.

만약 우주에 갈 수 있다면, 무엇을 보고 싶습니까? 우주에 간다고 해도, 결코 은하계의 안쪽으로 깊이 들어가는 것은 아닙니다. 우주에 갈 수 있다면, 무엇을 거기에서 보고 싶습니까? 심연(深淵)의 광대한 어둠의 공간입니까? 거기에서 빛나는 별을 보다 가까이에서 보고 싶습니까? 저는 무엇보다도, 어둠 속에서 빛나는 지구를 보고 싶습니다. 왜냐하면 그것은 하나님께서 창조하신 생명과 은혜가 넘치는 세계이기 때문입니다. 그리고 거기에 살아가고 있는 '나'라는 존재를 새삼스럽게 실감하면서 고백하고 싶습니다. 「전능하사 천지를 만드신 하나님 아버지를 내가 믿사오며」라고.

기도

은혜가 풍성하신 하나님 아버지! 우리의 인생이 달의 뒷면으로 가버린 때, 막막하여 아무것도 느낄 수 없을 정도로 혼돈과 어둠의 세계 속에 있을 때, 천지를 창조하신 주님의 능력과 사랑을 확실하게 믿는 믿음으로, 이 어둠의 세계에 빛을 가져다주시기 바랍니다.

그리고 어둠의 인생에 새벽을 주십시오. 만사가 호전되었기 때문에 새벽이 아니라, 아직 어둠 속에 살고 있으면서도 천지를 창조하신 하나님을 믿기 때문에, 이 하나님의 사랑 때문에 오직 성경 속의 그 첫 말씀에 묶여 사는 크리스천이 되게 해 주세요.

예수 그리스도의 이름 받들어 기도드립니다. 아멘.

2. 전능하신 하나님 아버지를 믿사오며

"여호와께 능하지 못한 일이 있겠느냐 기한 이 이를 때에 내가 네게로 돌아오리니 사라에게 아들이 있으리라"(창세기 18장 14절)

이스라엘의 하나님 신앙

이스라엘 백성들이 하나님을 믿은 그 신앙의 핵심에는 하나님의 '전능하심'이 있었습니다. 왜 하나님을 믿느냐고 물으면, 그들은 "하나님이 사랑이시거나 거룩하시기 때문에"라고 답을 하기보다는, "첫째로 하나님께서 전능하시기 때문에"라고 대답할 것입니다.

하나님은 애굽(이집트)에서 노예로 있던 수백 만 명(장정만 60만 명)이나 되는 이스라엘 민족을 모두, 모세를 선두에 세우고 탈출시키십니다. 그러나 수일 후, 바로의 군대가 추격해 오자 하나님은 그들의 눈앞에 펼쳐진 홍해를 두 갈래로 나누시고 바다 한가운데로 마른 길을 내시므로, 백성들은 그곳을 건너갔습니다(출 14장).

어떻게 그런 일이 있을 수 있을까?—강한 바람에 의해 바닷물이 둑이 되어 세워지고, 벽처럼 우뚝 솟은 것입니다. 저는 조류 간만의 차로 몇 년에 한 번인가, 바다 밑에 있던 육지가 나타나는 현상을 텔레비전에서 본 적이 있습니다. 그런 방송 프로그램에서는 항상 그런다고 해도 과언이 아닐 정도로 출애굽기에서 일어난 일을 인용해서, 고대문서의 기록된 것은 바로 이러한 현상을 두고 쓴 것임에 틀림이 없다고 말하기까지 합니다. 그러나 바다가 둘로 갈라지고, 마른 땅이 나타난다는 것은 대체로 그와 같은 현상과는 전혀 다릅니다.

전능하신 하나님이 함께 하시면, 바다를 두 갈래로 나누는 일, 하늘로부터 먹을 것(만나)을 내려 주시는 일(출 16:4), 광야에서 물을 내게 하시는 일(출 17:6) 등은 사람의 역사(役事)가 아니라 하나님의 역사이시기 때문에 가능한 것입니다. 그러나 보통 사람들 눈에는 이 같은 일들의 기록이 마치 신화 같고, 고대 문서의 신들에 관한 이야기처럼 들리는 것은 틀림이 없습니다. 그러나 놀라면서도 받아들여야만 하는 것은, 이스라엘 백성들의 신앙도, 민족의 정체성도, 바다를 둘로 가르신 출애굽의 기적도 전능하신 하나님께서 하신 일이기 때문입니다.

구약성경은 물론, 역사의 어디를 보아도, 이스라엘 민족이 우수하기 때문에 그 정신성, 종교성을 키울 수가 있었다고 쓰여 있지 않습니다. 이스라엘의 하나님 신앙은 여러 신을 숭배하는 가운데에, 궁극적으로 하나님과 만난 것이라고도 기록되어 있지 않습니다.

성경에 기록되어 있는 것은, 이스라엘이라는 민족이 존재하는 것은, 하나님께서 노예 된 백성을 애굽에서 인도해 내시고, 바다를 둘로 가르시고, 그 한가운데를 건너게 하시고, 구원해 주셨기 때문이라는 것입니다. 이 기적이 일어난 것을 기억하여 그것을 잊지 말도록 하기 위하여, 이스라엘의 제사가 정해지고, 그 생활 패턴도 정해져 있을 정도입니다. 실로 이 기적이 일어난 일이야말로 모든 중심에 있는 것이며, 이 일어난 일을 진실성이 없는 것으로 이해할 수는 없는 것입니다.

그리스도 교회도 마찬가지입니다. 확실히 기독교에는 논리적이고 고결해서, 신앙심이 있든 없든, 신앙심의 유무에 관계없이, 그 가르침으로부터 많은 것을 배우고, 자신을 향상시킬 수가 있습니다. 그러나 기독교인은 그리스도의 훌륭하신 가르침을 듣기 위해, 교회에 오는 것은 아닙니다. 저 연약한 제자들이 확신을 가지고 믿고, 그리스도를 위해서 목숨을 걸었던 이유는, 역사적인 한 사건으로 좁혀집니다. 그것은 바로 그리스도의 십자가와 부활입니다.

사람이 죽은 자 가운데서 살아났다는 이야기는, 그 어디에서도 본 적이 없고 들은 적도 없습니다. 그러나 부활하신 예수님은 의심 많은 도마에게 나타나시어 말씀하셨습니다. 나의 손의 못 자국과, 창으로 찔린 옆구리에 너의 손을 넣어서 확인해 보라고. 그러자 도마는 "나의 주님이시요 나의 하나님이시니이다"라고 말하고는 예수님 앞에 무릎을 꿇었습니다(요 20:24-29).

기독교 신앙의 원점은 어디에 있습니까? 물론 기독교 신앙은 그리스도의 가르침이나 역사하심에서 유래합니다. 그러나 그것에 의해 기독교가 생긴 것은 아닙니다. 그리스도께서 부활하셨기 때문에 기독교가 탄생한 것입니다. 이 일어난 일을 역사적인 사실로써 받아들이는 것에 기독교 신앙의 진수가 있는 것입니다.

그렇게 생각하면 하나님의 '전능하심'은 구약성경 신앙의 가장 중심에 있습니다. "이는 우리 하나님 여호와께서 친히 우리와 우리 조상들을 인도하여 애굽 땅 종 되었던 집에서 올라오게 하시고 우리 목전에서 그 큰 이적들을 행하시고 우리가 행한 모든 길과 우리가 지나온 모든 백성들 중에서 우리를 보호"(수 24:17)하셨던 그 '전능하신' 분이 역사적인 일에 나타나 주셨다는 것은, 하나님을 믿는 우리에게 있어서 근간적인 일이라고 받아들이지 않으면 안 됩니다.

여기서 성경이 말하는 하나님의 '전능하심'을 좀 더 깊이 살펴봅시다.

동전의 양면

하나님의 전능성과 인간의 유한성이나 한계는 서로 마주 대하고 있습니다. 이것은 예수님의 말씀에 잘 나타나 있습니다.

"예수께서 그들을 보시며 이르시되 사람으로는 할 수 없으되 하나님으로는 그렇지 아니하니 하나님으로서는 다 하실 수 있느니라"(막 10:27).

"사람으로는 할 수 없으되"가 동전의 앞면이고, 그 뒷면에는 "그러나 하나님으로는 그렇지 아니하니, 어떤 일이라도 하나님은 다 하실 수 있느니라"라고 기록되어 있습니다. 즉 나는 유한하여 한계가 있고, 잘 안 되는 것뿐이고, 아니 실은 정말로 무력하다고 자기를 낮추고 인정하지 않는 한, 하나님의 전능성이 정말로 의미 있게 보이지 않는 것은 아닐까요?

수험기간이 되면 생각이 납니다만, 어느 해 2월에 교회 현관문 앞에 한 통의 편지가 놓여 있었습니다. 귀여운 여자아이다운 편지지에

연필로 쓴 글씨로, 봉투에는 '하나님께!'라고 쓰여 있었습니다. 이름
도 주소도 없었습니다.

이 여자 아이는 편지에 "저 나름대로 공부해 왔습니다…… 하지만
걱정입니다."라고 호소하고 있습니다. 우리들은 자신의 '자기 나름대
로'가, 인생의 문제를 잘 해결해 주지 않는다는 것을 익히 알고 있습
니다. 요컨대 최선을 다해도 잘 안 풀리는 것뿐입니다. 최선의 노력을
다해도 상황은 허무하게도 변하지 않고, 우리 나름대로의 최선으로는
결국 아무것도 되지 않는 문제들이 산더미처럼 쌓여 있습니다. 그 가
운데서 무언가 도움을 받으려고 하나님 앞으로 나오는 것입니다.

때로는 사람은, 하나님에게 무언가 최선을 다한다는 식으로 하나
님께 도움을 받으려고 합니다. 헌금이나 시주를 하여 신불의 도움을
받으려 하고, '햐쿠도마이리'(百度參; 신사나 절의 경내에서 일정한
거리를 백 번 왕복하며 예배하거나 기원하는 일)로 전심전력을 다해
자기의 성실함을 나타내서, 신의 능력을 얻으려고 합니다. 그러나 성
경 속의 하나님은 그런 것들을 바라고 계시지 않습니다.

성경 속의 하나님께서 바라시는 것은, 우리 인간이 '나는 안 된다, 나에게는 무리다, 나는 부족하고 죄 많고 한심함으로 괴로워하고 있다.'라는 자기 자신의 '유한성, 한계, 무력함'을 인정하는 것입니다. 그렇게 될 때 우리는 하나님과 연관될 수 있습니다.

요컨대 전능하신 하나님이 계시다고 말한다 하더라도, 나 자신이 어느 정도로 무거운 죄와 한심함으로 고민하고 괴로워하고 있는가, 또한 나 자신의 '무력함, 유한성, 한계'라는 것을 인정하지 않는 한, 우리들은 전능하신 하나님 앞에 설 수 없는 것입니다. 사람은 이런 것까지 자신의 부족함을 인정할 수가 있을까요? 이것은 좀처럼 가능한 것이 아닙니다.

창세기 18장 전후에 보면, 나이 든 아브라함(아브람)과 사라에게 하나님께서 약속하신 아들이 좀처럼 주어지지 않는 중에 절망의 늪을 헤매는 모습이 나옵니다. 하나님께서 아들을 주시리라고 약속해 주셨던 때로부터 몇 십 년이 지나, 이미 아브라함은 100세 가까이 되어 있었습니다.

아브라함이 처음으로 하나님의 음성을 듣고, "내가 너로 큰 민족을 이루고"라는 자손의 복의 약속을 받고 하나님께서 지시할 땅으로 간 때는 그의 나이 75세 때였습니다(창 12:1-4). 그러나 그 후 십 수 년 간 아들을 주신다는 약속은 전혀 이루어지지 않았습니다.

85세 때에 어두운 밤에 하나님은 다시 그에게 나타나서 말씀하셨습니다. "그를 이끌고 밖으로 나가 이르시되 하늘을 우러러 뭇별을 셀 수 있나 보라 또 그에게 이르시되 네 자손이 이와 같으리라 아브람이 여호와를 믿으니 여호와께서 이를 그의 의로 여기"셨습니다(창 15:5-

6). 그러나 아들은 얻지 못했습니다.

그러고 나서 하나님은 99세 된 아브라함에게 나타나셨습니다.

"아브람이 구십구 세 때에 여호와께서 아브람에게 나타나서 그에게 이르시되 나는 전능한 하나님이라 너는 내 앞에서 행하여 완전하라"(창 17:1).

하나님은 여기서 처음으로 '전능한 하나님'으로서 아브라함을 만나십니다. 그 전능성을 하나님 스스로 강조하셨습니다. 하지만 상식에 얽매여, 자기의 유한성을 깊게 인식하고 있던 아브라함은, 하나님의 전능성에 전적으로 의지할 수가 없었습니다.

"아브라함이 엎드려 웃으며 마음속으로 이르되 백 세 된 사람이 어찌 자식을 낳을까 사라는 구십 세니 어찌 출산하리요"(창 17:17).

남편은 백 세, 아내는 구십 세이니, 과연 무리긴 무리지요. 이것은 기네스북에도 없는 사실입니다. 틀림없이 아브라함은 하나님께 경배를 드리지만, 마음속으로는 "아니야 아니야, 그건 무리다."라고 냉담하게 여기며 웃었을 것입니다.

그러나 하나님은 아브라함이 백세가 되는 것을 기다리고 계셨던 것입니다. 왜 그랬을까요? 그것은 인간 아브라함의 가능성을 제로로 하기 위한 것입니다. 이것은 하나님의 전능성이 인간의 한계와 서로 마주 대하고 있는 것입니다. 이 둘이 서로 마주 대하고 있는 장면은 결정적으로 중요합니다. 꼭 기억해 두고 싶습니다. 자신은 부족하고 죄 많고 한심하고, 자기에게는 무리라고 인식하며, 절망의 늪에 빠져 있을 그 때에 전능하신 하나님은 당신에게 다가가십니다. 그 이외에는 전능하신 하나님은 이 세계의 모든 것을 지배하고 계셔도 당신에게는 다가가시지 않습니다. 그렇게 말해도 과언이 아닙니다.

아무리 우리들이 "전능하신 하나님을 믿사오며, 믿사오며"라고 고백해도 자신의 한계를 철저하게 인식하고, 자신의 불가능성을 가지고 하나님 앞에 자기를 낮추고 하나님을 높여 드리지 않는 한, 전능하신 하나님과 관계를 가질 수가 없는 것입니다. 단지, "천지만물을 창조하신 하나님이 계시는구나."라고 고백하는 정도는 악마라도 할 수 있는 것입니다. "귀신들이 나가며 소리 질러 이르되 당신은 하나님의 아들이니이다"(눅 4:41)라고 기록되어 있는 것처럼.

전능하신 하나님을 신뢰하고 평안을 얻는다.

인간의 한계와 삶의 소용돌이 속에서, 전능하신 하나님을 전적으로 신뢰하는 모습을 시편 46편에서 보도록 합시다. 그리고 그 뒤에 다시 한 번 창세기로 돌아갑시다.

"하나님은 우리의 피난처시요 힘이시니 환난 중에 만날 큰 도움이시라"(1절),

"그러므로 땅이 변하든지 산이 흔들려 바다 가운데에 빠지든지"(2절),

"바닷물이 솟아나고 뛰놀든지 그것이 넘침으로 산이 흔들릴지라도 우리는 두려워하지 아니하리로다(셀라)"(3절).

이 시편의 저자인 다윗을 에워싸고 있는 상황은 어떠합니까? 그는 격렬하게 흔들리며 농락을 당하고 있습니다. 2절에는 "그러므로 땅이 변하든지 산이 흔들려 바다 가운데에 빠지든지", 3절에는 "바닷물이 솟아나고 뛰놀든지 그것이 넘침으로 산이 흔들릴지라도 우리는 두려워하지 아니하리로다(셀라)", 6절에는 "뭇 나라가 떠들며 왕국이 흔들렸더니 그가 소리를 내시매 땅이 녹았도다"라고 기록되어 있습니다.

그러한 불안을 뒤집어쓰고 떨고 있는 우리들을 향해, 하나님께서는 큰소리로 꾸짖으십니다.

"이르시기를 너희는 가만히 있어 내가 하나님 됨을 알지어다 내가 뭇 나라 중에서 높임을 받으리라 내가 세계 중에서 높임을 받으리라 하시도다"(10절).

여기 "가만히 있어"라는 말은 히브리어로 '라파'입니다. 이 단어는 구약성경에서 여러 가지로 번역되어 있습니다. 이사야 5장 24절에서는 "마른 풀이 불 속에 떨어짐 같이"라고 하여 '모두 태워 버리다'라고 번역되어 있습니다. 마른 풀에 불을 붙이면 불꽃에 의해 마른 풀이 활활 타 없어져 버리는 모습입니다. 욥기 12장 21절에서는 "귀인들에게 멸시를 쏟으시며 강한 자의 띠를 푸시며"라고 하여 "푸시며"로 번역되어 있습니다. 띠를 풀어서 그 긴장을 푸는 것입니다. "가만히 있어"라고 하나님께서 말씀하시는 것은 어깨에 들어간 힘을 풀어라, 힘이 들어가 있는 몸과 초조해져 있는 마음을 하나님께 맡기고 힘을 빼라, 그리고 하나님께 맡기라는 의미입니다. 사무엘하 24장 16절에서는 "천사가 예루살렘을 향하여 그의 손을 들어 멸하려 하더니 여호와께서 이 재앙 내리심을 뉘우치사 백성을 멸하는 천사에게 이르시되 족하다 이제는 네 손을 거두라 하시니 여호와의 사자가 여부스 사람 아라우나의 타작 마당 곁에 있는지라"라고 하여 다윗이 저지른 죄에 대해서 사자(使者)가 하나님의 심판을 행하고, 예루살렘을 멸망시키려고 "손을 들어" 멸하려 하는 순간, 하나님께서 말씀하시는데 "족하다 이제는 네 손을 거두라"고 하실 때 '거두라'는 단어입니다.

그러면 시편 46편 10절의 "가만히 있어"라는 단어는 그 문제에서 손을 빼라, 하나님 손에 맡겨 드리고 손을 빼라, 견딜 수 없는 무거운 짐을 등에 지지 말고 전능하신 하나님께 모든 문제를 맡기라는 의미입니다.

다카쓰(高津) 그리스도교회의 근처에 고층맨션이 있습니다. 거기에 사는 M 자매는 얼마 전에, 자기 집 맨션에서 큰 독수리가 날고 있는 것을 보았답니다. 놀랐습니다. 주택 밀집 지역의 도회지에서의 이야기입니다. M 자매는 "만약 먹이를 줄 수 있다면, 날고 있는 독수리에게 먹이를 던져 주고는 그것을 덥석 잡아서 먹는 순간을 사진에 담을 수 있다면, 신문에 실리겠죠."라고 하며, 즐거운 표정으로 이야기했습니다.

이사야 40장 31절에, "독수리가 날개 치며 올라감 같을 것이요"라고 기록되어 있습니다. '새 보기(Birdwatch)'가 취미인 M 자매가 저에게 가르쳐 준 것이 있습니다. 매나 독수리는 파닥파닥 날갯짓을 해 가며 하늘 높이 나는 것이 아니라, 기류(氣流; 바람)를 타는 방법을 알고 있다고 합니다. 과연 그렇습니다. 매나 독수리가 하늘 높이 날고 있는 것을 보면 격렬하게 날갯짓을 하는 모습을 볼 수가 없습니다. 큰 새는 바람을 타고 그 바람에 날려 날아 올라가는 것입니다.

우리도 우리의 신앙으로 움직여서 날갯짓을 하려고 움직인다면, 그것은 작은 병아리가 날개를 파닥거리며 자기 힘으로 땅 위를 달리는 것과 같다고 할 수 있습니다. 그러나 전능하신 하나님께 맡기고 신앙의 날개를 하나님의 전능하심을 향해 크게 벌리면, 하나님의 힘을 빌릴 수가 있게 됩니다. 그 때 우리는 하나님에 의해 신앙의 높은 곳으로 끌어 올려져, 하늘 높이 날아 올라갈 수 있는 것입니다. 그 같은 신앙을 갖고서 비로소 하나님의 전능하심이 우리의 인생과 관계가 있 게 됩니다.

냉소주의로부터 해방

냉소주의(冷笑主義)라는 것은 차갑게 비웃는 불신앙적인 웃음입니 다. 이제 창세기로 돌아갑니다. 여기에 불신앙적인 웃음이 두 번 나옵 니다.

"아브라함이 엎드려 웃으며 마음속으로 이르되 '백 세 된 사람 이 어찌 자식을 낳을까 사라는 구십 세니 어찌 출산하리요' 하고"(창 17:17).

천사가 아브라함의 아내 사라에게 나타납니다.

"그가 이르시되 내년 이맘때 내가 반드시 네게로 돌아오리니 네 아 내 사라에게 아들이 있으리라 하시니 사라가 그 뒤 장막 문에서 들었 더라"(창 18:10),

"사라가 속으로 웃고 이르되 내가 노쇠하였고 내 주인도 늙었으니 내게 무슨 즐거움이 있으리요"(창 18:12).

그때에, 주(主; 여호와)께서 아브라함에게 나타나십니다.

"여호와께 능하지 못한 일이 있겠느냐 기한이 이를 때에 내가 네게 로 돌아오리니 사라에게 아들이 있으리라"(창 18:14).

"여호와께 능하지 못한 일이 있겠느냐"라는 말씀은, 어떤 상황에 서 말씀하고 있는 것입니까? 바로 두 사람이 마음속으로 웃고 있는 때 입니다. 아브라함은 주(여호와) 앞에 엎드려 있었지만, 마음속으로는 웃고 있었습니다. 사라도 마찬가지입니다. 아브라함과 사라는 하나님 앞에 엎드려 경배 드리고 있었습니다. 즉 전능하신 하나님께 경배 드리면서도, 현실을 바라보고는 마음속으로 웃고 있었던 것입니다. 마치 우리의 모습을 보는 것 같습니다.

우리는 상식과 한계가 있는 자신의 관점으로 현실을 바라봅니다. 인간의 상식과 일상의 감각으로 매일매일 현실을 바라봅니다. 일상생활로 들어가면 하나님의 은혜와 말씀은 거짓말 같고, 허풍스럽고 진실성이 없는 것으로밖에 보이지 않을 정도로, 일상생활에 몰두하고 있습니다. 거기에서 빈정대는 듯한 비웃음이 나오는 것입니다. 요컨대 일상생활 가운데 파묻혀 있다 보면, 언젠가는 하나님의 말씀을 정면으로 받아들일 수 없게 됩니다. 하나님의 말씀을 가볍게 슬쩍 피해 버리면서, 적당히 얕잡아 대해 버리고 맙니다. "하나님의 말씀은 틀림없이 감사해. 하지만 현실은 그렇게 간단하지 않아. 우리들이 안고 있는 이 현실은, 그런 것으로는 해결 안 돼."—그렇게 생각해버리면 우리는 하나님께 예배하면서도 조용히 비웃게 되는 것이지요. "그것이 아브라함이고 사라인 것입니다."

지중해 어느 섬에, 가뭄이 계속되고 있었다고 합니다. 지독한 가뭄으로 인해 몇 개월 동안 비가 한 방울도 내리지 않았습니다. 마을의 목사는 어느 주일에, 마을 사람들에게 요청했습니다.

"이번 한 주일간 여러분은 금식하십시오. 금식하고 기도하십시오. 매일 모두 마음을 합쳐 기도하십시오. 그리고 다음 주일에 예배당으로 모이십시오. 거기서 비를 내려 달라고 기도를 올리도록 합시다."

다음 일요일, 조금씩 여윈 마을 사람들이 많이 모여 들어 예배당은 마을 사람들로 가득 했습니다. 하지만 목사님은 강단에 서서 불만을 토로했습니다.

"여러분, 집으로 돌아가십시오. 나는 비를 내려달라는 기도를 하지 않겠습니다. 여러분에게는 신앙이 없습니다."

그러자 마을 사람들은 "목사님, 우리들은 일주일이나 단식하며 기도하고 이곳에 왔습니다."라고 대답했습니다.

그때 목사님은 말했습니다.

"정말로 믿고 있는 것입니까? 그럼, 왜 한 사람도 우산을 가지고 오지 않았습니까?"

신앙은 이와 마찬가지입니다. 한 사람도 우산을 가지고 오지 않은 것을 보면, 누구도 비가 올 것이라고는 생각하지 않은 것입니다. 열심히 기도하고 단식하면서도 어차피 비가 오지 않을 것이라 생각하고 모두 그냥 온 것입니다.

틀림없이 하나님은 성경 속에 있는 모든 말씀은 진실이라고 말씀하고 계십니다. 십자가를 바라보고 찬양을 드리고 기도를 하고 있지만, 아브라함이나 사라나 우리도, 어딘지 모르게 인간의 상식과 감각이 족쇄가 되어, "현실은 그렇게 간단치 않아."라고 조용히 비웃어 버리는 것입니다. 이것이 냉소주의입니다.

그렇게 생각하면 예수님의 어머니 마리아의 신앙은 위대하고, 우리로 하여금 그 냉소주의로부터 벗어날 수 있는 길을 보여주고 있습니다.

렛잇비(Let it be; 말씀대로 내게 이루어지이다)

"하나님에게 있어 불가능한 것은 하나도 없다."라는 것은, 마리아에게 하셨던 말씀입니다. 가브리엘 천사가 마리아에게 나타나서, 그녀가 잉태(受胎)된 사실을 알려줍니다(눅 1:26-38).

"그에게 들어가 이르되 은혜를 받은 자여 평안할지어다 주께서 너와 함께 하시도다 하니."

마리아가 놀라서 물었습니다.

"처녀가 그 말을 듣고 놀라 이런 인사가 어찌함인가 생각하매."

"마리아가 천사에게 말하되 나는 남자를 알지 못하니 어찌 이 일이 있으리이까."

틀림없이 있을 수 없는 일입니다. 그런 일은 상식적으로 생각해서 도저히 불가능하다는 것을 마리아도 알고 있었습니다. 그 때 천사는 마리아를 타이르듯 말했습니다.

"대저 하나님의 모든 말씀은 능하지 못하심이 없느니라."

그 말을 들은 마리아의 입으로부터 그 유명한 말이 나옵니다. 유명한 그 말을 한층 더 유명하게 만든 것은 비틀즈입니다만. . .

"마리아가 이르되 주의 여종이오니 말씀대로 내게 이루어지이다 하매 천사가 떠나가니라"(눅 1:38)-"Let it be to me according to your word."(RSV).

'렛잇비. 주의 여종이오니 말씀대로 내게 이루어지이다.'

나중에 친척 엘리사벳은 감동합니다. "주께서 하신 말씀이 반드시 이루어지리라고 믿은 그 여자에게 복이 있도다"(눅 1:45).

실로 그대로입니다. 이 세계에는 하나님의 전능하신 능력의 말씀이 넘쳐 있는 한편, 나의 마음속에는 '냉소주의'의 생각이 가득 차 있습니다. 하지만 마리아에게는 냉소라는 것이 손톱만큼도 없었습니다.

전능하신 하나님을 믿으면서, 아무리 고백해도 우리의 일상생활에는 여러 가지 장애물들이 줄지어 서 있습니다. 그리고 모든 장애물이 완전히 제거되지는 않는다는 것을, 우리는 경험적으로 알고 있습니다. 그것은 냉소주의는 아니라, 현실적으로 우리가 잘 알고 있는 일이라고 한다면 마리아도 그렇게 생각했을 것입니다.

성령에 의해 잉태가 되었다고 한다면, '왜 하필 여행 도중에 마구간에서 출산하지 않으면 안 되었는가.' '왜 하나님에 의해 탄생되는 특별한 아이를 말구유에 누이지 않으면 안 되었는가.' '도대체 어디에 하나님의 전능하신 역사하심이 있는가.' 아이가 조금 자라자 '하나님의 아들'의 탄생 소식을 듣게 된 헤롯 왕에 의해 베들레헴 일대의 아이들이 전부 죽임을 당합니다. 마리아는 남편 요셉과 더불어 애굽(이집트)으로 도망을 가서 그 재난을 피합니다만 뒷머리가 당기듯이 애굽으로 간 것입니다. 자기들은 피해서 안심이 되었지만, 이 마을의 아이들은 도대체 어떻게 되는 것입니까. 그저 하나님께서 전능하시다면 이런 모든 것을 맡겨 버리자—.

그렇게 생각하면, 마리아가 처음 했던 말은, 그녀의 나중 인생을 결정했던 것임에 틀림이 없습니다. 모든 것에 있어서 "말씀대로 내게 이루어지이다"라고, 마리아는 일관되게 고백할 수 있었습니다. 우리도 하나님의 계획, 하나님의 구속하심과 지배하심에 자신의 인생을 맡겨 버려야 합니다.

주여! 저의 인생을, 저의 인생에서 일어나는 모든 어려운 문제와 과제들을 전능하신 주님의 손에 맡길 것을 고백합니다. "「전능하사 천지를 만드신 하나님 아버지를 내가 믿사오며」라고.

"여호와께 능하지 못한 일이 있겠느냐 기한이 이를 때에 내가 네게로 돌아오리니 사라에게 아들이 있으리라"(창 18:14).

은혜와 사랑이 넘치는 하나님 아버지! 전능하신 하나님의 살아 계심을 믿으면서도 "그런 하나님과 이 작고 어리석고 비참하고 한심스러운 내가 어떻게 연관될 수 있는 것일까."라고 생각하고는, 그 하나님을 믿고 구원 받았음에도 불구하고 현실의 문제에 붙들려 있고, 또 주님께 예배하고 전능하신 하나님을 고백하면서도, 마음속에서는 "그렇게 간단치 않아."라고 비웃고 있는 우리 자신을 깊이 회개합니다. 주여 우리들을 용서하여 주옵소서.

평생을 걸고 "주께서 하신 말씀이 반드시 이루어지리라고 믿은 그 여자에게 복이 있도다"(눅 1:45)라고 믿은 마리아처럼 우리도 그렇게 믿을 수 있도록, 우리의 상상을 초월한 그 무언가의 형태로 실현되어 간다는 신앙을 가질 수 있도록 해 주세요.

그리고 모든 일을 다 붙들려고 하지 말고, 모든 것을 다 하려고 하지도 말고, 할 수 있는 일을 하고, 주님 손에 맡긴다는 신앙을 갖게 해 주옵소서. "너희는 가만히 있어 내가 하나님 됨을 알지어다"(시 46:10)라고 몇 번이고 몇 번이고 우리에게 말씀해 주시옵소서.

예수님의 이름 받들어 간절히 기도드리옵나이다. 아멘

3. 하나님 아버지를 내가 믿사오며

일본인의 종교심에 있는 신들

보통의 일본 사람은 '신(神)'이라고 하면 어떤 존재를 떠올리는 것일까요? 우리에게 있어서는 '하나님'이라고 하면 어떤 분일까요?

일본에는 신들이 많이 있습니다. 우리 교회 근처에도 신사(神社)가 있습니다. 경내의 주차장에는 "이 신사를 참배하면 이런 '고랴쿠'〔御利益; 신불(神佛)의 혜택, 은혜, 영검, (사람이나 물건에 의한 혜택에도 비유됨)〕가 있습니다", 또는 "이 신사를 참배하면 이런 이득이 생깁니다"라는 내용이 큰 간판에 많이 써 붙어 있습니다만, 솔직히 무엇을 숭배하고 떠받드는 것인지 잘 모르겠습니다. 그러나 숭배하는 대상은 잘 몰라도, 간판에 확실하게 적혀 있는 것은 '고랴쿠(御利益)'입니다. 무엇을 숭배하고 있는지 모르는 데 비하면, '고랴쿠(御利益)'만큼은 명확히 하고 있습니다.

여우로 알려져 있는 후시미이나리 신사는 오곡풍양(오곡풍작)의 신을 제사하고 있습니다. 장사꾼들이 숭배하는 신이고, 이걸 믿으면 돈을 잘 번다는 것입니다. 후도우손(不動尊), 후도우묘우(不動明王)는 미조노구찌(溝の口; 지명, 우리교회가 있는 곳)에도 있습니다. 이것은 인도의 힌두교에서 온 것인데, 불교에 섞여 일본에 들어왔습니다. 여러분의 뒤에 있는 액(厄; 재앙)을 막아 준다는 의미로 '액막이(액땜) 신'입니다. 그래서 부드러운 얼굴을 하고 있지 않습니다. 무서운 얼굴을 하고 있는데, 반드시 뒤에 불 바퀴(火輪)가 있고, 쇠 곤봉을 들고 있습니다. 곤삐라야마(金毘羅山)가 숭배하는 것은 '곤삐라'라는 갠지스 강에 사는 악어입니다. 물의 신, 바다의 신으로 숭배되어지고 있다고 전해집니다.

일본의 어느 신사나 불각(佛閣)을 가도, 사람들의 관심은 거기에 모셔져 있는 신들과 자신의 연관됨이 아니라, 바라는 것들이나 고랴쿠(御利益)만이 관심의 대상이라고 할 수 있을 것입니다. 이렇게 말하면 너무나 속된 이해라고 타박할지 몰라도, 반드시 그렇지는 않다고 생각됩니다.

국어학자인 오노 스스므(大野 晋) 씨는, 『일본을 거슬러 올라간다』라는 자신의 저서에서 일본인의 '신'에 대해 말하고 있습니다.

"일본민족은 천지를 가로지르는 어떤 큰 힘에 의해 사랑 받고, 구원받는다는 것을 모르고 살아 왔다. 일본어의 기초어(基礎語) 중에, 그런 역할의 의미를 가진 말이 없는 것으로부터 나는 그것을 추정한다. '유일한 것'을 찾는 것보다, 일본인은 가공할 만큼 무시무시한 것에는 물건을 바쳐서라도 기분을 가라앉히고, 온화하게 대해 주도록 수습하는 일을 우선함으로써 살아왔다."(p. 201).

즉 일본인에게 있어서 예로부터 신이라는 것은 큰 힘을 가리키는 데, 예를 들면 그것은 가공할 만큼의 무시무시한 힘을 가진, 오니[鬼 귀; 도깨비, 여우(狐호)], 오오가미(狼랑; 이리), 요괴(妖怪)였다고 합니다. 그런 신들은 인간에게 모습을 보이지 않고 행동하는 데도 인간 세계를 지배하는 가공할 만큼 무시무시한 존재이므로 사람은 이것들의 신들에게 제사하고, 제물을 바침으로 그 노여움을 가라앉혔다는 것입니다.

오노 씨는 "부처의 말이 퍼짐과 동시에, 죽음의 공포나 고뇌와 번뇌로부터 구원해 줄 상대를 일본인은 기다리게 됐다."라고 하면서도, 외래(外來)로부터 온 이 불교사상은 "정말로 뿌리 깊게 사람들의 마음속 깊이, 문화의 여러 가지 밑바닥에 깔려 있을 정도로 침투되었는가? 어떤가?"(p. 201, 202)라고 기술하고 있습니다.

"어쨌든 일본인의 대부분은, 고대 이래, 구원받는 것에 대해서 정말로는 무감각하고, 누구에게 사랑 받는 것이나 구원을 바라는 것도 모르고 살아 온 것은 아닐까?"(p. 202). 고래 일본인의 종교심에 있는 신과의 연관성은, 그저 "수확이 넉넉하기만 하면 그것을 가지고 행복을 생각하고, 그 이상의 고통이나 괴로움에서 어떻게 하면 벗어날까 하는 등의 생각은 하고 있지 않았다는 것을 나타내 보이는 것은 아닐까?"(p. 204)라고 말하고 있습니다.

혹은 일본인은 조상(先祖)의 영(靈)에 민감합니다. 예를 들면, 병, 수험실패, 사고, 결혼을 못한다, 일이 잘 안 된다, 즉 다시 말하면 인생이 생각처럼 잘 안 풀리면, 그 원인을 제대로 공양(供養; 죽은 이의 영혼에게 음식, 꽃 따위를 바치는 행위)하지 못한 선조의 영(靈)에 결부

시키기도 합니다. '비참한 사고나 병으로 죽은 조상은 없었는가? 그 공양은 제대로 했는가?'

하지만 그 뿌리 깊은 밑바탕에 깔려 있는 생각은, 인생을 자기 생각하는 대로 바꾸고 싶다는 자신의 간절한 소원입니다. 그렇게 되면, 사람은 자기와 등신대(等身大; 실물 크기의 조각품)의 신들을 숭배하는 것이 됩니다. 단순하게 잘라 말하면, 인생을 자기의 생각하는 바대로 바꾸고 싶다는 소원을 가지고, 무엇이든지 신으로 만들어 버리는 것이 일본인이라고 말할 수 있겠지요. 물론 기독교의 하나님도, 그와 같이 자기의 간절한 소원을 위해서 이용할 수도 있겠지요.

독일의 철학자 포이에르바하는, 기독교를 포함해서 여러 가지의 신이라는 것은 인간의 간절한 소원이 투영되어 밖으로 비쳐 나온 것이라고 말합니다. 그렇게 되면 하나님께서 하늘과 땅과 인간을 창조하신 것이 아니라, 반대로 인간의 간절한 소원이 하나님을 만들어 낸 것이 됩니다. 확실히 우리들이「천지를 창조하신 하나님을 믿사오며」라고 고백하고 있어도, 자기의 형편이 좋을 때에만 하나님의 등장을 바라고, 자기의 형편 사정에 따라 하나님을 숭배한다면, 포이에르바하가 비판하는 것에 해당됩니다.

구약성경에도, 인간의 형편에 따라 하나님을 숭배하는 자의 어리석음이 기록되어 있는 곳이 있습니다. 사무엘상 4장에, 숙적 블레셋에게 패하게 된 이스라엘의 상황이 기록되어 있습니다. 싸움에서 패배를 눈앞에 둔 이스라엘의 장로들은 생각했습니다.

"백성이 진영으로 돌아오매 이스라엘 장로들이 이르되 여호와께서 어찌하여 우리에게 오늘 블레셋 사람들 앞에 패하게 하셨는고 여호와의 언약궤를 실로에서 우리에게로 가져다가 우리 중에 있게 하여 그것으로 우리를 우리 원수들의 손에서 구원하게 하자 하니"(3절).

'여호와의 언약궤'는, 모세가 하나님으로부터 받은 십계명이 새겨진 돌판 등이 들어 있는 상자(궤)입니다. 하나님을 예배하는 처소인 장막에서 가장 성스럽고 거룩한 장소이며, 1년에 한 번만 대제사장들만이 들어 갈 수가 있도록 허락된 지성소에 모셔놓은 신성한 궤입니다. 하나님의 임재하심의 상징입니다. 우상의 신들이라면 몰라도, 이스라엘 백성들은 천지를 만드신 전능하신 하나님을 언약궤라는 수레에 태우고 숭배하려고 했던 것입니다. 하나님을 물리적인 '궤(상자)'와 동일시하고, 그것이 있으면 싸움에서 '이긴다'고 생각했습니다. 그들이 "큰소리로 외치매, 땅이 울린지라"고 했습니다. 그러나 결과는 참담한 것이었습니다. 패전하고, 하나님의 언약궤는 블레셋에게 빼앗겨 버렸습니다.

여기에 나타나 있는 것은 '신들을 통해 얻는 이득'만을 염두에 둔 유치한 신앙입니다. 3절에서, 그들은 "그것으로 우리를 우리 원수들의 손에서 구원하게 하자"라고 말하고 있습니다. 이스라엘의 장로들은, 하나님의 언약궤를 자기들을 위해 이용하려고 했던 것에 지나지 않았던 것입니다. 하나님을 신뢰했던 것이 아니고, 이 '하나님의 언약궤'가 갖고 있는 하나님과 관련된 능력에 기대했던 것입니다. 기도를 드리는 하나님과의 영적인 교류도 없이, 단지 그저 하나님으로부터 얻게 되는 이득만을 기대하고 있는 신앙은, 포이에르바하가 비판했던 것 같은, 인간의 간절한 바람이나 우상과 같이 생각하는 하나님 신앙에 지나지 않습니다.

「천지를 만드신 하나님」을 믿는다는 것은 우리의 형편에 따라 하나님을 끌고 다니는 것이 아니라, 자신이 한 마리의 양이 되어 하나님에게 이끌려 가는 인생이 되는 것입니다. 하나님은 나를 푸른 풀밭에 누이시며 쉴 만한 물가로 인도하시기도 하며, 사망의 음침한 골짜기를 걷게 하실 때도 있습니다(시 23편). 그러나 어디에 있어도 하나님은 우리를 버리지 않으시고 지키시므로, 우리의 생애는 하나님 등에 업혀 있는 것입니다. "그들의 모든 환난에 동참하사 자기 앞의 사자로 하여금 그들을 구원하시며 그의 사랑과 그의 자비로 그들을 구원하시고 옛적 모든 날에 그들을 드시며 안으셨으나"(사 63:9).

자기와 그의 온 집이 존망의 위기에 처해 있을 때, 야곱은 하나님께 예배드렸습니다. 그 때 그는 가족들에게 이렇게 말했습니다. "우리가 일어나 벧엘로 올라가자 내 환난 날에 내게 응답하시며 내가 가는 길에서 나와 함께 하신 하나님께 내가 거기서 제단을 쌓으려 하노라 하매"(창 35:3).

하나님께서는 목자가 되어 우리와 같이 하십니다. 결코 우리가 하나님을 모시고 다니는 것이 아닙니다. 하나님께서 우리를 인도하시고, 내가 바라기 이전에 하나님의 마음이 우리의 인생에서 실현되어 가는 것이 크리스천의 신앙입니다.

아버지의 권위

예수 그리스도는 우리에게 천지만물을 창조하신 전능하신 하나님을 「아버지」라고 부르도록 가르쳐 주셨습니다. 그러므로 우리는 사도신경 처음에 「전능하사 천지를 만드신 하나님 아버지를 내가 믿사오며」라고 고백합니다. 「전능하사 천지를 만드신 하나님」이라는 가까이 하기에는 어려운 분임에도 불구하고, 그 분이 우리의 「아버지」인 것을 가르쳐 주는 것은, 기독교만이 갖는 독특한 것입니다.

「아버지」라는 말에 담긴 여러 가지 깊은 의미를 생각해 보기로 하겠습니다. 크리스천 시인인 야기 쥬키치(八木重吉)는 「모모코야」(모모코-桃子; 시인의 딸 이름)라는 제목의 시에서 다음과 같이 표현하고 있습니다.

"모모코야,
네가 칭얼대서 어쩔 도리가 없을 때,
아버지는 너에게 꿀밤을 줄 거야.
하지만, 아버지의 목숨이 필요할 때가 있다면,
기쁘게 너에게 줄 거야."
『소박한 거문고』(야기 쥬키치 시집)

이 시에서 가장 먼저 나타나 있는 교훈은 아버지의 권위입니다. "꿀밤을 줄 거야"는 권위입니다. 아버지라면 아이가 칭얼대서 어쩔 도리가 없을 때에, 꿀밤을 주는 엄격함을 갖고 있어야 합니다.

그러면 우리들이 「하나님 아버지」라고 고백할 때, 이러한 아버지로서의 권위를 생각하고, 또한 아버지에 대한 존경과 경외의 마음을 포함하고 있는 것일까 하고 궁금해 하겠지요.

말라기에서는 하나님과 인간의 관계가 아버지와 아들로서 그려져 있고, 아버지의 권위를 존경하지 않는 아들을 책망하고 있습니다.

"내 이름을 멸시하는 제사장들아 나 만군의 여호와가 너희에게 이르기를 아들은 그 아버지를, 종은 그 주인을 공경하나니 내가 아버지일진대 나를 공경함이 어디 있느냐 내가 주인일진대 나를 두려워함이 어디 있느냐 하나 너희는 이르기를 우리가 어떻게 주의 이름을 멸시하였나이까 하는도다"(말 1:6).

하나님은 노예 되었던 이스라엘 백성들을 애굽에서 이끌어내시고, 약속의 땅으로 들어가게 하셨습니다. 고난 가운데에 있는 그들을 구원해 내시고, '눈에 넣어도 아프지 않을' 정도로 귀여워하시고 지켜 주셨습니다. 어미 새가 새끼를 날개 위에 태우고 가듯이(신 32:10-11), 이제 막 떠나려고 하는 데도 좀처럼 발이 무거운 그들을 하나님은 약속의 땅으로 인도해 주셨습니다.

하나님은 이스라엘 백성에게 아버지처럼 다가가시고, 따뜻하게 정성을 다해 키워주셨습니다. 그런데 아버지가 아들에게 가까이 다가가서 아들을 위해서 희생하면 할수록, 그 아버지는 아들에게서 무엇을 받았습니까? "내가 아버지일진대 나를 공경함이 어디 있느냐 내가 주인일진대 나를 두려워함이 어디 있느냐 하나 너희는 이르기를 우리가 어떻게 주의 이름을 멸시하였나이까 하는도다." 아버지라고 부르면서도, 전혀 존경은 하지 않는 자식에게 하나님은 이렇게 한탄하셨습니다.

이 말씀을 기억하며, 우리도 「하나님 아버지를 내가 믿사오며」라고 고백하는 순간에, 아버지를 얼마나 존경하고 있는가를 돌아보지 않으면 안 됩니다.

천지 만물을 창조하시고, 우리에게 목숨까지도 내주시고, 그 가는 길을 인도해 주시는 하나님을 신뢰하고, 우리는 여러 가지 일들을 하나님께 호소합니다. 그러면 하나님은 "너희는 마음속으로부터 나를 두려워하며 존경하고 있는가?"라고 묻습니다. 가령 "예, 존경하고 있습니다."라고 한다면, "그 '예'의 표시가 구체적으로 삶 속에 나타나고 있는가?"라고 물으실 것입니다.

예배라고 한다면, 거기에 어울리는 태도가 있어야 하겠지요. 전능하신 하나님을 앞에 모시고 계신다면, 우리는 마음을 다하고 정성을 다해서 찬송할 것입니다. 이 분을 앞에 모시고 있기 때문에 우리는 엄숙하게 앉아 있을 것입니다. 이 분을 앞에 모시고 있기 때문에, 조용히 귀를 기울일 것입니다. 그리고 이 분이 말씀하시는 것을 성실히 수행하려고 결심을 할 것입니다.

아버지의 사랑

야기 쥬키치의 「모모코야」 시에 나타나 있는 두 번째 교훈은 아버지의 사랑입니다.

"하지만 아버지의 목숨이 필요할 때가 있다면 기쁘게 너에게 줄 거야."

그것이 아버지의 사랑입니다. 그리고 실제로 죄 가운데에 빠져 죽을 수밖에 없는 우리들, 즉 하나님 아버지의 목숨이 필요한 우리를 위해서, 하나님은 자신의 목숨을 독생자 예수 그리스도를 통해서 우리에게 주셨습니다.

"하나님이 세상을 이처럼 사랑하사 독생자를 주셨으니 이는 그를 믿는 자마다 멸망하지 않고 영생을 얻게 하려 하심이라"(요 3:16).

우리는 「하나님 아버지를 믿사오며」라고 고백할 때마다, 주 예수 그리스도께서 가르쳐 주신 하나님 아버지의 사랑을 마음속에 새기는 것입니다. 하나님 아버지는 나를 사랑하시고, 나를 구원하시기 위해서, 독생자 예수 그리스도를 내주셨습니다. 나의 두려움을 없애주시고, 나의 연약함을 돕기 위해 바싹 붙으셔서 함께 해주시고, 모든 죄를 사하시기 위해 나의 죄를 독생자 예수 그리스도의 등에 지우시고, 그 목숨을 내주셨습니다.

아버지의 목숨이 필요할 때가 있다면—우리들은 모두 하나님 아버지의 목숨을 필요로 하고 있는 것입니다—"기쁘게 너에게 줄 거야."라고 말씀하셨고, 독생자 예수 그리스도를 십자가로 보내셨습니다. 독생자 예수 그리스도의 목숨을 희생하시고, 하나님 아버지 자신도 희생이 되어 주신 목적은 단 하나입니다. "하나님이 세상을 이처럼 사랑하사 독생자를 주셨으니 이는 그를 믿는 자마다 멸망하지 않고 영생을 얻게 하려 하심이라"(요 3:16). 이 세상에서 하나님의 자녀가 되고, 후에 올 세상에서 하나님의 나라를 상속받게 하시려는 것입니다. 한마디로 말하면, 우리 같은 자라도 천지 창조주 되신 하나님을, 예수 그리스도와 같이 「아버지」라고 부를 수 있도록 하기 위한 것입니다.

독생자 예수님을 믿는 자가

「아들」이라는 제목의 이야기가 있습니다. 실화는 아니라고 생각됩니다만, 매우 감동적인 이야기입니다.

어느 도시에 부자인 아버지와 아들이 있었는데, 두 사람은 명화(名畵) 수집에 정열을 불태우고 있었습니다. 피카소의 현대회화로부터 르네상스 작품에 이르기까지, 재산을 아끼지 않고 열심히 수집하고 있었습니다. 두 사람은 사이좋게 지내며, 자주 같이 앉아서 명화들을 감상하곤 했습니다.

그러다 베트남 전쟁이 시작되었는데, 아들이 그 전쟁터로 나가게 됩니다. 그는 용감했고, 동료병사를 위해 목숨을 내던지고 전사했습니다. 아버지는 아들의 죽음을 탄식하며 슬퍼했습니다. 단 하나뿐인 아들이었습니다.

아들의 전사 후 1개월이 지난 크리스마스 무렵, 집 문을 두드리는 사람이 있었습니다. 한 젊은이가 문 앞에 서서, 큰 종이상자를 내려놓고 말했습니다.

"처음 뵙겠습니다. 저는 베트남에서 아드님의 도움으로 살아난 사람입니다. 아드님은 목숨을 걸고 저를 구해주었습니다. 어느 날 제가 전쟁터에서 넘어졌는데, 아드님이 저를 도우려고 등에 업는 그 순간에 그에게 총탄이 날아 와서 즉사했던 것입니다. 전쟁터에서 그는 자주 아버지, 당신의 이야기를 하곤 했었습니다. 그리고 당신이 얼마나 그림을 좋아하는지도 함께 말했습니다."

그러고는 그 청년은 종이 상자를 내밀며 말했습니다.

"별 거 아닙니다. 저는 이름 있는 화가는 아니지만 정성껏 그렸습니다."

그러면서 종이상자를 열어 보니, 전쟁터에 서 있는 아들의 모습을 그린 그림이었습니다. 아버지는 그 초상화를 보고 감동했습니다. 무명의 화가가 이렇게까지 그려주다니. 자기 아들의 인격을 캔버스에 그려 준 것이 여기며 "고마워요. 꼭, 사례를 받으시길…" 하며 자신에게 줄 것을 부탁했습니다. 그 때 그 젊은이는 "아니에요, 별 말씀을 다 하십니다. 아드님은 저를 위해 목숨을 내주었습니다. 부족하지만 이것은 제가 드리는 선물입니다." 하며 그 그림을 놓고 갔습니다.

아버지는 그 그림을 응접실 한가운데에 걸어놓고 손님이 올 때마다 그 그림을 자랑하듯이 보여 주면서 그 아들의 이야기를 했습니다.

얼마 후 그 아버지도 세상을 떠났습니다. 그에게 남아 있는 것은 막대한 양의 유명한 그림들이었습니다. 그리고 온 세계가 주목하는 그림 경매가 열렸습니다. 이 집에 있던 그림 전부를 팔려고 내놓아서, 세계 각지의 모든 브로커들이 모여 경매가 시작되었습니다.

"우선, 이것부터 갑니다."

그렇게 해서 처음으로 경매에 나온 것은 전쟁에서 죽은 아들의 초상화였습니다. 경매장 안은 잠시 침묵이 흘렀습니다. 아무도 그 그림을 모르니 사려고 하지 않았습니다.

그러나 주최자는 그 그림을 경매에서 내리지 않았습니다.

"100달러? 200달러?"

경매장에 나온 사람들은 "잠깐만요, 적당히 좀 하세요. 우리는 렘브란트나 고호를 사러 온 겁니다. 잘 좀 합시다."라고 하며 불평소리로 가득 했습니다만, 주최자는 무시했습니다.

"아들의 초상화가 우선입니다. 자, 어떻습니까. 누군가 낙찰 받으실 분 안 계십니까?"

그러다 드디어 뒤 쪽에서, 한 손이 올라갔습니다. 오랜 세월, 이 집에서 정원사로 일했던 남자의 손이었습니다.

"10달러."

가난한 그 남자에게는, 그게 최선이었습니다.

"누구, 20달러 안 계십니까?"

누구도 손이 안 올라갔습니다. 결국 10달러로 낙찰되었습니다.

"자, 이제 드디어 시작되는군."

여기저기에서 이런 브로커들의 소리가 들리는 순간, 개최자는 말했습니다.

"이렇게 해서, 경매는 종료합니다."

그 말이 있은 후, 경매장에는 전단지가 돌려지고, 주최자는 전단지가 돌려지고 있는 사이에 설명을 해주었습니다.

"여러분에게 지금 나눠드린 것은 고인의 유언입니다. 지금까지 누구에게도 말하지 말아 달라고 한, 고인의 유언이었습니다. 실은 오늘 경매에 나온 것은, 아들의 초상화 한 점뿐입니다. 유언에 의하면, 남은 모든 그림, 그리고 집을 포함한 전 재산은, 아들의 초상화를 낙찰 받은 사람에게 양도하는 것으로 되어 있습니다. 아들을 맞이한 자가 모든 것을 상속받는 것입니다."

하나님의 뜻하심은 하나입니다. 예수 그리스도를 우리에게 내주신 것은, 하나님 자신의 목숨을 십자가에 걸었다는 것입니다.

그리스도께서 고통 받으실 때, 예수 그리스도 만이 아니라 하나님 아버지께서도 그 고통을 느끼시기 때문에, 예수 그리스도를 믿는 자는 나의 모든 은혜를 상속시켜 주겠다고 전능하신 하나님께서 약속하셨습니다.

일찍이 전능하신 하나님을 「아버지」라고 부를 수 있는 분은 예수 그리스도뿐이십니다. 그러나 지금 우리는 예수 그리스도를 믿는 믿음에 의해서 전능하신 하나님을 아버지라고 부를 수 있는 것입니다. 왜냐하면 "이는 이방인들이 복음으로 말미암아 그리스도 예수 안에서 함께 상속자가 되고 함께 지체가 되고 함께 약속에 참여하는 자가 됨이라"(엡 3:6)라고 했기 때문입니다. 우리들은 하나님 아버지의 사랑을 받은 하나님의 자녀이고, 하나님 나라의 복을 상속받은 것입니다.

우리들이 「하나님 아버지를 내가 믿사오며」라고 고백할 때, 거룩하신 하나님의 권위, 그러나 동시에 끝없이 인자하신 모습으로 우리들을 사랑하고 계시는 아버지를 떠 올릴 수 있다면, 우리들의 신앙은 바뀔 것입니다.

 **기도**

하나님 아버지, 저는 당신을 「하나님 아버지」라고 부르는 것에 익숙해져서, 그 말씀에 들어있는 깊은 뜻과 은혜를, 송구스러울 만큼 잊어버린 크리스천이 되어 버렸습니다. 「사도신경」을 다시 배워감에 있어, 하늘의 아버지 되시는 당신을 부를 때, 당신의 인자한 눈빛을, 때로는 당신의 엄격함을, 그러나 한 없이 인자한 눈빛을 마음에 담아 둘 수 있도록, 그리고 모든 복을 상속받은 우리들은 틀림없이 하나님의 자녀가 되었다는 것을, 마음속 깊이 받아들이고 느낄 수 있도록 함께해 주시기를 원합니다.

예수 그리스도의 이름으로 기도 드립니다. 아멘.

4. 우리 주 예수 그리스도를 믿사오며

"예수께서 이르시되 와서 보라 그러므로 그들이 가서 계신 데를 보고 그 날 함께 거하니 때가 열 시쯤 되었더라" (요한복음 1장 39절)

도대체, 이 분은 어떤 분이신가?

성경에 증거되어 있는 예수님을 말할 때, 우선 이 소박한 질문으로부터 시작하지 않으면 안 됩니다. "도대체, 이 분은 어떤 분이신가?"

이 질문은, 예를 들면 마가복음 4장 41절에 나옵니다. "그들이 심히 두려워하여 서로 말하되 그가 누구이기에 바람과 바다도 순종하는가 하였더라."

하나님을 「아버지」라 부르는 이 분은 도대체 어떤 분이신가? 예수님의 사역에 비판적이었던 당시의 종교가들조차도, 이 분의 귀신을 쫓아내시는 압도적인 권위를 부정할 수 없었습니다. "예루살렘에서 내려온 서기관(종교가)들은 그가 바알세불이 지폈다 하며 또 귀신의 왕을 힘입어 귀신을 쫓아낸다"(막 3:22)라고 할 수밖에 없을 정도로, 예수님이 갖고 계신 권위는 압도적이었습니다. 날 때부터 눈이 보이지 않는 맹인 된 남자를 낫게 하시고(요 9장), 중풍병자를 낫게 하셨습니다. "침상에 누운 중풍병자를 사람들이 데리고 오거늘 예수께서 그들의 믿음을 보시고 중풍병자에게 이르시되 작은 자야 안심하라 네 죄 사함을 받았느니라"(마 9:2). 도대체 이 분은 누구십니까? 아니, 그것만이 아니고 "바람을 꾸짖으시며 바다더러 이르시되 잠잠하라 고요하라 하시니" 바람이 그치고 아주 잔잔하게(막 4:35-41) 하시는 이 분은 누구십니까?

제자들이 타고 있는 배 위에는, 예수님도 함께 타고 계셨습니다. 갈릴리 호수의 건너편을 향해 노를 저어 가다가 도중에 거센 풍랑을 만나, 배가 침몰 직전에 이르게 되었습니다. 갈릴리 호수는 호수이지만, 굉장히 큰 바다 같습니다.

저는 대학생 때에, 간사이 지방에서 있었던 부흥성회(復興聖會)에 초대되어 그곳에 간 적이 있습니다. 그 성회에 갔다가 돌아오는 길에 비와꼬(琵琶湖) 호수에서 유람선을 탔습니다. 그 때 관광가이드의 안내방송이 흘러 나왔습니다. 그 가이드가 「비와꼬 애가(琵琶湖哀歌)」를 소개했던 것이 기억납니다.

자료를 찾아서 조사를 해 보았습니다. 1941년 4월, 현재의 가나자와(金澤)대학(당시 제4고등학교)의 보트부 대원들이, 이른 봄의 아침에 연습을 위해 조용하던 호수로 나가서 노를 젓기 시작했습니다. 그러나 도중에 갑자기 몰아치는 눈보라에 보트부원 전원이 호수에 빠져 목숨을 잃었습니다. 보트부원이라면 수영도 잘할 것이고, 위험에 처했을 때에는 전속력으로 피할 수 있는 기술도 있었겠지요. 그러나 눈보라 속에서 노를 든 채 호수에 사라져 간 젊은이들은 대자연의 맹위

앞에서는 꼼짝 없이 사라져 갔던 것입니다.

예수님의 제자들은 본래 어부들이었습니다. 그들이 죽음에 직면할 정도의 광풍에 농락당하고 있는 장면에서, 예수님은 일어나셔서 바람을 꾸짖으셨습니다. 바다를 향해 "잠잠하라, 고요하라"(막 4:39)라고 명하시자 순식간에 바다가 잠잠해졌습니다. 성경에 예수님께서 제자들과 함께 노를 저었다고는 기록하지 않았습니다. 예수님께서 노를 잘 것는 방법을 가르쳐 주셨다고도 쓰여 있지도 않습니다. 갑자기 일어나셔서 거친 바다를 향하여 꾸짖으셨다고 했습니다.

자연을 꾸짖는다는 것은 어떤 뜻입니까? 추위를 향해서, 태풍을 향해서 꾸짖는 것을 본다면 그 사람 미친 사람 아닌가 생각하겠지요. 그리고 사람이 아무리 꾸짖더라도 광풍은 잠잠해지지 않을 것입니다. 그러니까 제자들은 크게 두려워하며 서로 말했습니다.

"그들이 심히 두려워하여 서로 말하되 그가 누구이기에 바람과 바다도 순종하는가 하였더라"(막 4:41).

그리고 또 어느 날, 침상에 누운 중풍병자를 친구들이 예수님 앞으로 데리고 왔습니다. 그 병자는 예수님이 말씀하시고 계신 집으로 들 것에 실려 왔지만 집 밖에는 사람들이 넘쳐서 집안으로 들어갈 수 없었습니다. 친구 네 사람은 지붕을 뚫고 그 중풍병자의 누운 상을 예수님 앞에 달아 내렸습니다.

주님이 말씀하셨습니다.

"작은 자야 안심하라 네 죄 사함을 받았느니라"(마 9:2).

그리고 그의 병도 나음을 받았습니다. 도대체 무슨 일일까요. 병이 낫는 것만으로도 간이 떨어질 정도로 놀랄 일입니다. 그러나 그 이상으로, 사람의 죄를 사한다는 것은 또 무슨 의미일까요?

그 때 옆에 있던 서기관(종교가)들은 이것에 예리하게 반응했습니다. 그 율법학자들은 마음속으로 "이 사람이 신성을 모독하도다"라고 생각했던 것입니다(마 9:3).

죄를 사하시는 것은 하나님만이 하시는 일입니다. 사람에게 주어진 권위가 아닙니다. 그런데 이 분은 "작은 자야 안심하라 네 죄 사함을 받았느니라"라고 선언해버리신 것입니다.

"도대체 이 분은 어떤 분일까?"—복음서에는 궁금증으로 넘칩니다.

심상치 않은 예수님의 자기선언

그것만이 아닙니다. 사람들은 심상치 않은 예수님의 자기선언에 의혹을 가졌습니다. 예수님은 자신이 누구인가를 확실하게 하셨습니다.

어느 안식일에 예수께서 밀밭 사이로 지나가실 새 그 제자들이 배가 고파서 길을 열며 이삭을 잘라 먹었습니다(막 2:23, 신 23:25). 유대교는 안식일을 중요시 여겼기 때문에, 안식일에는 노동을 금하고 있었습니다. 그 당시 율법학자들은 이삭을 잘라 먹은 행위를 '노동에 해당한다'고 판단하고는, 율법을 근거로 해서 그것을 비난했습니다.

그러나 예수님은, 하나님의 율법에 금하고 있다는 그들의 견해에 하나님의 말씀인 성경을 인용하여 여러 가지로 논파(論破; 논하여 상대의 의견이 성립되지 않게 함)했습니다. "예수께서 이르시되 다윗이 자기와 및 함께 한 자들이 먹을 것이 없어 시장할 때에 한 일을 읽지 못하였느냐"(막 2:25). "제사장이 그 거룩한 떡을 주었으니 거기는 진설병 곧 여호와 앞에서 물려 낸 떡밖에 없음이라 이 떡은 더운 떡을 드리는 날에 물려 낸 것이더라"(삼상 21:6). 원래, 그처럼 빈 배를 채우지 못하게 금지한다면, 안식일을 지키는 율법의 취지를 잘못 이해하고 있다고 말씀하셨습니다. "안식일이 사람을 위하여 있는 것이요 사람이 안식일을 위하여 있는 것이 아니니"(막 2:27).

그리고 예수님이 결론적으로 말씀하셨는데, 이것은 결정적이었습니다.

"이러므로 인자는 안식일에도 주인이니라"(막 2:28).

이것은 어떤 의미일까요? 예수님은 이렇게 선언하신 것입니다. '내가 안식일을 만들었다. 율법도 내가 만들었다. 그러니까 내가 그것을 어떻게 하든지, 내가 안식일에 무엇을 하든지 무엇이 나쁜가?'라는 뜻입니다.

예수님은 갈릴리 지방의 첫 사역부터, 자신이 율법가나 예언자들보다도 위에 계심을 선언하셨습니다. 우리들은, 인간이면서 동시에 자신을 하나님이라고 하시는 분을 어떻게 파악해야 좋을까요?

C. S. 루이스는 『그리스도교의 진수』라는 책에서 이렇게 말하고 있습니다.

"예수님은 사람들을 향해, '무거운 죄는 사함 받았다'라고 말씀하셨다. 죄를 범한 상대방에게 한마디 상의도 없이 말이다. 그는 마치 자신이 모든 죄에 대해 최대의 연관을 갖고 있는 것처럼, 즉 자신이 최대의 피해자인 것처럼 행동하고, 아무런 거침이 없었다. 그의 이런 태도가 의미를 가질 수 있는 것은 다음의 경우에 한한다—즉 그가 정말로 하나님이어서, 사람이 죄를 지었을 때에 하나님의 법칙이 깨지고, 하나님의 사랑이 손상을 입을 수 있는 경우이다. 이것에 반해서,

만일 하나님이 아닌 자의 입으로부터 그런 말이 나온다고 하면, 역사
상 유례가 없는 가장 큰 망령된 소리이고, 최대의 잘난 척이라는 것
외에 아무것도 아닐 것이다.”(p. 94-95).

예수님은, 서기관들과 바리새인들이 모였을 때에 그들에게 물으셨
습니다(마 22:41-45).

“너희는 그리스도에 대하여 어떻게 생각하느냐 누구의 자손이냐?
대답하되 다윗의 자손이니이다 이르시되 그러면 다윗이 성령에 감동
되어 어찌 그리스도를 주라 칭하여 말하되 주께서 내 주께 이르시되
내가 네 원수를 네 발 아래에 둘 때까지 내 우편에 앉아 있으라 하셨
도다 하였느냐 다윗이 그리스도를 주라 칭하였은즉 어찌 그의 자손이
되겠느냐”(마 22:41-45).

그리고 이어진 유대교 교사(랍비)들과의 문답은 이렇습니다.

“유대인들이 이르되 네가 아직 오십 세도 못 되었는데 아브라함을
보았느냐 예수께서 이르시되 진실로 진실로 너희에게 이르노니 아브
라함이 나기 전부터 내가 있느니라 하시니”라고 했습니다(요 8:57-
58).

좀 이상한 것이지만, 그 이상으로 “내가 있느니라”(에고 … 에이
미)라고 하는 말이 문제입니다. 예수님은 “에고 … 에이미”라고 말씀
하셨습니다. ‘에고’는 헬라어로 ‘나’이고, ‘에이미’는 ‘있다, 존재하고
있다’라는 말의 1인칭 단수형입니다. 이 표현은 성경에서는 강렬한 임
팩트를 갖고 있습니다. 왜냐하면 하나님께서 스스로 자칭하신 유일한
이름이기 때문입니다.

구약성경에서 모세가 하나님께 “당신은 어떤 분이십니까?”라고 질
문했습니다. “모세가 하나님께 아뢰되 내가 이스라엘 자손에게 가서

이르기를 너희의 조상의 하나님이 나를 너희에게 보내셨다 하면 그들이 내게 묻기를 그의 이름이 무엇이냐 하리니 내가 무엇이라고 그들에게 말하리이까 하나님이 모세에게 이르시되 나는 스스로 있는 자이니라 또 이르시되 너는 이스라엘 자손에게 이같이 이르기를 스스로 있는 자가 나를 너희에게 보내셨다 하라"(출 3:13-14). 여기서 "나는 스스로 있는 자이니라"(에훼 아시에르 에훼), "나는 있다"라는 1인칭을, 3인칭 "그는 있다"라고 하면, '야훼'가 됩니다. 신개역성경에서는, 굵은 글자로 '주(主)'로 되어 있습니다. 모세 시대 이래로 구약성경의 사람들은, 되도록이면 이 이름을 입에 올리지 않으려고 힘썼습니다〔십계명에 있는 '여호와(주)의 이름을 망령되이 일컫지 말라'를 지키기 위해〕. 그래서 하나님께서 자칭하신 '야훼'가 성경에 나오면, 그 말을 히브리어의 '주(主)-아도나이'로 바꿔 읽을 정도였습니다.

히브리어로 쓰인 구약성경이, 기원전 250년경에 헬라어로 번역되었습니다. 그것이 '70인역' 성경입니다. 거기에서는, 이 "나는 스스로 있는 자이니라"라는 구절이 '에고 … 에이미'라고 번역되어, 그 구절의 무게 있고 특색 있고, 두렵다는 의미를 잘 나타내주고 있습니다. 거기에 예수님의 입에서 "아브라함이 나기 전부터 '에고 … 에이미'"라고 하는 자기선언이 터져 나왔으니, 당시의 사람들은 간이 떨어질 정도로 깜짝 놀랐을 것입니다.

예수님이 십자가에 달리시기 전, 대제사장들은 공회에 모여 공모했습니다. 좀처럼 예수님을 유죄로 하는 결론이 나오지 않던 중에, 대제사장은 예수님께 질문합니다.

"침묵하고 아무 대답도 아니하시거늘 대제사장이 다시 물어 이르되 네가 찬송 받을 이의 아들 그리스도냐"(막 14:61). 이 질문도 매우 강렬합니다. "당신은 하나님의 아들인가."라고 묻고 있는 것입니다. 그런데 예수님은 대답은 더욱 강력합니다.

"내가 그니라, 나야말로 주이다"라고 했던 것입니다. 그것이 '에고 … 에이미'입니다.

"네가 찬송 받을 자의 아들 그리스도냐"라고 물었을 때, 예수님은 어떤 의미로 "나는 하나님이다"라고 대답하셨던 것입니다. 그러자 대제사장은 하나님에 대한 모독죄로 예수님께 사형을 언도합니다.

"자신을 하나님이라고 할 인물은, 완전히 미친 사람이거나 아니면 정말로 하나님이신가, 둘 중에 하나밖에 없지 않은가."라고 C. S. 루이스가 말하고 있는 것을 읽고, 우리도 '아~ 과연 그렇구나.'라고 생각합니다.

예수님 제자들도, 당시의 유대교 교사(랍비)들 이상으로 의심했을 것이 분명합니다. 유대교 교사들은 예수님의 일부분 밖에 보지 않았습니다. 그 가르치고 계시는 일부분 밖에 보지 않았습니다. 그런데 제자들은 전부를 보고 듣고 있었습니다.

빵 5조각과 물고기 2마리로 5천 명을 먹이신 예수님(막 6:41이하), 죽은 소녀를 살리신 예수님(막 5:42), 풍랑을 꾸짖으신 예수님(막 4:39), "이러므로 인자는 안식일에도 주인이니라"(막 2:28)라고 말씀하신 예수님. 제자들은 그러한 것들을 전부 가까이서 보고 들었던 것입니다.

그런데 그처럼 놀랄 만한 능력을 보이신 예수님은, 자기들과 마찬가지로 육체의 피로를 느끼셨고, 자기들처럼 손을 씻으러 가시고 식사를 하셨습니다. 제자들에게 있어서는 이 모든 것이 도무지 혼란스러웠습니다.

저는 최근에 커피를 마신 후에 아내에게 컵의 가장자리를 확인하라는 말을 들었습니다. 전에는 안 그랬던 것 같은데 나이 탓인가, 야무지지 못해서 그런가 모르겠지만, 커피를 마신 컵 가장자리에 음식 찌꺼기가 붙어 있기 때문이라는 것입니다.

예수님은 당시의 유대인입니다. 지금도 정통 유대인은 그러합니다만, 모두 머리를 기르고 있었습니다. 그 긴 머리를 하고 빵을 먹으면 빵 부스러기가 머리카락에 붙습니다. 빵 부스러기가 머리에 붙은 사람이 "나는 안식일의 주인이다"라고 말한다면, 주위 사람들은 어안이 벙벙하겠지요. 그리고 그런 것을 말하는 사람이 자기와 같이 손을 씻으러 가기도 하고, 때로는 자기들보다도 육체적으로 더 지쳐 있는 분이 풍랑을 향해서 "잠잠하라, 고요하라"라고 하시고, 마침내는 "에고 … 에이미"라고 말씀하고 있으니 제자들은 간담이 서늘했을 겁니다.

우리들은 어떤 의미에서, 예수 그리스도를 보지 않았기 때문에, 이 분을 하나님으로 생각할 지도 모릅니다. 반대로 보게 된다면, 그 생각했던 것과의 차이 때문에 많은 고민을 하게 되지 않을까요. 제자들은 예수님을 가까이에서 보았기 때문에, 예수님을 하나님이라고 고백하기까지는 '도대체 이 분은 어떤 분일까.' 하며 철저하게 고민했을 겁니다. 그것이 사도신경의 깊은 의미가 아닐까요?

예수님의 초대

예수님은 그의 부르심에 당황한 제자들에게 "나를 따르라"라고 하셨습니다. 여기에서 요한복음 1장으로 돌아가서, 그 장면을 잠시 읽어 보겠습니다. 35-39절입니다.

"또 이튿날 요한(세례 요한)이 자기 제자 중 두 사람과 함께 섰다가 예수께서 거니심을 보고 말하되 보라 하나님의 어린 양이로다 두 제자가 그의 말을 듣고 예수를 따르거늘 예수께서 돌이켜 그 따르는 것을 보시고 물어 이르시되 무엇을 구하느냐 이르되 랍비여 어디 계시오니이까 하니 (랍비는 번역하면 선생이라) 예수께서 이르시되 와서 보라 그러므로 그들이 가서 계신 데를 보고 그 날 함께 거하니 때가 열 시쯤 되었더라"

주님의 응답은 상징적이었습니다. "어디 계시오니이까"라고 묻자, "그것은 와서 보면 안다."라고 하셨습니다. 그러나 두 제자들의 마음속에 있던 질문은 단지 "랍비여 어디 계시오니이까"가 아니었습니다. 바로 "당신은 도대체 누구십니까?"라는 대답을 듣고 싶었던 것입니다. 그런데 예수님의 대답은 "와서 보라, 그러면 안다." 따라가 보면 금방 알게 된다는 것이 아닙니다. 잠시 시간을 두고 와 보라는 것입니다. 하지만 그 첫걸음을 떼지 않는 한, 전혀 예수님과는 무관한 것입니다.

"이튿날 예수께서 갈릴리로 나가려 하시다가 빌립을 만나 이르시되 나를 따르라 하시니"(43절).

빌립은 친구인 나다나엘을 예수님이 계신 곳으로 초청합니다.

"빌립이 나다나엘을 찾아 이르되 모세가 율법에 기록하였고 여러 선지자가 기록한 그이를 우리가 만났으니 요셉의 아들 나사렛 예수니라"(45절).

그러나 나다나엘은 솔깃하지도 않았다고 했습니다.

"나다나엘이 이르되 나사렛에서 무슨 선한 것이 날 수 있느냐 빌립이 이르되 와서 보라 하니라"(46절).

나사렛은 예루살렘에서 멀리 떨어진 시골인데, 그런 곳에서 무슨 기대할 만한 인물이 나온다는 것인가라고 말하며 시큰둥한 나다나엘을 빌립은 설득했습니다. 그것은 간단히 말하면 "어쨌든, 와서 보라"라고 한 것입니다.

교회에는 하나님의 은혜가 넘칩니다. 대성당처럼 스테인드글라스가 있고, 관광명소로 될 정도의 큰 교회라면 몰라도, 저는 저희 다카쓰(高津) 그리스도교회에 하나님의 은혜가 넘친다고 믿고 초대하고 있습니다. 찾아온 사람들이 "뭐야, 이 정도의 건물인가. 이런 곳에서 무슨 좋은 것이 나올까?"라고 말한다면, 우리는 "그러지 말고, 일단 안으로 들어와서 보세요."라고 말하곤 합니다.

빌립은 나다나엘을 이렇게 설득하고 있는 것입니다.

"예수께서 나다나엘이 자기에게 오는 것을 보시고 그를 가리켜 이르시되 보라 이는 참 이스라엘 사람이라 그 속에 간사한 것이 없도다"(47절).

나다나엘은 고지식하게 정직하고, 성실한 성격이었던 것 같습니다. 예수님은 나다나엘의 마음속을 꿰뚫어 보고 계셨습니다. 이에 나다나엘은 매우 놀라며, 예수님께 물었습니다.

"나다나엘이 이르되 어떻게 나를 아시나이까 예수께서 대답하여 이르시되 빌립이 너를 부르기 전에 네가 무화과나무 아래에 있을 때에 보았노라"(48절).

"나다나엘이 대답하되 랍비여 당신은 하나님의 아들이시요 당신은 이스라엘의 임금이로소이다"(49절).

나다나엘은 감동했습니다. 그러자 예수님은 말씀하셨습니다.

"예수께서 대답하여 이르시되 내가 너를 무화과나무 아래에서 보았다 하므로 믿느냐 이보다 더 큰 일을 보리라"(50절).

이것은 "그 정도로 나를 믿는다고 하는 당신은 정직하다. 하지만 나는 그 정도가 아니다. 나를 따라 오면, 더욱 큰 것을 보리라"고 주님은 말씀하신 것입니다. 말하자면 이때의 나다나엘은, 교회에 처음 와서 신앙을 갖고 세례를 받고, 사도신경을 잘 모르지만 고백하고 있는 우리와 마찬가지라고 할 수 있습니다. 그 정도로 초보인 것입니다. 그런 나다나엘에게, 또 우리에게 예수님은 이렇게 말씀하십니다.

"그래도 나를 믿고, 나를 따르면, 거기다가 더욱 큰 것을 보게 되리라"는 것입니다.

"또 이르시되 진실로 진실로 너희에게 이르노니 하늘이 열리고 하나님의 사자들이 인자 위에 오르락 내리락 하는 것을 보리라 하시니라"(51절).

이것은, 옛날에 구약 창세기에서 야곱이 보았다는 환상을 생각나게 하는 말씀입니다. 야곱은 광야를 여행하는 도중에, 몸도 마음도 얼어 버리는 고독한 밤을 맞이하여 광야에서 돌베개를 하고 자게 됩니다. 꿈에 본즉 사닥다리가 땅 위에 섰는데 그 꼭대기가 하늘에 닿았고 또 본즉 하나님의 사자가 그 위에서 오르락내리락하고 있었습니다. 다음 순간, 하나님께서 그 위에 서 계시고, 야곱은 하나님으로부터 복을 받았던 말씀의 내용입니다. 그때 야곱이 처음 본 것은, 하늘로부터 지상에 세워진 사닥다리였습니다. 예수님이 나다나엘에게 말씀하셨던 것은, 나는 그 사닥다리이므로 모든 복이 나를 통해서, 나를 따라 오는 네 위에 부어진다는 것입니다. 그리고 야곱이 보고 있던 환상은 사닥다리가 아니라, 그의 돌베개 옆에 서서 복을 주시는 하나님으로 바뀌었습니다. 아무리 제자가 의심을 해도, 예수님은 제자를 부르십니다.

"나를 따라 오너라. 그러면 알게 될 것이다. 평생을 나를 따라 오라. 그러면 알 것이다. 최후의 최후, 당신이 지상에서 이별을 고하는 그 날, 더욱더 확실히 알게 될 것이다. 당신이 예수님에 대해서, 하나님에 대해서 알고 있는 것이 있다면 아마도 그것은 망망대해의 물 한 방울에 지나지 않는 것이다. 하지만 당신이 삶의 방황 가운데 있을 때에나, 신념 안에서 헤매거나 의심하고 있을 때, 나는 더욱 당신에게 나의 존재함을 나타낼 것이다. 그러니까 마음을 열고, 나를 따라 오라."

우리들은 예수님에게 좀 더 가까이 다가가지 않으면 안 됩니다. 어느 사이에, 우리들은 "예수님, 예수님"이라고 하지 않고, "하나님, 하나님"이라고 하는 경향이 있지만, 이 사도신경을 배워 가는 중에, 우리들은 그리스도를 고백하는 크리스천이라는 자각을 확실하게 하게 될 것입니다. '전능하신 하나님을 믿고 있다'라는 의미에 있어서는, 이교(異敎)의 세계에서 다른 종교라도, '전능하신 하나님'이라고 말하지요. 그러니까 우리들은 '예수 그리스도'를 믿고, 예수 그리스도에게 가까이 다가가야 합니다. 그리고 거기에 큰 영광을 기대하는 것입니다.

20세기 초, 아직 전기가 거의 보급되어 있지 않던 무렵에, 아일랜드 해안의 작은집에 살고 있던 여성이 대담하게 자기 집에 전기를 끌어들였다는 이야기가 있습니다.

그녀는 그 마을에서 가장 먼저 전기회사로부터 전기를 사용하게 되었습니다. 유복한 여성이었습니다. 그러나 대단한 구두쇠였습니다. 전기를 끌어서 전등을 달고 난 후, 수주일 지나서 전기회사 직원이 그 집을 찾아왔습니다.

"어떻습니까, 상태는?" 하고 물으니 "예, 좋습니다."라고 그녀는 대답합니다.

그러나 전기회사 직원은 계량기를 본 후에 의심쩍게 묻습니다.

"조금 이상하네요. 수주일 전에 계량기를 설치했던 때와 거의 같고, 지금도 거의 움직이지를 않고 있는 것 같은데, 어떻게 사용하고 계십니까?"

이에 그녀가 대답했습니다.

"그렇습니까? 난 확실히 사용을 하고 있어요. 어두워지면 전등을 켜는데, 너무 어두워져서 큰일 났다고 생각하면 전기를 켭니다. 그리고 오일램프에 불을 켠 뒤 바로 전기를 끕니다. 불과 30초밖에 안 되지만 굉장히 도움이 됩니다."

그녀에게 전기를 쓰고 있는지 묻는다면 쓰고 있는 거지요. 하지만 거의 안 쓰고 있는 것입니다.

예수님에 의해 구원 받고, 그 십자가를 진실로 믿고 세례를 받고, 우리들은 강력한 전기를 끌어왔습니다. 그런데 실제 삶에 있어서, 그 전기는 불과 잠깐 불을 켜는데 그 쓰임을 다하고 곧바로 꺼져 버립니다. 그러니 "내가 너희에게 분부한 모든 것을 가르쳐 지키게 하라 볼지어다 내가 세상 끝날까지 너희와 항상 함께 있으리라 하시니라"(마 28:20)라고 말씀하신 예수님께 거의 눈길을 주지 않고 있습니다. 눈도, 몸도, 마음도 향하지 않고 있으니 얼마나 안타까운 일입니까? 만일 우리들이 기도할 때 마지막에 "예수 그리스도의 이름으로 기도 드립니다. 아멘이라고, 이 구절에서 예수님이 등장하시지 않는다면 얼마나 슬플까요."

예수님은 말씀하십니다. "나야말로 하늘로부터 지상에 세워진 사닥다리이다. 모든 복은 나를 통해서 오게 된다. 그리고 나는 임마누엘(하나님이 함께 계심)이다. 하나님이 우리와 함께 계신다는 것은 바로 나를 일컫는 말이다('보라 처녀가 잉태하여 아들을 낳을 것이요 그 이름은 임마누엘이라 하리라 하셨으니 이를 번역한즉 하나님이 우리와 함께 계시다 함이라'). 내가 너와 함께 있는 하나님이다."

기도

우리가 이 지상에서 걷는 모든 길에 주님이 함께 해 주심에도 불구하고, 어느 순간엔가 전기 스위치를 내려버리고 석유 등잔으로 생활하고 있는 것 같이, 자신의 힘만 믿고 한평생을 열심히 살고자 애쓰고 있는 것이 우리의 모습입니다. 예수 그리스도를 믿는 나의 신앙의 중심에서 꼭 필요한 요소가 바로 주님임을 깨달을 수 있도록 인도해 주옵소서.

우리 마음속에도 예수님 당시의 제자들처럼 의심이 있는 것도 사실입니다. 그런 저희들을 향해서 "따라 오라"고 불러 주시는 주님의 부름에 답하고, 그 첫걸음을 내디딜 수 있도록, 저희들에게 작은 신앙의 씨를 주옵소서.

예수님의 이름으로 기도 드립니다. 아멘.

5. 독생자 하나님을 내가 믿사오며

"태초에 말씀이 계시니라 이 말씀이 하나님과 함께 계셨으니 이 말씀은 곧 하나님이시니라 그가 태초에 하나님과 함께 계셨고"

(요한복음 1장 1-2절)

본문에 나오는 "태초"는 창조 이전의 태초로 영원을 가리킵니다. "말씀"은 헬라어로는 '로고스'입니다. 이것은 그리스도를 가리킵니다.

"하나님과 함께 계셨으니"라는 표현은 막연하지만, 둘 사이의 거리는 없고, 같은 편 쪽 곁에 있다는 의미입니다. '프로스'라는 전치사가 사용되어 있는데, 얼굴과 얼굴을 맞대도록 겹쳐져 있다는 의미이니까, 그 정도로 하나님과 가까운 거리에 계셨고, 게다가 창조 이전의 영원부터 그랬었다고, 요한복음은 그리스도에 대해서 말씀하고 있습니다.

그럼, 창조 이전의 영원부터 하나님과 함께 계신 그리스도는, 하나님이 아닌 것인가? 이 의문에, 요한은 즉시 대답합니다. "이 말씀은 곧 하나님이시니라 그가 태초에 하나님과 함께 계셨고"라는 논리로 감히 말을 하고 있습니다.

성부 하나님과 성자 하나님, 우리들은 일반적으로 그렇게 생각합니다. 아버지와 아들이라는 일반적인 표현으로 성부 하나님과 그리스도의 관계를 설명하는 것이 알기에는 쉽습니다만, 오해를 불러일으킬 염려가 있는 것도 사실입니다. 왜냐하면 보통 사람들의 아들에게는 아버지와 어머니가 있기 때문입니다. 아버지의 존재가 먼저 있고, 시간이 흘러가면서 어느 때인가 아이가 태어나는 것이 인간 세계이니까, 그것을 그대로 적용하면 성부 하나님께서 성자 하나님을 낳은 것이라고 이해해 버립니다.

하지만 이와 같은 생각은 하나님의 세계에서는 통용이 안 됩니다. 실제로 성부 하나님이라고 해도 어머니 되시는 하나님은 없고, 성자 하나님도 도중에 태어나신 것이 아니라 "그가 태초에 하나님과 함께 계셨고"라고 하여 영원부터 계신 것입니다.

또 그 밖에도, 하나님은 유일한 분이신 데도, 성자 하나님을 포함해서 두 분이 계시는 것인가라는 의문도 생깁니다. 이것은 뒤에 가서 「성령을 믿사오며」의 장에서 자세히 설명하겠습니다.

여기에서는 "그리스도는 하나님이시다"라는 것을, 요한이 독특한 표현으로 기록하고 있으므로, 거기에 주목해서 살펴보도록 하겠습니다.

독생자 하나님

"본래 하나님을 본 사람이 없으되 아버지 품속에 있는 독생하신 하나님이 나타내셨느니라"(요 1:18).

'독생자 하나님'이라는 표현은 뒤에도 나옵니다.

"하나님이 세상을 이처럼 사랑하사 독생자를 주셨으니 이는 저를 믿는 자마다 멸망치 않고 영생을 얻게 하려 하심이니라"(요 3:16).

여기 「독생자」라는 낱말은 영어로 'his only begotten Son'(NKJ)입니다. 듣기에 익숙하지 않은 영어로, 성경에서도 여기밖에는 나오지 않는 표현입니다.

아니, 듣기에 익숙하지 않은 것은 'begotten'이라는 동사 때문입니다. 원형은 'beget'입니다. beget이라는 것은, 아버지가 된다는 의미입니다. 우리가 beget을 할 때, 우리는 자기 자신과 똑같은 동질(同質)의 아이를 낳는 것이 됩니다. 즉 사람의 아들은 사람이고, 호랑이 새끼는 호랑이이고, 새의 새끼는 새가 되는 것입니다.

한편, 우리가 무언가를 '만든다'고 할 때 쓰이는 단어는 'make'(만들다)와 'create'(창조하다)입니다. 무언가를 만들 때에는, 자기 자신과는 전혀 이질(異質)적인 것을 만드는 것이 됩니다. 그러니까 인간은 집을 만들고, 호랑이는 사는 곳을 만들고, 새는 풀을 모아서 둥지를 만듭니다. 그것들은 자기 자신과는 전혀 다른 것입니다.

하나님도 마찬가지입니다. 하나님께서 무언가를 '만든다'라고 한다면, 그것은 하나님 자신과는 전혀 다른 것을 만드는 것이 됩니다. 하나님은 천사를, 모든 피조물을, 그리고 인간을 만드셨습니다. 그 피조물과 하나님과는 질(質)적으로 다릅니다.

그러나 하나님께서는 그리스도를 'beget'하셨습니다.[1]

즉 beget되신 그리스도는 하나님과 동질(同質)인, 'create'(창조)입니다. 요한은 그런 것을 전하고 싶은 것입니다. 그것이 우리에게 전달될지 안 될지는 별개로 하고, 요한이 의도하고 있는 것은 바로 그런 것입니다. 요한은 그와 같이 해서, 그리스도의 하나님으로서의 본질, 거기에다가 만물이 창조되기 이전부터, 영원에서 영원에 이르기까지 하나님과 함께 계시는 그리스도의 모습을 말하고 있습니다.

"만물이 그로 말미암아 지은 바 되었으니 지은 것이 하나도 그가 없이는 된 것이 없느니라"(요 1:3).

요컨대, 창조의 역사를 시작한 것은 바로 "예수 그리스도"이십니다. 하나님이 예수님을 창조하신 것은 아닙니다. 예수 그리스도는 처음부터 하나님과 함께 계셨고, 하나님과 동질의 존재이시고, 예수 그리스도께서 이 세계의 모든 것을 창조하셨다는 것을, 요한은 말하고 싶은 것입니다. 다른 방법으로 말한다면, 확실히 그리스도는, 성부 하나님이 만드신 '제일 첫 피조물이 아니다'라는 것입니다.

당시의 세계에는, 그노시스주의(Gnōsis; 초기 기독교의 한 파. 그리스 철학을 신앙과 결부시키려고 했음. 2~3세기경 로마 그리스에 유포되었으나 후에 이단으로 몰려 탄압을 받았음)라는 사상이 있었고, 그것이 기독교에 영향을 미쳐, 그리스도교의 이단(異端)이 생겨나게 됩니다. 그노시스의 영향을 받은 초기그리스도교에서는, 그리스도는 하나님에 의해 만들어진 "최초의 피조물이다"라고 주장했습니다. "그리스도는 이 세계를 만들었는지 모르지만, 하나님은 그리스도를 만들고, 그리스도는 이 세계를 만들었다. 그러므로 그리스도는 하나님보다는 뒤떨어지는 존재로, 하나님과 동질은 아니다."라고 주장했던 것입니다.

그것에 대항해서, 사도신경이 강조했던 것은, 바로 여기 요한의 신앙고백과 같은 것입니다. 〈그리스도는 하나님과 동질이시고, 하나님이시다. 영원부터 하나님과 마주 보고 계신다. 이 분이야말로 하나님을 설명하실 수 있다. 지금까지 일찍이 한 번도 하나님을 본 사람은 없다. 아버지의 품에 계신 독생자 하나님이, 바로 하나님이시다.〉 이렇게 설명하고 있는 것입니다.

"본래 하나님을 본 사람이 없으되 아버지 품속에 있는 독생하신 하나님이 나타내셨느니라"(요 1:18).

"아버지 품속"이라는 것은 '아버지의 마음속'입니다. "나타내다"라고 번역되어 있는 단어는 헬라어로 '엑세게사토'입니다. 여기 '엑크스'는 'out of', '밖으로', 즉 안쪽에 있던 것이 바깥쪽으로 나오는 형태로, 그리스도는 하나님을 설명해 주고 있다고 요한은 말하는 것입니다. 그러니까 예수님의 가르침은, 하나님의 가르침 그것이었습니다. 예언자의 가르침도 아니고, 종교가나 철학자가 규명해낸 사상도 아니고, 그리스도의 가르침이야말로, 실로 하나님의 가르침인 것입니다.

후에 제자 빌립이, 최후의 만찬석상에서 예수님에게 말했습니다.

"빌립이 이르되 주여 아버지를 우리에게 보여 주옵소서 그리하면 족하겠나이다"(요 14:8).

즉 "하나님을 보면, 즉 영원을 슬쩍 엿보게 되고, 우리들을 창조하시고 이 세계를 다스리시는 하나님을 보면, 우리들은 만족할 것입니다."라고 빌립이 말하자, 예수 그리스도는 이렇게 말씀하셨습니다.

"예수께서 이르시되 빌립아 내가 이렇게 오래 너희와 함께 있으되 네가 나를 알지 못하느냐 나를 본 자는 아버지를 보았거늘 어찌하여 아버지를 보이라 하느냐"(요 14:9).

우리들은 '하나님 아버지'라고 하면, 왠지 따뜻하고 감싸주고 지켜줄 것 같은 아버지 같은 하나님을 상상합니다만, 실제로는 예수 그리스를 빼고 하나님 아버지를 말한다면, 우리의 하나님에 대한 개념은 어딘지 모르게 굽어져 잘못되어 갈 것입니다. 그리스도께 묻는 것은 실로 하나님에게 묻는 것이고, 그리스도를 따르는 것은 하나님을 따르는 것이 되고, 그리스도에게 기대하는 것은 하나님께 기대하는 것입니다.

「독생자」(only)

「독생자」라는 것은, '그것은 다른 곳에는 없다', '오직 이 분만이'라는 독점적 의미가 있습니다.

"옛적에 선지자들을 통하여 여러 부분과 여러 모양으로 우리 조상들에게 말씀하신 하나님이 이 모든 날 마지막에는 아들을 통하여 우리에게 말씀하셨으니 이 아들을 만유의 상속자로 세우시고 또 그로 말미암아 모든 세계를 지으셨느니라"(히 1:1-2).

여기 1절을 보십시오. 하나님은 옛 선지자들과 예언자들을 통해서, 많은 부분을 나누어서 그리고 또 여러 가지 방법으로 말씀하셨습니다. 그것은 구약성경의 일입니다. 그것을 그리스도교는 부정하지 않습니다. 그리스도교는 구약성경을 부정하지 않습니다. 그것뿐 아니라 다른 종교를 전부 부정하는 것은 아닙니다. 사람의 마음속에 영원으로의 동경을 갖게 하신 것은 하나님이십니다.

신약성경의 로마교인들에게 보내는 편지인 로마서에서, 하나님의 계시는 자연계에도 나타나 있다고 가르치고 있습니다. 자연계의 위력으로부터, 그것을 창조하신 하나님을 유추하고 숭배하는 종교가 있으면, 예를 들어 그 종교가 성경을 말하지 않고 그리스도를 몰랐다고 해도, 그리스도교는 그 종교가 진리의 한쪽 면만을 더듬고 있으며, 만지고 있다고 인정해야 하겠지요. "기도를 들으시는 주여 모든 육체가 주께 나아오리이다"(시 65:2)라고 하는 것처럼, 우리에게 기도하는 것을 가르쳐 주신 분은 하나님이십니다. 사람에게 죽음의 공포를 주시는 분도 하나님이십니다. 사람이 서로 개인주의로 인해 다투고, 그 다툼으로 지쳐서 평화를 구할 생각을 주시는 분도 하나님이십니다. 대자연의 장엄함을 보고, 거기에 인간의 힘을 넘어서는 무언가를 느끼게 하는 것도 하나님의 은혜입니다. 그러니까 여러 종교가 있게 되는 부분은 하나님께서 주시는 진리를 반영하고 있다는 것이지요.

그러나 예수 그리스도는 그런 것들의 모든 것을 넘어서, (히브리서 1장의) 2절을 보세요.

"이 모든 날 마지막에는 아들을 통하여 우리에게 말씀하셨으니 이 아들을 만유의 상속자로 세우시고 또 그로 말미암아 모든 세계를 지으셨느니라"(2절). 그리고 "이는 하나님의 영광의 광채시요 그 본체의 형상이시라 그의 능력의 말씀으로 만물을 붙드시며 죄를 정결하게 하는 일을 하시고 높은 곳에 계신 지극히 크신 이의 우편에 앉으셨느니라"(3절)라는 것은, 예수 그리스도 이외에, 하나님이 어떠한 분인가를 나타내는 다른 방법은 전혀 필요 없다고 히브리서의 기자는 말하고 있는 것입니다.

이러한 그리스도의 유일성, 그리스도의 절대성이라는 것은 변화산에서 있었던 일에서도 잘 나타나 있습니다. 잠깐 이것도 함께 보시기 바랍니다. 마가복음 9장 2-8절을 읽어 보겠습니다.

"엿새 후에 예수께서 베드로와 야고보와 요한을 데리시고 따로 높은 산에 올라가셨더니 그들 앞에서 변형되사 그 옷이 광채가 나며 세상에서 빨래하는 자가 그렇게 희게 할 수 없을 만큼 매우 희어졌더라

이에 엘리야가 모세와 함께 그들에게 나타나 예수와 더불어 말하거늘 베드로가 예수께 고하되 랍비여 우리가 여기 있는 것이 좋사오니 우리가 초막 셋을 짓되 하나는 주를 위하여, 하나는 모세를 위하여, 하나는 엘리야를 위하여 하사이다 하니 이는 그들이 몹시 무서워하므로 그가 무슨 말을 할지 알지 못함이더라 마침 구름이 와서 그들을 덮으며 구름 속에서 소리가 나되 이는 내 사랑하는 아들이니 너희는 그의 말을 들으라 하는지라 문득 둘러보니 아무도 보이지 아니하고 오직 예수와 자기들뿐이었더라."

도대체 이것은 무엇을 전하고 있습니까? 예수님은 십자가에서 고난 받으실 것을 제자들에게 선언하신 후, 세 사람의 제자를 데리고 높은 산에 올라가셨습니다. 그리고 그 산 위에서, 예수님은 영광스런 모습으로 변모하셨습니다. 거기에 두 사람이 나타나서, 예수님과 이야기를 하고 있었습니다. 그 두 사람은 율법을 대표하는 모세와 예언자를 대표하는 엘리야였습니다. 베드로는 꿈을 꾸고 있는 것 같았습니다. 그 모세가 나타났고, 그 엘리야가 나타났습니다. 그리고 예수님과 함께 이야기를 하고 있었습니다. 그 예수님은 눈부신 영광의 모습을 하고 계셨습니다.

그러나 그때였습니다. 하늘로부터 하나님의 음성이 들렸습니다. 이것이 7절입니다. "이는 내 사랑하는 아들이니 너희는 그의 말을 들으라"라는 소리를 베드로가 들은 것입니다. 예수만이 하나님의 아들이고, 모세도 아니고 엘리야도 아닌, '그' 예수님이 말씀하시는 것을 들으라는 것입니다. 예수님의 절대성, 예수님의 유일성, 그것이 어느 사이엔지 베드로에게는 잘 모르는 이상한 것이 되어 버렸습니다.

예수님을 예언자의 한 사람으로 보면 안 됩니다. 같은 부류로 취급

해서는 안 됩니다. "이 자만이 나의 「사랑하는 독생자」이다."라는 하늘의 음성을 듣고, 이 분을 보십시오. 이것이 예수님의 절대성이며 유일성입니다.

우리는 베드로와 같은 생각을 언제나 하게 됩니다. 예수라는 존재를 다른 존재와 같이 여기고, 여러 곳에서 정보를 모아서, 도대체 누구의 소리가 자기에게 제일 적합한 것인지 생각합니다. "예수만의 소리를 들어라, 이것이 나의 사랑하는 아들의 소리이다."(이것이 크리스천의 철칙이라는 것입니까?)

만일 성경을 읽고 있을 때에 모세의 율법 책과 예수님의 복음서 사이에 모순이 있다고 생각하면, 나는 굳이 그 모순을 함께 하려고 별로 노력하지 않는 타입입니다. 저는 틀림없이 예수님의 가르침을 택할 것입니다.

구약성경에는 전쟁에서 벌어진 일들도 많이 기록되어 있습니다. 그렇기 때문에 우리는 어떻게 해서라도 이 전쟁에서 벌어진 일들을 신약(성경)적으로 재해석하려고 합니다. 그런 것을 저는 하지 않습니다. 솔직히 예수님의 "원수를 사랑하라"라고 하시는 가르침을 따르려고 힘쓰고 있습니다. 옛날에는 하나님은 예언자를 통해서나 여러 가지 방법으로 말씀하셨습니다. 그렇지만 이 마지막 때에, 예수 그리스도만을 통해서 하나님의 완전성이 어떤 것인가를 나타내주고 있습니다.

말씀이 육신이 되어 우리 가운데 거하시매

세 번째, 오늘의 메시지 중에 가장 중요한 곳을 보기로 하겠습니다.

요한복음으로 돌아가서, 1장 14절을 봅시다.

"말씀이 육신이 되어 우리 가운데 거하시매 우리가 그의 영광을 보니 아버지의 독생자의 영광이요 은혜와 진리가 충만하더라."

"말씀이 육신이 되어"라는 이 구절을 다 같이 보겠습니다. 그러니까 사도신경에서는 「성령으로 잉태하사 동정녀 마리아에게 나시고」라는 식으로 구체적으로 진행되어 갑니다만, 요한은 "태초에 말씀이 계시니라 이 말씀이 하나님과 함께 계셨으니"라고 하여 영원성의 이야기로부터 복음서를 시작합니다. 이는 엄청난 이야기입니다. 그 엄청난 하나님의 아들 예수 그리스도께서 갑자기 사람으로 이 세상에 오신, 역사적인 예수님으로 느닷없이 이야기를 옮기고 있는 것입니다. 이 큰 움직임에 요한은 물론, 우리도 감동을 느끼고 있습니다. 영원하신 하나님과 함께 계신, 그분과 동질의 독생자 하나님은 영원 세계에 존재하시지만, 자신이 창조하신 천지를 보고 오신 것만이 아니라, 무언가 역사적인 한 점을 택하셔서 베들레헴이라는 장소를 택하시고 '사람이 되셨다'는 것입니다.

요한이 살았던 시대에 그리스 철학에는 '로고스'라는 철학 용어가 있었습니다. 이것이 요한복음 1장 1절의 "말씀"입니다. 철학에서 '로고스'는 천지만물을 관철해, 우주를 지배하는 법칙입니다. 어떤 종류의 에너지나 도리도덕이며 이념입니다. 그리고 그리스 철학자들은 그 이념과 도리도덕이 무엇이며, 어떤 것이며, 무엇을 가르쳐주는가를 끝없이 논했습니다.

그러나 요한은 그런 그리스도 로고스가 사람이 되어 우리 가운데 살고 있다고 했는데, 사람이 되는 것만 아니라 우리 가운데 산다는 것은, 우리 근처에 이사 와 살고 있다는 뜻입니다. 그러나 이것은 무리입니다. 하늘로부터 우리가 살고 있는 곳으로 이사를 왔다는 것입니다. 왜 하필 '이곳'입니까? 무엇 때문에? 그것은 우리가 살고 있는 집에도 적용됩니다. 천지만물을 창조하신 하나님께서 무엇이 아쉬워서 우리가 살고 있는 집 근처로 이사를 오십니까? 우리가 고백을 하는 동안에 그것에 감동될 뿐입니다.

그리스도는 요단강에서 세례 요한으로부터 세례를 받으셨습니다(요 1:29).

이 분은 숙소에 머무시고, 거기서 밤늦게까지 니고데모라는 종교가를 만나러 가셨습니다(요 3:1-15).

이 분은 사마리아 우물가에서, 목이 마르셔서 앉아 계시기도 했습니다(요 4장).

분명히 말해서, 이 '말씀'은 개념이나 이념이나 우주를 관철하는 힘이 아니었습니다. 이 '말씀'이신 예수 그리스도는 사람이 되어서, 우리 가운데 거하시고, 지금도 이 땅 한 쪽 구석에 살고 있는 우리의 지극히 일상 가운데 계신 것입니다.

그런데 1장 14절을 한 번 더 읽겠습니다(14절을 a b c로 나눕니다).

"a 말씀은 사람이 되어 우리 가운데 거하신다. b 우리는 이 분의 영광을 보았다. 하늘보좌를 버리고 오신 독생자의 영광이다. (c 이 분은 참으로 은혜가 넘치셨다)"

하늘보좌를 버리고 오신 독생자의 영광은, 어느 정도의 영광이라고 생각하십니까? 죄 많은 세상을 지워버릴 정도의 영광이었던 것입니까? 이 세계의 밑바닥에 있는 자, 죄 많은 자, 약한 자, 종교에 무관심한 자, 어리석은 우리들이 가까이 할 수 없을 정도의 거룩한 영광이 었던 것입니까? 아닙니다, 아닙니다. 그리스도께서 보여 주신 영광은, 14절에 "은혜와 진리가 충만하더라"는 하나님의 사랑이었습니다. 하나님이시고, 하나님과 함께 계시고, 영원하시고 빛이시고 창조주이시고 생명이신 예수 그리스도께서 사람이 되셔서, 우리 가까이에 거하셨던 것입니다.

 기도

"말씀이 육신이 되어 우리 가운데 거하시매"(요 1:14).
은혜와 사랑이 풍성하신 하나님 아버지! 주님은 이 세상에 오셨을 때, 아니 우리 곁으로 오셨을 때, 우리를 책망하지 않으시고, 휘둘리려고 하시지 않고, "너희를 도우러 왔다. 무엇이든지 말하라. 나는 너희의 도움이 되리라. 그래서 나는 내려 왔다."라고 상냥하고 친절하면서도 강력하게 말씀해 주셨습니다. 주님의 사랑에 마음 깊이 감사드립니다.

은혜가 넘치는 예수 그리스도야말로, 우리들이 이 세계를 이해하고, 하나님을 이해하고, 또 구원을 이해하는 데에 눈을 떼려야 뗄 수 없는, 유일하고 절대적인 계시임을 마음에 새깁니다. 아직 알지 못하는 것이 많이 있습니다만, 예수님, 주님을 맞아들이고 받아들일 수 있도록, 우리에게 부드러운 마음을 주옵소서.

예수님의 이름으로 기도 드립니다. 아멘.

6. 성령으로 잉태하사 동정녀 마리아에게 나신 예수님을 믿사오며

"그는 근본 하나님의 본체시나 하나님과 동등됨을 취할 것으로 여기지 아니하시고, 오히려 자기를 비워 종의 형체를 가지사 사람들과 같이 되셨고" (빌립보서 2장 6-7절)

우리들은 예배드릴 때마다 「주기도문」과 「사도신경」을 고백합니다. 예배 때마다 「주기도문」을 외우지 않는 교회는 많지 않다고 생각합니다. 세계의 모든 교회에서, 그것이 그리스 정교나 가톨릭이라고 해도 「주기도문」을 외울 것입니다. 그리고 아마도 90%의 교회는 「사도신경」을 고백하고 있을 것이라고 생각합니다. 그리스도교에는 갖가지 다양한 신앙고백이 있습니다만, 「사도신경」은 이미 1세기의 문서에도 나옵니다. 현존하고 있는 그리스도교의 가장 기본적인 신앙고백으로서, 이 「the Apostles' Creed」라는 사도신경은, 라틴어로나 헬라어로 되어 있고, 거의 모든 언어로 존재하고 있고, 거의 모든 예배에서 고백되고 있다고 생각합니다만, 그 핵심 내용을 한 번 더 깊이 있게 배워보기로 하겠습니다.

사도신경을 잠시 보면, 앞에서 「전능하사 천지를 만드신 하나님 아버지를 내가 믿사오며, 그 외아들 우리 주 예수 그리스도를 믿사오니」
라는 부분까지 살펴보았습니다. 이어서 나오는 「성령으로 잉태하사
동정녀 마리아에게 나시고」를 함께 배우도록 하겠습니다. 실은 한 구
절을 건너뛰었습니다. 그것은 위에서 살핀 「그 외아들 우리 주」라는
부분에서 「우리 주」라는 구절인데, 이 부분은 예수 그리스도의 신앙고
백에서 제일 마지막에 살펴볼 것입니다. 이제 「성령으로 잉태하사 동
정녀 마리아에게 나시고」가 도대체 어떤 의미인지 함께 살펴보도록
하겠습니다.

우리가 사는 세계에는, 인간이 신이 된다는 종교가 많이 있습니다.
예를 들면, 불교에서는 사람이 부처가 될 수 있다고 주장합니다. 우리
들이 공양하는 것에 따라, 죽은 사람이 성불(成佛)한다고 하며, 성불
이라는 것을 "부처가 된다"라고 합니다. 성경에서도 그러한 인간의
소원이 나옵니다. 예를 들면 아담과 하와가 에덴동산에서 뱀의 꼬임
을 받았는데, 하나님께서 먹지 말라고 금하신 열매를 따 먹으면 하나
님과 같이 된다고 하며 유혹했습니다(창세기 3장 참조). 창세기 11장
에는 바벨탑 이야기가 나오는데, 사람들이 이 세계의 지배자가 되기
를 원해서, 그 힘을 보관 유지할 수 있는 건물을 하늘 높이 치솟게 만
들려고 하여 시작한 것이 바벨탑이었습니다(창세기 11장 참조).

물론, 보다 선한 사람이 되고, 조금이라도 향상되는 방향으로 소원
이 이루어졌으면 하는 생각은 기독교에도 있습니다. 그러나 기독교의
모든 것의 원점이나 토대나 그 중심은, 인간이 신이 되는 것이 결코
아닙니다. 또한 인간이 한 발자국이라도 향상되는 일도 사실은 없습
니다.

　그리스도교의 모든 중심은 그리스도께 있지만, 사람이 하나님이 되었다는 의미의 그리스도가 아니라, 하나님이 사람이 되신 그리스도입니다. 그것이 바로 그리스도교의 원점이며 중심입니다.

　하나님께서 사람이 되어 이 세상에 태어나셨고, 하나님의 아들의 영광을 버리고 자신을 철저히 낮추시고 이 세상에 오셨다는 것이 그리스도교의 역사적인 사실입니다. 그 한 마디가 「동정녀 마리아에게 나시고」라고 하는 이 부분에 함축되어 있습니다.

　빌립보서 2장 6-7절입니다. "그는 근본 하나님의 본체시나 하나님과 동등됨을 취할 것으로 여기지 아니하시고, 오히려 자기를 비워 종의 형체를 가지사 사람들과 같이 되셨고."

　지금부터 우리는 「성령으로 잉태하사 동정녀 마리아에게 나시고」라고 하는 사도신경의 고백으로부터 「하나님께서 인간이 되시어」라는 대단히 중요한 교리를 배워보기로 하겠습니다.

「동정녀 마리아에게 나시고」

　「동정녀 마리아에게 나시고」라는 것은, 그리스도가 사람의 아들로서 이 세상에 태어나셨다는 의미가 있습니다. 사람의 아들로 태어나셨다는 것은, 유아실에 있는 아기들이나 어린 아이들처럼 태어났다는 뜻입니다. 우리들은 간혹 어린 아이들의 악의 없는 천진난만함에 무심코 빠져 들거나 그 미소를 보게 됩니다.

　이전의 일이지만, 이또이 씨의 큰 아들인 마모루는 매우 영리합니다. 그래서 집에서 마모루에게 물었습니다. "마모루는 아직 초등학교에 들어가기 전인데 어떻게 해서 그렇게 한자며, 가타가나와 히라가 나를 마스터했는가? 어떻게 공부하면 그렇게 훌륭하게 되는가? 우리 집에도 두 살 된 손자가 있는데, 어떻게 키우면 되지?" 그러자 마모루가 이렇게 말합니다. "목사님, 공부하려고 생각하고 공부하면 안돼요. 예를 들어 전철을 타면요, '시부야'에 도착하면 시부야라고 쓰여 있잖아요. 그것을 보고 시부야라고 외우는데, 그 때에 시부야(澁谷)한자도 같이 외우고 익히는 것예요. 전철을 타기를 좋아하면 역 이름부터 익혀가는 거예요." 그 말을 듣고는 모두 "에에~!!" 하고 놀랐습니다. 그러니까 공부를 잘 한다는 것이 무언가 그림 그리는 소프트라든가, 연습장이라든가 하는 그런 접근이 아니었습니다.

) 참고로 이토이 요우지(絲井洋司) 씨는 일본 NHK방송국의 아나운서이며 독실한 크리스천입니다. 아들만 셋인데 큰아이가 올해 6살인 이토이 마모루(絲井主涉)입니다. 그 아이에게 역자가 주일 날이면, 다카쓰(高津)교회에서 예배가 끝나고 점심 교제 후 1시간 정도 한국어 공부를 시키고 있는데, 같이 기도하고 찬송 부르고 성경요절 암송하면서 지금까지 1년 반 정도 가르쳐 오고 있습니다. 참으로 영리한 아이입니다. 한글을 교재도 없이 공부해서 다 읽고 쓰고, 한국 어린이 동요 복음성가 등도 배우면서 이제는 문법으로 들어가서 문법과 회화 공부 중입니다. 둘이 지내는 시간 동안에 하나님께서 인도해주시고 계심을 많이 느끼고 있습니다. 저희 교회에는 한국 사람은 저 밖에 없습니다. 그래서 지난 성탄절 연극에도 같이 출연했습니다. 올해의 목표는 성경말씀 요절을 100개를 둘이서 외우기로 약속하고 진행 중입니다. 이토이 요우지 아나운서도 한국어를 배우고 있는 중인데, 지난해에는 동북 대지진으로 인해 바빠서 많이 못했지만, 올해에는 열심히 하기로 했습니다. 이 두 부자를 하나님께서 크게 쓰실 줄 믿고 있으며 전도에 크게 쓰임 받는 크리스천이 되기를 기도합니다.

어린 아이는 참으로 귀엽습니다. 귀엽고 천진난만하기도 하고, 장난기 어린 표정이 있기도 하고, 어딘가 제멋대로이기도 하고, 또한 자기의 요구를 확실하게 드러내는 것이 그 특징 아니겠습니까? 기저귀가 젖으면 울어대면서 갈아달라고 부모를 부르지요. 배가 고프면 울어 대면서 엄마의 젖을 찾지 않습니까? 「예수 그리스도는 동정녀 마리아에게 나시고」라는 말은 그런 의미입니다. 예수님은 사람의 아들로서 이 세상에 태어나셨다는 것입니다.

우리들은 어린 아이의 장래를 생각하면서, 부모로서 여러 가지를 걱정하면서 고뇌합니다. 그 어린 아이에 대한 고뇌라는 것은 어떤 것입니까? 초등학교에 올라가고 소풍 갔을 때에, 우리 아이가 다른 친구들과 잘 어울리고 같이 잘 놀고 있는 것일까 하는 따위의 걱정입니다. 때때로는 집에 온 어린 아이 가방에 쓰레기 같은 것이 잔뜩 들어있으면, 도대체 이 아이에게 무슨 일이 있었는가 걱정하며 담임선생에게 전화를 하게 되지요. 아이가 어느 날 갑자기 학교에 가고 싶지 않다고 하면, 혹은 아이가 열이 나서 가슴으로 숨을 내쉬면서 점점 열이 올라가는 그 모습을 보면, 이 아이가 괜찮을까 하고 걱정을 하게 됩니다. 이렇듯, 그 천진난만하고 순수한 부분도 있는가 하면, 그것과 함께 하는 인생의 고뇌나 고생도 있는 것입니다. 이윽고 부모는 아이가 학교를 졸업하거나 결혼을 하면, 부모는 이제 겨우 그 아이가 자신의 손에서 벗어난다고 생각할 수밖에 없을 것입니다. 그러나 아이의 인생을 걱정하지 않더라도, 자신의 인생이 얼마나 복잡하다는 것을 우리는 잘 알고 있습니다.

여러분에게 마태복음 1장은, 신약성경에서도 읽기에 가장 꺼리는 부분입니다. 우리들은 여러분에게 "성경을 읽으세요, 성경을 읽으세요.”라고 설명 드리고, 만약 그것이 신약성경이었다면 제일 먼저 나오는 부분이 마태복음 1장입니다. 그러면 거의 모든 사람이 여기서 넘어지고 마는 것입니다. 거기에 끝없이 이어져 나오는 것이 누가 누구를 낳고, 낳고, 낳고 하는 족보 같은 가계도(家系圖)입니다.

1절에 “아브라함과 다윗의 자손 예수 그리스도의 계보라”, 2절에 “아브라함이 이삭을 낳고 이삭은 야곱을 낳고 야곱은 유다와 그의 형제들을 낳고”, 3절에 “유다는 다말에게서 베레스와 세라를 낳고 베레스는 헤스론을 낳고 헤스론은 람을 낳고”라고 끝없이 적혀 있어 계속되는 가계도 때문에, 여러분은 성경 읽는 것을 그만 두게 되어 버립니다.

그렇습니다. 「하나님의 아들 예수 그리스도는 동정녀 마리아에게 나시고」라는 이 한 마디를, 가장 대표하고 있는 것이 바로 이 가계도입니다. 이 가계도는, 예수 그리스도의 내력이 바른 가계임을 표시하고 있는 것일까요? 아마 그런 의미도 있겠지요. 목수의 아들이 어느 날 갑자기 선교의 길로 나선 것은 아니고, 더듬어 가보면, 다윗의 가계에 그리고, 아브라함에 이르는 것을 가르쳐주고 있는 것이 이 가계도이기 때문입니다.

3절에 “유다는 다말에게서 베레스와 세라를 낳고”라고 되어 있습니다. 이 다말이라고 하는 인물은, 창세기 38장을 보면 그녀의 남편은 그녀가 젊어서 죽습니다. 결혼해서 얼마 안돼서 미망인이 되고, 남편의 동생과 결혼합니다만, 그는 다말을 아내로서 맞으려 하지 않았기 때문에 하나님의 벌을 받아 죽게 됩니다. 다말은 과부인 채로 있을 때, 시아버지인 유다와 길에서 스쳐지나 가는 형태로 관계를 맺어서 아이를 낳게 됩니다. 한마디로 말하면, 다말은 행복과는 거리가 먼 여인이었습니다. 우리들이 그다지 보고 싶지 않은 성경의 한 부분입니다. 예부터 전해오는 풍습과 함께, 인생의 비애가 스며들어 있습니다.

5절을 보겠습니다. "살몬은 라합에게서 보아스를 낳고 보아스는 룻에게서 오벳을 낳고 오벳은 이새를 낳고"라고 기록되어 있습니다. 라합은 그 유명한 여리고의 기생이었습니다. 여호수아가 이끄는 이스라엘 사람들이 여리고 성을 함락시키려고, 정탐꾼 2명을 먼저 성에 몰래 들여보냈는데, 그녀는 정탐꾼 두 사람을 숨겨주고는 그들과 계약을 맺었습니다. 그리고 그녀는 이스라엘 사람들과 운명을 같이 할 것을 선택합니다. 하여튼 그 부분의 이야기는 잠시 놓아두고 말씀드릴 수 있는 것은 라합은 아브라함의 자손이 아니라는 것입니다. 이스라엘 사람도 아닙니다. 그리고 그녀의 직업은 기생이었습니다(여호수아 2장 참조). 그렇게 태어나고 자랄 수밖에 없었던 것입니다. 아마도 자신이 선택한 것은 아니고, 부모를 잃고 팔려 왔다던가, 아니면 살아가기 위한 길이 그 길밖에 없었을 것입니다. 그러나 그녀는 하나님을 믿고, 얼마 안 있어서 보아스라는 이스라엘 역사에서 잊을 수 없는 인물을 낳는 주인공이 되었던 것입니다.

그 보아스는 5절에 나오는 룻과 결혼합니다. "보아스는 룻에게서 오벳을 낳고 오벳은 이새를 낳고." 룻은 모압 여인이었습니다. 구약성경에는, 모압의 남자나 여자는 절대로 구약성경에서 행하는 이스라엘의 모든 모임에 들어가지 못한다는 규례가 있었습니다. 즉 예배하는 장소에 모압 사람이 섞여 있으면 즉시 자리에서 쫓아내라고 할 정도로 싫어했던 백성들입니다. 룻의 남편은 이스라엘에 대기근이 있던 때에 집과 고향을 버리고, 모압으로 이주해서 살다가 거기서 모압 여성인 룻과 결혼을 하게 됩니다. 하지만 룻이라는 모압 여인은 이스라엘인 남편과 사별하고 난 후에 시어머니인 나오미를 따라 이스라엘로 돌아옵니다. 룻은 자기 고향 모압을 떠나서 시어머니와 함께 이스라엘로 돌아왔던 것입니다. 남편과 사별하고, 인생의 고난을 등에 지고, 낯선 나라에 와서 그 지방의 부호 보아스의 밭에 떨어진 이삭을 주으러 갑니다. 먹을 것이 없기 때문에 밭에서 수확하고 떨어진 이삭을 주으러 가다가, 얼마 안 있어서 보아스의 집으로 시집을 가게 됩니다. 요컨대 룻은 계속 되는 고난의 연속의 인물이잖습니까? (룻기 참조)

6절을 보면 "이새는 다윗 왕을 낳으니라 다윗은 우리야의 아내에게서 솔로몬을 낳고"라고 기록되어 있습니다. "다윗은 우리야의 아내"라는 구절을 볼 때에, 우리의 마음은 찢어집니다. 밧세바로 부르면 좋을 텐데, 일부러 마태복음의 저자인 마태는 '우리야의 아내'라고 쓸 수밖에 없었습니다. 이렇게 기록한 배경에는 다윗의 무거운 죄를 고발하고 있는 것입니다.

다윗 왕은 군대를 먼 전쟁터로 보내고, 자신은 예루살렘 왕궁에서 한가롭게 지내고 있었습니다. 어느 날 저녁때, 왕궁의 옥상을 거닐다가 목욕하는 한 여인에게 눈을 빼앗겨 버리고 자신이 있는 곳으로 그 여인을 데려옵니다. 얼마 안 있어서, 그 여인에게 아이가 생긴 것을 알게 되자 그 남편을 전쟁터에서 돌아오게 하고 집에서 아내와 쉬도록 권합니다. 그러나 그 남편인 우리야는 매우 훌륭한 부하였습니다. "전하, 전하를 위해 모두 목숨을 걸고 싸우고 있는데, 저 혼자만 집에서 아내와 편하게 쉴 수는 없습니다."라고 하며 집 밖에서 밤을 보내고 집으로 들어가지 않았습니다. 다윗은 다음 날 우리야에게 자신의 군대 장군 앞으로 한 통의 편지를 부탁하고는, "이것을 꼭 장군에게 전해 드리도록 하라."라고 명령합니다. 그 장군은 편지를 열어 보고는 놀랍니다. "이 우리야를 전쟁의 최전선으로 보내라. 그리고 신호로 다른 군사들을 일제히 퇴각시켜서 우리야를 죽게 하라." 우리야는 아무 것도 모른 채, 그 편지를 요압 장군에게 전달합니다(사무엘하 11장 참조). 그리고는 결국 죽게 됩니다. 그렇게 죄가 많고, 슬픈 인간의 모양새가 실은 이 가계도 안에 있는 것입니다.

또 9절을 보면 아하스가 나옵니다. "웃시야는 요담을 낳고 요담은 아하스를 낳고 아하스는 히스기야를 낳고"라고 했습니다. 아하스라는 인물은 예루살렘을 중심으로 한 남유다의 왕이면서, 우상숭배에 빠져서 불 가운데로 자기 아들을 지나가게 하고, 온 나라에 이교의 산당을 만들고, 앗수르의 예배를 흉내 내어, 예루살렘 성전을 사실상 붕괴시킬 위기로 몰아간 인물입니다(열왕기하 16장 참조).

도대체 이 한심한 것이 누구의 가계도이며 족보입니까? 도대체 어떤 가계도인지를 말하라면, 그것은 한마디로 저의 가계도입니다. 그것은 우리 인간의 가계도입니다. 그 가계도는 우리 선조를 더듬어 따라가 보는 것만이 아닙니다. 이 인간 세계에 얼마나 많은 욕심이 있고, 슬픔이 있고, 수고가 있고, 더러운 때가 묻어 있고, 하나님에게 등지는 역사도 있고, 불의의 뜻하지 않은 사고도 있고, 행복도 있음을 보여주고 있습니다.

그러나 주 예수 그리스도는 그 가계도 속에 자신을 묻어 넣고, 인간의 역사 속으로 미끄러져 들어오듯이 이 세계에 탄생하신 것입니다. 이런 인간의 역사 속에, 예수님은 남편과 사별하고 길가에서 헤매는 다말과 함께 서 계십니다. 기생이라는 직업을 선택할 수밖에 없었지만, 거기에서도 하나님을 우러러 보고자 힘쓰는 라합을 예수 그리스도는 격려하고 계십니다. 예수님은 룻을 격려하여 보아스의 밭으로 인도하시고, 그렇게 많은 죄를 지은 다윗이 회개할 때에 포기하지 않으시고, 절망하고 있는 그의 손을 잡고 이끌어 주십니다. 그리고 불신앙에 빠진 아하스의 혈통에서 태어나신 분이 바로 예수 그리스도입니다. 그리고 주님은 복잡한 슬픔과 번민을 안고 있는 우리 곁에 와 주십니다.

왜 하나님께서 인간으로 태어나셨습니까? 덴마크의 철학자 키르케고르는, 이런 예를 들어 설명했습니다. 그렇지 않으면 설명을 할 수가 없습니다.

어느 나라의 왕자가, 아버지의 부탁으로 한 지방의 마을을 방문하게 되었습니다. 그 마을의 한 가난한 지역을 지날 때에, 마차의 창 쪽에 그의 눈이 머물렀습니다. 길을 걸어가고 있는 농부의 딸 때문이었습니다. 그 딸의 눈부신 아름다움에 반했습니다. 그 모습이 그의 마음에서 떠나지 않았습니다. 만나보고 싶었습니다. 어떻게 해서든지 만나고 싶었습니다.

하지만 문제가 있었습니다. '어떻게 하면 이야기를 하고, 어떻게 하면 자기의 기분을 전해주고, 어떻게 하면 친구나 연인이라도 될 수 있을까?' 자신이 왕자의 권위라는 것을 몸에 지니고 있는 한, 그녀가 친구가 되어 줄 리가 없을 것입니다. 억지로 자기의 처가 된다고 해도, 그 마음은 절대로 자기 쪽으로 향하지 않을 것입니다. 왜냐하면 힘이나 권위로 사랑은 키울 수 없기 때문입니다. 그 왕자가 마차를 그녀의 집 앞에 세우고, 왕가의 선물인 보물을 내밀고 결혼을 신청한다고 해도, 사랑을 획득할 수는 없을 것입니다. 그가 진정으로 바라고 있는 것은 그 여인이 자기를 마음으로부터 사랑해 주는 것입니다. 그의 힘이나 사회적인 입장이나 재물과는 관계없어야 합니다.

왕자는 힘과 권력의 상징인 왕가의 망토를 벗었습니다. 그리고 한 농부의 모습으로 마을로 들어갔습니다. 마을 사람들과 같이 살고, 그들의 관심과 문제를 공유하고, 그들의 말을 듣기 시작합니다. 그리고 시간을 들여서 그녀에게 다가가고, 얼마 안 되어 친구가 되고, 사랑을 고백하고, 마침내 왕자는 그녀와 맺어지게 되었습니다.

하나님께서 그렇게 강하시다면 그 기적의 힘을 보이시고, 자신이 하나님인 것을 우리에게 나타내 굴복시켜 버리면 되지 않겠는가라고 생각할지도 모릅니다.

그러나 우리들은 성경의 하나님이 어떠한 분이신가를 한마디로 말하라고 하면, 누구나 "하나님은 사랑이다."라고 말합니다. 성경 속에서 가장 유명한 말이 "하나님은 사랑이다."라는 말입니다. 그 사랑이라는 본질은 힘과 권위를 가지고, 그 사랑을 자기 쪽으로 향하게 할 수는 없습니다. 사람을 사랑하는 것 자체는 괴로운 일입니다. 누구나 우리는 사람을 사랑하지만, 그 사랑이 돌아오지 않는다는 체험을 해 본 적이 있을 것입니다. 사랑을 고백해서 그 상대가 받아들일 때에도, 만약 자기에게 재산이 있다면 상대방이 그 재산에 목적이 있는 것인가 하고 무심결에 의심할 정도로, 그 사랑의 간격과 어려움이 인격과 인격 사이를 돌아다닙니다.

그 사랑의 어려움을 성경은 끊임없이 말하고 있습니다. 하나님은 이스라엘 백성들을 향해 이렇게 말씀하고 있습니다. "네가 날 때에 네 배꼽 줄을 자르지 않은 채로, 광야에 버려진 아기와 같았다. 나는 너희들을 불쌍히 여겨 너희들을 깨끗하게 닦고 씻기고 키워서, 머지않아 너희들이 아름다워지면 나는 너희들과 계약을 맺고, 내가 가진 모든 것을 너희에게 주려고 했다." 하나님은 이렇게까지 이스라엘을 사랑하셨습니다. 하지만 그 사랑에 반응이 없었습니다. 이에 하나님께서는 "나의 고뇌는 그 사랑이 전혀 너희들로부터 돌아오지를 않는다는 것이다. 너희는 자신들이 좋아하는 대로 애굽의 신들을 옮겨다 놓고, 앗시리아의 신들을 따르고, 어째서 나의 사랑에 응하지 않느냐?"라고 말씀하셨습니다(에스겔 16장 참조).

성경을 보면, "하나님이 사랑이다"라는 이 말씀에 어려움이 있습니다. 이렇기 때문에 하나님은 눈물을 흘리시며 고민하시지만, 우리들은 이 하나님의 사랑을 배신하는 것을 아무렇지도 않게 해 버립니다. 키르케고르가 말하고 싶은 것은, 하나님이 사랑이라고 하지만 그 사랑을 하나님 입장에서 사람에게 전할 수 없다는 것입니다.

그러므로 마태복음 1장 23절을 보면, 천사가 요셉에게 전한 내용이 적혀 있습니다. "보라 처녀가 잉태하여 아들을 낳을 것이요 그의 이름은 임마누엘이라 하리라 하셨으니 – 우리 교회의 이름이 임마누엘 다카쓰 그리스도교회입니다만 – 이를 번역한즉 하나님이 우리와 함께 계시다 함이라." 예수 그리스도의 명칭으로 가장 존엄한 것은 '임마누엘'입니다. 번역하면 "하나님이 우리와 함께 계시다"라는 뜻으로 「동정녀 마리아에게」 태어나신 형태로 처음 실현된 것인데, 요컨대 하나님 나라의 왕자가 성령의 능력으로 인간의 아기가 되기까지 겸손한 모습으로 이 세상에 태어나셨다는 것입니다.

「성령으로 잉태하사」

그러나 주님은 죄와 슬픔으로 물든 이 세상에 내려 오셔서, 단지 우리와 함께 계시는 것만이 아닙니다.

마태복음 1장 18절에 "예수 그리스도의 나심은 이러하니라 그의 어머니 마리아가 요셉과 약혼하고 동거하기 전에 성령으로 잉태된 것이 나타났더니"라고 했듯이, "성령으로" 태어나셨습니다.

"성령으로"라는 말은 마태복음에서는, 천사가 마리아의 약혼자 요셉에게 나타나서 한 말입니다. 요셉은 마리아가 임신한 사실을 알고, 약혼을 깨려고 결심하고 있었습니다. 그때에 천사가 나타나서 말합니다. 20절입니다.

"이 일을 생각할 때에 주의 사자가 현몽하여 이르되 다윗의 자손 요셉아 네 아내 마리아 데려오기를 무서워하지 말라 그에게 잉태된 자는 성령으로 된 것이라."

「성령으로」라는 구절을 더 살펴봅시다. 누가복음에서는 임신한 마리아의 잉태 사실을 알리는 장면이 나옵니다. 어느 날, 천사가 마리아에게 나타나서 말했습니다(눅 1:26 이하 참조). "축하합니다, 은혜 받은 분. … 당신은 성령에 의해 임신하고, 남자아이를 낳을 것입니다." 마리아는 매우 당황했습니다. 있을 수 없는 일이기 때문입니다. 2천 년 전의 교육도 제대로 받지 못한 유대인 여성이라도 알 수 있는 일입니다. 남자와 관계를 가진 적이 없는 자신이 임신한다는 것은 있을 수 없는 일입니다. 마리아가 천사에게 말합니다. "어떻게 해서 그럴 수 있나요. 나는 아직 남자를 알지 못하는데…"

그 때입니다. 당황해서 어찌할 바를 모르는 마리아에게 천사가 말했습니다. "대저 하나님의 모든 말씀은 능하지 못하심이 없느니라" (눅 1:37).

그 말을 들었을 때, 마리아도 생각이 났을 겁니다. 구약성경을 보면, 하나님께서 아브라함에게 아들을 주실 것이라고 약속해 주셨는데, 도무지 실현되지 않다가 아브라함 100세, 사라 90세 때에야 그들의 몸에서 이삭이 태어납니다. 이것과 같은 것일까요? "아니야, 아니야." 그렇지 않다고 머리를 흔들었을 겁니다. '사라는 어림없는 고령일지라도, 남편이 있지 않은가?' 자신에게는 있을 수도 있고 있을 수도 없는 가능성의 문제가 아니었습니다. 그러나 그것이 전능하신 하나님의 힘이라면, 천지만물을 창조하시고 이 세상의 모든 것에 생명을 주신 하나님의 힘이 나에게 미친다면, 전혀 불가능한 것도 가능하게 되리라 믿고, 전대미문의 이 알림을 마리아는 기꺼이 받아들였습니다.

나도 기적에 참여한다

「성령에 의해서」 – 하나님께서, 새로운 생명을 얻게 하시고, 예수님은 나의 구주가 되셨다. 이 「성령에 의해서」의 한마디 속에는 보다 깊은 의미가 있습니다. 그 것은 인간의 현상(現狀)이랑 한계(限界)를 뛰어넘고 태어나시는 하나님의 세계, 하나님의 가능성을 표현하고 있습니다. 우리들이 사는 세계로 내려오신 하나님께서는, 우리들의 세계를 함께 걸으시고, 그 고뇌를 함께 맡보셨습니다. 그리고 동시에 이 분은 우리들을 이 암흑가운데로부터 우리를 구출해내시고, 하나님의 자녀로 만들어 주시는 능력을 갖고 계시는 것입니다.

그러나 이 방법은 우리들을 이 세상의 어둠에서 구출하시고, 하나님의 아들로서 주시는 능력을 갖고 하는 것입니다. 요한복음 1장 12절에 이렇게 기록되어 있습니다.

"영접하는 자 곧 그 이름을 믿는 자들에게는 하나님의 자녀가 되는 권세를 주셨으니."

요컨대 예수를 믿는 우리들은 하나님의 자녀가 됩니다. 물론 우리는 지상의 부모가 있습니다. 가족이 있다는 것은 과거에 속박되어 살고 있다는 것입니다. 현재 일어나는 일로 고민하고, 개성이 있고, 문제가 있습니다. 그런 우리들이 그리스도를 믿음으로 하나님의 자녀가 된다는 것입니다.

요한복음 1장 13절에 "이는 혈통으로나 육정으로나 사람의 뜻으로 나지 아니하고 오직 하나님께로부터 난 자들이니라"고 했습니다.

이것은 그리스도와 연결되어 하나님의 자녀로 다시 태어나는 것입니다.

우리들이 이렇게 최대한 인간적인 면으로 보면 그 성장과정이나 성격 등에 문제가 있지만, 그것을 최대한 서로 껴안으면서 하나님의 자녀로서 하나님의 나라를 맞아들이는 것은 왜일까요? 그것은 신앙에 의해 예수 그리스도와 연결되기 때문입니다. 이 분은 사람으로 태어나시고, 인간의 세계나 인간의 역사, 모든 것을 그 자신의 안으로 넣어 가면서도, 혈통으로나 육정으로나 사람의 뜻으로 나지 아니하셨던 것입니다.

이 분은 「성령으로」, 즉 하나님의 능력, 하나님의 계획, 하나님의 뜻하심으로 이 세상에 오신 것입니다. 이 분은 인간의 역사, 인류의 문제 속으로 들어오셔서, 인간의 힘, 한계, 생각과는 전혀 다른 하나님의 차원과 세계로 우리들을 이끌어 내시는 사명을 가지고 이 세상에 오신 것입니다.

그러므로 이 분에게 연결되어 있을 때, 우리도 「성령으로(에 의해서)」 새로운 생명을 얻을 수 있게 됩니다. 칭칭 얽힌 이 세계와는 완전히 다른 차원으로 태어나게 되는 것입니다. 그러니까 예수의 이름은, 마태복음 1장 21절에서 '구원'이라고 불리게 되는 것입니다.

이 분은 사람으로 하나님이 된 것이 아닙니다. 이 분은 세상에서 신음하는 우리를 구원하기 위해서 오신 하나님이시기 때문에, 우리를 이 죄악 세계로부터 구원하실 수 있는 것입니다. 그러므로 우리가 예수 그리스도를 믿을 때, 그 모든 인간 문제를 안고도 하나님의 자녀가 되고, 하나님의 세계를 살아 갈 수 있는 것입니다.

기도

은혜가 풍성하신 하나님 아버지! 주님은 우리들을 구원하기 위해, 하늘에서 내려오신 것만이 아니라, 동정녀 마리아에게 나시사, 인간 세계의 괴로움, 어려움, 무거운 죄, 그 모든 인생사를 자신 안에 집어넣으신 분이십니다.

주님은 우리의 눈을 보고 이야기해 주실 때에, 그 눈 속에서 우리의 괴로움을 이해해 주시고, 불쌍히 여겨주심을 느낄 수 있음을 감사드립니다.

주님은 하늘 높은 보좌에만 계시는 전능하신 하나님만이 아니시고, 사람이 되시어 우리 곁에 계시고, 우리 손을 어루만져 주시고, 우리 마음을 풀어 주시는 분이심을 깨닫고 마음속으로부터 깊이 감사드립니다.

그러나 주님은 우리들을 하늘로 끌어 올리시기 위하여, 우리의 이 무거운 죄, 고뇌와 슬픔과 연약함으로 가득 찬 세계로부터 끌어 낼 힘과, 「성령으로 태어나신」 하나님의 아들로서의 그 능력을 가지시고 이 세상에 오셨습니다.

이제 주님을 믿는 자들에게, 예수님처럼 「성령으로」 다시 태어나는 이 길

을 준비해 주신 것을 감사드립니다. 주님에게 매달려, 성령의 도우심을 받아
인간으로서의 연약함과 안고 있는 문제와 과제들을 풀어가려는 우리들에게
새로운 생명을 주옵소서.

예수님의 이름으로 기도드립니다. 아멘.

7. 가르치시는 그리스도

"본래 하나님을 본 사람이 없으되 아버지 품 속에 있는 독생하신 하나님이 나타내셨느니라" (요한복음 1장 18절)

계속해서 사도신경을 강해하고 있습니다. 사도신경은 기원전 1세기경에 이미 존재하고 있었습니다. 교회의 가장 기본적인 신앙고백으로, 우리는 예배드릴 때마다 사도신경을 고백하고 있습니다. 우리만이 아니고 세계 모든 교회가 이 사도신경을 고백하고 있습니다.

대지진(大震災: 지진과 쓰나미 피해)을 당한 우리에게, 하나님께서 무엇을 말씀하고 계시는 것인가를 성경 속에서 살펴보고자 합니다.

언젠가 "여호와의 길은 회오리바람과 광풍에 있고 구름은 그의 발의 티끌이로다"라는 나훔 1장 3절을 통해, 이 재난 가운데에도 하나님의 길은 있다고 말씀 드렸습니다.

신명기에 나오는 "거기서부터, 하나님을 사모하기 원하며, 하나님을 만나다"라는 말씀을 통해서, 하나님은 「거기서부터」, 요컨대 대지진을 통하여 하나님을 사모하기 원하며, 하나님을 만나는 일본이 될 수 있기를 바란다는 기도를 드렸습니다. 또 같은 신명기 말씀에서, 시련을 통해서 자신들이 어떤 자들인가를 깨닫고 하나님의 선택된 특별한 백성임을 자각했던 이스라엘 백성처럼, 이런 재해를 통해서 우리는 자신뿐만 아니라 서로를 돌아볼 수 있는 사랑과 불쌍히 여기는 마음을 갖는 특별한 백성임을 깨닫게 되기 위해 기도했습니다.

지난주는, 고린도후서 4장 6-7절에 "어두운 데에 빛이 비치라 말씀하셨던 그 하나님께서 예수 그리스도의 얼굴에 있는 하나님의 영광을 아는 빛을 우리 마음에 비추셨느니라 우리가 이 보배를 질그릇에 가졌으니 이는 심히 큰 능력은 하나님께 있고 우리에게 있지 아니함을 알게 하려 함이라"라는 성경 구절을 상고했습니다.

그 아름다운 '미야기(宮城) 이와테(岩手)'의 해안선도 질그릇 토기와 같은 것임을 이번 대지진을 보면서 잘 알게 되었습니다. 아름다움을 찬미하면서도, 뭔가 이 세상에 존재하고 있는 모든 것들은 한순간에 무너져 내리는 질그릇 같은 존재임을 확실히 깨닫게 되었습니다. 신앙을 확실히 가지고 자기의 인생을 보고, 바로 그것이라고 확신하고 살아가야 할 우리도, 이번 일은 어안이 벙하기도 하지만, 한편으로는 아주 보잘것없는 질그릇과 같은 인생임을 다시 한 번 깨닫게 되었습니다.

다시 사도신경 강해로 돌아가고자 합니다. 어느 정도는 복습이 필요하지요. 잠깐, 그 동안 배운 것을 같이 읽어 보도록 하겠습니다. 「전능하사, 천지를 만드신 하나님 아버지를 내가 믿사오며, 그 외아들 우리 주 예수 그리스도를 믿사오니, 이는 성령으로 잉태하사 동정녀 마리아에게 나시고」까지 살펴보았습니다.

하나님의 아들 예수 그리스도께서, 한 사람의 여성에게서 태어나신다는 것이 마태복음의 가계도에 잘 나타나 있습니다. 여러분의 집에는 가계도가 있습니까? 우리 집은 거슬러 올라가서 3대밖에 없습니다만, 오늘 교회 안내 접수를 맡고 있는 구보꾸라(窪倉) 형제는 미조노구찌의 옛날 집에서 14대째라고 합니다. 14대째라면 어떤 집일까, 한 번 사회 견학 겸 그 집을 방문해 보고 싶습니다. 에도시대부터 대대로 내려온 멋진 옛날 집일 것이라고 이야기를 하면, 그 형제는 "아뇨, 제 대에서 끝납니다."라고 말씀하십니다만….

우리는 예수 그리스도의 가계도를 보면서, 인간의 가계도 속에는 무거운 죄가 다 들어가 있음을 살펴보았습니다. 더 나아가 인생의 복잡함과 모순들이 빡빡하게 꽉 차있는 듯 하다는 이야기도 했습니다. 예수 그리스도께서 그 가계도에 태어나신 것은 하나님의 아들이, 이 복잡한 인간 세상 속에 자신을 편입시켜 이 세상에 오신 것입니다. 예수 그리스도가 「성령으로」 동정녀 마리아에게 나시고 「성령으로」 태어나신 것은, 그리스도와 연결되는 우리의 앞일을 말하는 것입니다. 우리는 성령에 의하지 않고 육(肉)의 부모에게서 태어나서, 복잡한 인생을 귀찮아하고, 때로는 부딪치고, 조급해하는 성격으로 많은 문제를 안고 이 세상을 살아가고 있습니다. 그렇게 살고 있는 우리가 그리스도처럼 「성령으로」 새롭게 하나님의 자녀로 태어나는 기적을 체험하고 있습니다. 그러니까 「성령으로」 동정녀 마리아에게 나신 그리스도를 우리는 고백하는 것입니다.

그런데 사도신경을 보면, 「성령으로 잉태하사 동정녀 마리아에게

나시고」 다음에 곧바로 「본디오 빌라도에게 고난을 받으시고」가 나오
는데, 이는 복음서의 중심 내용을 전부 건너 뛰어 버린 것입니다. 간
단히 말하면, 탄생에서부터 「성령으로 잉태하사 동정녀 마리아에게
나시고」「본디오 빌라도에게 고난을 받으사」라고 하여 갑자기 십자가
의 사건으로 옮겨간 것입니다. 이렇게 예수 그리스도의 공생애의 모
든 것을 건너뛰고, 바로 십자가의 사건으로 가버리는 것은 우리로서
는 조금 아쉬운 감이 있습니다.

그래서 메이나이트(Menonite)파의 신약성경학자 윌라드 스와트리
(Willard Swartrey)라는 선생은 아래의 말을 추가할 것을 제안하고
있습니다. 그가 추가할 것을 제안하고 싶은 그 기분은 잘 알겠습니다
만, 2000년 동안이나 고백해온 사도신경이 바뀌지는 않을 것입니다.
그가 제안하는 추가 부분은 「… 동정녀 마리아에게 나시고, 그의 아
버지에게 순종하시고, 사랑과 평화와 용서함으로 사시고, 그러한 것
들을 가르치시고, 또 병을 고치시고, 악령을 몰아내시고, 죄를 사하시
고, 죽은 자를 살리시고, 모든 세력을 물리치셨다. 주는 본디오 빌라
도에게 고난을 받으시고…」라는 식으로 연결되도록, 그 문장을 추가
하고 싶었던 것입니다.

물론 사도신경에 무언가를 추가할 수는 없습니다. 하지만 그것을
해설하고자 하니까, 뷔라드 스와트리 선생이 하려고 했던 것처럼, 몇
가지를 추가해서 넣지 않으면 안 됩니다. 이런 관점에서 오늘은, 하나
님 나라를 가르쳐 주신 예수님에 대해 생각해 보고자 합니다.

마태복음 5장 1절을 보시기 바랍니다. 이렇게 시작됩니다.

"예수께서 무리를 보시고 산에 올라가 앉으시니 제자들이 나아온 지라." 이어서 2절에 "입을 열어 가르쳐 이르시되"라고 하여, 그 유명한 예수 그리스도의 산상수훈이 5, 6, 7장으로 계속 이어집니다.

"앉으시니" - 당시 유대교의 교사(랍비)들은 중요한 것을 가르칠 때에는 앉아서 가르쳤습니다. 그리고 기발한 표현이 나오는데, "입을 열어 가르쳐"입니다. 기발하다고 말씀 드린 것은, 가르친다면 당연히 입을 열어야 하기 때문입니다.

우리는 보통, 말할 때에 "입을 열어 가르쳐"라는 표현을 쓰지 않습니다. 그러므로 이것은 당시에 강조하는 표현의 하나라고 생각할 수 있을 것입니다. 요컨대 예수님은 드디어 입을 열어 가르쳤다는 강조입니다.

드디어 입을 열어 가르치신 첫 말씀에, 예수 그리스도의 가르침의 모든 것이 요약되어 있습니다. 그 첫 말씀이, 우리말 성경에는 잘 표현되어 있지 않습니다. - 3절 "심령이 가난한 자는 복이 있나니." 하지만 이 구절을 원어 성경에서 직역한다면 "복이 있나니, 마음이 가난한 자. 천국이 그 사람의 것이 되고"가 됩니다. 그러므로 예수님께서 입을 열어 가르치신 첫 말씀은 "복이 있나니"라는 것입니다.

군중들은 예수님의 가르치심에 끝까지 귀를 기울이고 있었습니다. 드디어 입을 열고 처음 하신 말씀이, 그 놀라운 "복이 있나니"였습니다. 지금까지 군중들은 많은 설교를 들어 왔습니다. 그리고 그들이 귀를 기울여 들었던 첫 설교는, 세례 요한의 유명한 설교였습니다. 세례 요한은 낙타털 옷을 입고 허리에 가죽 띠를 띠고, 음식은 메뚜기와 석청이었습니다. 야생에서 사는 모습으로, 독특한 차림을 하고, 그의 입에서 발설되는 내용은 매우 충격적인 것이었습니다. 마태복음 3장 7절을 보세요.

"요한이 많은 바리새인들과 사두개인들이 세례 베푸는 데로 오는 것을 보고 이르되 독사의 자식들아 누가 너희를 가르쳐 임박한 진노를 피하라 하더냐."

"독사의 자식들아" – 이것이 세례 요한의 설교에서 가장 먼저 나온 소리였습니다. 그리고 그의 설교는 "독사의 자식들아"라는, 강렬한 말투에 집중되어 있었습니다. 한마디로 그의 설교의 내용은 죄의 회개였습니다.

당시 유대인들은 얼마 안 있으면 하나님의 나라가 올 것인데, 다윗의 왕국이 재건되리라는 그 날만을 애타게 기다리고 있었습니다. 구세주 그리스도 메시아는 그 다윗 왕국을 재건하는 인물이고, 만약 하나님의 나라가 머지않아 온다면, 자기들은 아브라함의 자손이니까 자동적으로 그 나라에 들어 갈 수 있다는 민족주의적인 자긍심, 호사스런 사치심 속에서 살아왔던 것입니다.

그러나 세례 요한은 이러한 자긍심을 여지없이 깨뜨립니다. 너희들은 독사의 자식들이며, 그 죄 많음을 깨닫고 주님을 찾으라고 엄하게 추궁합니다. 자기들을 아브라함의 자손이라고 자랑하지 말라는 것입니다. 9절을 보세요.

"속으로 아브라함이 우리 조상이라고 생각하지 말라 내가 너희에게 이르노니 하나님이 능히 이 돌들로도 아브라함의 자손이 되게 하시리라."

하나님은 이 돌들로도 아브라함의 자손이 되게 하시리라고 했습니다. - 너희들이 아브라함의 자손이라고 생각한다면, 자신의 본질적인 것들을 바꾸라고 요한은 말한 것입니다.

세례 요한은 하나님의 심판이 가까이 온 것도 설파했습니다. 그것도 충격적인 말투로 전했습니다. 10절입니다.

"이미 도끼가 나무 뿌리에 놓였으니 좋은 열매를 맺지 아니하는 나무마다 찍혀 불에 던져지리라."

여기 "도끼가 나무 뿌리에 놓였으니"라는 것은, 한마디로 하나님께서 그 도끼를 치켜들어 휘둘러 내리치시는 순간, 그 일격과 함께 이 세상에 심판이 임할 것이라는 메시지입니다. 그것은 상당히 엄하고 무서운 설교로 많은 사람들이 듣고 회개하고, 세례를 받았습니다.

당시의 유대인들이 세례 받는 일은 거의 없었습니다. 세례는, 유대인 주인 아래 있던 이방인들이 회개하고 하나님을 믿을 때에, 그 이방인들이 모든 죄를 씻음 받고 신앙을 갖게 된다는 뜻으로 베풀었습니다. 그러므로 세례 요한은 그들을 데리고 가서 밑바닥부터 하나하나 전부 바꿔라, 아니 밑바닥부터 너희의 인생을 바꾸라는 의미로, 세례를 베풀었던 것입니다. 그런 설교에 익숙해 있던 군중들은, 아마도 예수라는 이 분도, 우리의 마음속에 잠재해 있는 무거운 죄를 끌어내는, 실로 진짜 '설교'가 이제부터 시작되는 것은 아닌가 생각하며, 마음속으로 틀림없이 이렇게 준비하고 있었을 것입니다.

그런데 예수님께서 마침내 입을 여시는데, 모든 사람의 예상을 뒤엎는 말씀이 튀어나왔던 것입니다. 그것이 바로 "복이 있나니"라는 말씀이었습니다. "심령이 가난한 자는 복이 있나니." 괴로움과 무거운 죄 때문에 견디지 못하고 속박되어 있던 사람들을 향하여, 예수님께서 처음으로 하셨던 "복이 있나니"라는 말씀은 "나는 너희들을 행복하게 해 준다."라는 의미라고도 할 수 있습니다. 예수 그리스도께서는 "나는 너희들을 행복하게 해 준다. 심령이 가난한 자여, 애통하는 자여, 온유한 자여, 의에 주리고 목마른 자여……."라고 계속해서 말씀하셨던 것입니다.

사람들은 놀라움에 휩싸였습니다. 마침내 그 입에서 나온 말씀은, 세례 요한처럼 무서운 심판의 "독사의 자식들아"가 아니었습니다. 예수님은 자신을 따르는 자들에게, 하나님의 나라가 열려 있음을 말씀하시듯이 "나는 너희들을 행복하게 해 준다."라고 말씀하신 것입니다.

마태복음 11장 28절에 "수고하고 무거운 짐 진 자들아 다 내게로 오라 내가 너희를 쉬게 하리라"고 했습니다.

하나님의 길을 걸으며 살아가고자 하지만, 열심히 노력해도 그렇게 원하는 대로만 살아갈 수 없습니다. 무거운 짐을 지고 지쳐 있다는 것은 단순히 종교적인 의미만이 아닐지도 모릅니다. "인생살이에서 여러 가지 모순된 일로 덮치고 걸려서, 그 무거운 짐을 지고 쓰러져 버릴 것 같은 사람들이여, 내게로 오라, 내가 너희를 편히 쉬게 하리라, 내가 너희를 행복하게 하리라."는 의미가 있습니다.

"복이 있나니 심령이 가난한 자여"에서 심령이 가난한 자는 기댈 곳이 없는 사람입니다. 자신에게는 의지할 것이 없고, 의지할 사람도 없는 것입니다. 가난하고 약함을 뼈저리게 느끼고 있는 사람, 그리고 실패와 좌절과 죄 많음과 연약함과 그런 모든 무거운 짐을 지고 있는 사람은 다 내게로 오라, 내가 너희를 편히 쉬게 하리라는 것입니다. 이렇게 예수 그리스도의 메시지와 가르침은 세례 요한과는 정반대였습니다.

화 있을 진저

여기서부터 오늘의 말씀의 중심이 됩니다만, 그러면 예수님의 가르침이 있고부터는 세례 요한 같은, 죄의 회개에 대한 엄격하고 무서운 가르침은 없어졌다는 것입니까?

예수님은 간음의 현장에서 붙잡혀온 여인을 향해서 모두가 돌을 던지려 할(죄인에게 돌을 던지는 형벌) 때에, 예수님은 "너희 중에 죄 없는 자가 먼저 돌로 치라"고 하셨습니다. 이 말씀을 하셨을 때에, "그들이 이 말씀을 듣고 양심에 가책을 느껴 어른으로 시작하여 젊은 이까지 하나씩 하나씩 나가고 오직 예수와 그 가운데 섰는 여자만 남았더라"고 했습니다. 그리고 예수님도 마지막으로 "나도 너를 정죄하지 아니 하노니 가서 다시는 죄를 범하지 말라"(요 8:3-11)고 하셨습니다. 그렇게 해서, 주님은 우리들의 많은 죄에 대해 눈을 감고 계신 것입니까?

아니요, 그렇지 않습니다. 가난한 자들에게 "복이 있나니"라고 말씀하신 예수님은, 예를 들면 당시의 유대교의 훌륭한 서기관(종교가; 바리새인)들의 마음속에 있는 무거운 죄를 계속해서 폭로하시고 간파하셨습니다.

마태복음 23장 13절을 함께 읽도록 하겠습니다. 뭐라고 적혀 있습니까? "화 있을진저 외식하는 서기관들과 바리새인들이여 너희는 천국 문을 사람들 앞에서 닫고 너희도 들어가지 않고 들어가려 하는 자도 들어가지 못하게 하는도다."

13, 14, 15, 16, 23, 25, 27, 29절에 "화 있을진저"라는 말이 계속 나옵니다. 마태복음 5장에서 예수님은 "복이 있나니"라는 말을 여덟

번 하셨습니다. 그러나 23장에서, 예수님은 당시의 서기관(종교가)들을 향해 "화 있을진저"라고 강하게 책망하고 비판하셨습니다. "화 있을진저"라는 말은 정확히 "복이 있나니"와 반대되는 의미의 말입니다. 요컨대 "너희는 복이 있나니, 나는 너희를 축복하리라"라고 말씀하신 예수님이, 동시에 "너희에게 화 있을진저"라고 말씀하신 것입니다. 그리고 우리의 무거운 죄를 지적하시는 분도 예수님이십니다.

"복이 있나니"라고 말씀하시고, 그 복 받은 우리들은 하나님의 나라에 초대되는 심령이 가난하고 애통하는 자들입니다. 그러나 왠지 모르게, 우리들은 하나님의 나라에 초대되었으면서도 자기가 얼마나 불행한가라는 것에 생각을 맞추고 있습니다. 자기가 하는 일 때문에 불행을 가져 오는 경우도 있습니다. 자기의 존재가, 하나님의 눈으로 보면 책망 받을 것 같은 죄 많음을 자신이 느끼기도 합니다. 그러나 예수님은 "화 있을진저"라고 말씀하시면서도, 그런 화를 자신이 친히 담당하시고, 26장에서는 십자가를 향하여 가시는 모습을 보게 됩니다.

무엇이 가장 불행한 화입니까? 그것은 우리 마음속 깊은 곳에 있는 무거운 죄이고 행함입니다. 그러나 무엇이 제일 불행한 화인지 말하라고 한다면, 그것은 예수 그리스도의 십자가입니다. 그것은 전 인류의 아니, 나의 불행한 화를 예수 그리스도께서 친히 떠안아 등에 짊어지신 것입니다. 그리고 더 불행한 화는 그 십자가에 자신의 목숨을 던지신 것입니다. 요컨대 예수님은 우리의 죄 많음을 지적하시면서 엄하신 말씀으로 우리의 연약함과 그 마음속 불행한 화의 부분을 가리키시며 "화 있을진저"라고 하신 것입니다. 그러나 그 말씀조차도 십자가의 사랑으로 감싸있다는 것을 우리는 깨닫지 않으면 안 됩니다.

오래 전 1970년대에 쓰인 책인데, 『나의 눈물이여 노래가 되어라』라는 하라자키 유리코(原崎百子)의 작품이 있습니다. 유명한 책입니다. 저자 유리코는 42세에 폐암으로 하늘나라에 갑니다. 그녀의 남편은 미야기현의 목사입니다.

어느 날, 가슴의 통증을 호소하며 병원에 일주일간 입원을 하게 됩니다만, 의사가 "돌아가도 돼요."라고 해서 본인은 나아서 잘 됐다고 생각하고는 기쁜 마음으로 집에 돌아갑니다. 그러나 집으로 돌아가기 전에 의사는 남편을 불러서 "말기 암이에요"라는 절망적인 말을 합니다. 1970년대이니까, 그때는 환자에게 암이라고 알리지 않았습니다. 의사는 남편에게 대략 6개월 정도 살 테니까 "부인에게 알릴 필요가 없겠지요."라고 말합니다.

남편은 그 때의 심경을 이렇게 적고 있습니다. "의사는 말할 필요가 없다고 한다. 그러나 수개월이 지나면 하나님 앞에 서지 않으면 안 되는데, 아무것도 모르고 가버리는 것은 너무 불쌍하다는 생각이 든다. 그녀는 원래 쾌활한 사람이지만 자기가 죽는다는 사실을 알면, 남은 몇 개월이라도 진지하게 살다가 하나님 앞에 서게 되어야 하는 것이 아닐까." 말할까 말하지 말까, 어찌 할 바를 몰랐던 목사님은 선배인 이또(伊藤)라는 목사님을 찾아갑니다. 그 때에 이또 목사님도 뇌종양과 싸우고 계셨지만, 어렵다는 표정으로 이렇게 말했다고 합니다.

"하라자키 군, 상대를 확실하게 살리려고 한다는 의도로 알리는 것은 비열한 짓이네. 별로 괴롭지도 않은 사람이 정말 고통당하고 있는 사람에게 그렇게 생각하는 것이라면 말일세. 문제는 철저하게 네 자신에게 있는 것이라고 생각해. 하라자키 군, 인생에 있어서 자네는 정말로 고통당해 본 적이 없는데, 유리코와 어느 정도 그 고통을 함께 할 수 있겠는가? 어느 정도 생사를 초월할 수 있겠는가? 그것이 된다면 말 한다 안 한다 하는 것은 별 문제가 아니라네. 문제는 철저하게 자네 자신에게 있는 것이네. 만일 자네가 알린다면, 어느 정도 괴로움을 함께 나눌 수 있을까, 어느 정도로 생사를 함께 초월할 수가 있을까, 이것을 잘 생각해 보게.”

이 말이 뇌리에 ‘딱’ 하고 달라붙었다고 합니다.

예수 그리스도께서는 어떤 생각으로 “화 있을진저”라고, 우리에게 화가 있을 것을 말씀하시는 것입니까? 예수님은 한 편으로는 “너희는 복이 있나니, 나는 너희를 축복하리라”라고 하나님 나라에 초대하시고, 다른 한 편으로는 하나님 나라에 초대된 우리들이 얼마나 더럽고, 죄가 많고, 화를 당할 처지에 있음을 알고 계시는 것입니다.

그리고 예수 그리스도의 무서운 말씀과 만납니다. 무슨 의도로 화 있을 것임을 알리시고, 이런 무서운 말씀을 하고 계시는 것입니까? 이 정도로 협박하면, 너희는 조금은 건실한 생활을 하게 될 것이라고 생각하신 것일까요? 죄와 죽음을 각오했다면, 하다못해 적어도 진지하게 살아가고, 하나님 앞에 설 수 있는 인간이 될 수 있을 것이라고 생각하셨던 것일까요?

아니요, 그렇지 않습니다. 마태복음 5장에서 “복이 있나니”라고 말씀하신 예수님은, 23장에서 “화 있을진저”라고 책망하시면서, 얼마 안 있어서 그 화를 친히 당하셨는데, 우리의 죄를 등에 짊어지시고, 십자가에서 죄의 심판을 받으시고, 그 대신 우리들을 생명의 길로 인도해 주셨던 것입니다. 우리에게 구원을 가르쳐 주셨던 것입니다.

이 분은 하나님 나라에 들어가는 길을 가르쳐 주신 것만이 아니라, 우리들을 하나님 나라에 들어갈 수 있는 자로 만들어 주셨습니다. 우리의 죄를 사해 주시고, 우리를 정말로 행복한 자로 만들어 주셨습니다. 그것을 우리는 매 주마다 고백하고 있다는 것을 기억하시기 바랍니다.

기도

은혜가 넘치는 하나님 아버지! 우리들은 실로 세례 요한이 말한 독사의 자식임을 인정합니다. 만약 거룩하신 하나님 앞에 서게 된다면 그 얼마나 더럽고 죄 많고 추악함으로 가득한 존재임을 절실하게 느끼지 않으면 안 될 정도입니다. 오늘 거룩하신 주님 앞에 엎드려 예배드리면서도 그것조차도 힘들어 하는 존재입니다.

그러나 눈을 들어 그런 화를 등에 지시고 우리의 죄를 대속하여 주신, 화중의 화인 십자가를 보면서 주님의 은혜를 마음속 깊은 곳으로부터 감사를 드립니다.

주님께서 우리에게 말씀해 주십니다. 그리고 우리의 죄를 등에 짊어지셨습니다. 오늘도 주님의 등에 져 있는 나의 죄, 이 어려운 삶을 주님께 내맡기고, 그것이야말로 이 세상을 살아갈 수 있는 가장 기쁜 일임을 마음에 새기도록 인도하여 주옵소서.

예수님의 이름으로 감사 기도드립니다. 아멘.

8. 기적을 명하시는 예수님

> "그러므로 내가 주께 나아가기도 감당하지 못할 줄을 알았나이다 말씀만 하사 내 하인을 낫게 하소서" (누가복음 7장 7절)

> "예수께서 백부장에게 이르시되 가라 네 믿은 대로 될지어다 하시니 그 즉시 하인이 나으니라" (마태복음 8장 13절)

마가복음 4장 끝 부분부터 5장에 걸쳐서, 예수님의 기적을 일으키신 사건이 연속해서 적혀 있습니다. 잠시 성경을 펴 주세요. 예수님의 가르침이 마태복음 5장부터 7장까지 집약되어 있습니다.

사건이 벌어지고 있습니다. 4장 끝에서 예수님이 제자들과 함께 타신 그 배가 바다 같은 갈릴리 호수 위에서 큰 풍랑을 만나 가라앉게 되었을 때에, 예수님께서 큰 풍랑을 향하여 "잠잠하라, 고요하라" 하시는 부분부터 시작됩니다.

5장에 들어가면, 이번에는 호수의 건너편에서 무덤 사이에 사는 더러운 귀신들린 무서운 사람에게서 귀신을 쫓아내시는 예수님이 나옵니다.

그리고 열두 해를 혈루증으로 앓는 한 여자가 있어, 재산을 모두 치료를 위해 써 버리고, 마지막에 예수님의 옷가에 손만 대도 틀림없이

나을 것이라고 믿고, 그 옷가를 만진 여자가 치료함을 받은 장면이 나
옵니다.

기적 사건의 마지막은, 유대인 회당을 관리하고 있던 회당장 야이
로의 12살 된 딸이 병에 걸려 죽어 장례식 준비가 한창이던 때에, 예
수님께서 그 집에 가서 죽은 딸을 다시 살리신 사건으로 끝나고 있습
니다.

한 번 더 복습합니다만, 이 기적 사건의 순서를 생각해 봅시다. 예
수님께서 자연계를 복종시키신 기적, 귀신을 쫓아내신 기적, 불치병
을 치료하신 기적, 그리고 죽음조차도 물리치신 기적, 이처럼 우리를
둘러싸고 있는 많은 문제에 전능하신 능력을 가지고 해결해 주신 예
수님의 행적에 대해 기록되어 있습니다. 그러나 그것만이 아닙니다.

마가복음은 하나의 특징을 갖고, 기적을 일으키신 행적을 묘사하
고 있습니다. 그것은 바로 주님께서 쏟아내시는 말씀입니다.

기적을 일으키는 예수님의 말씀

몹시 거친 바다의 풍랑을 향해서 "잠잠하라 고요하라"라고 명령하
셨습니다. 수많은 군대 귀신이 무덤 사이에 사는 남자에게 달라붙어
있었습니다만, 주님께서는 "더러운 귀신아 그 사람에게서 나오라"고
명령하셨습니다. 그리고 죽은 딸에게 하신 그 강력한 말씀이, 당시의
아람어 그대로 복음서에 기록되어 있습니다. "달리다굼" – 소녀야, 일
어나라는 뜻입니다.

자연계에, 귀신에게, 병에게, 그리고 죽음에게 명령하시는 예수님
의 말씀이 기적을 일으켰습니다.

구약성경의 모세는 손에 쥐고 있는 하나님께 받은 지팡이를 눈앞에 펼쳐진 큰 바다를 향해 들었습니다. 그러자 그 큰 바다가 둘로 갈라져 바다 한가운데로 마른 길이 나고, 거기를 육지처럼 이스라엘 백성들이 건너갔습니다. 물론 모세는 훌륭한 지도자로서 존경을 받습니다. 구약성경의 계약의 상자(언약궤)에는 후에, 이 지팡이를 넣게 됩니다. 그러나 구약성경 어디를 봐도 모세가 하나님으로 숭배되었다는 경우가 없습니다.

예수 그리스도께서 몹시 거칠어진 풍랑을 꾸짖자 호수가 잠잠해졌을 때, 제자들은 "이 분은 도대체 어떤 분인가?"라고 놀라고 무서워합니다. 그것은 이 분이 가지신 능력의 말씀은 한마디로 자연계나 귀신이나 병이나 죽음까지도 제어하시는 권위가 있었기 때문이었습니다.

하나님의 말씀을 사모함

그러므로 우리는 이 분의 말씀을 듣고자 합니다. 우리 크리스천은 성경 말씀을 사모합니다. 대학에 가면 성경을 고대의 문헌으로서 연구하는 사람도 있지요. 도덕이나 삶의 방식에 관심을 갖고 있는 사람이라면, 틀림없이 우선 성경을 펼 것입니다. 성경을 배우는 사람은 하나님, 그리스도, 그리고 우리 인간에 관해서 배우게 되는 것입니다.

그러나 우리 크리스천들이 성경 말씀을 사모하는 것은, 그런 이유가 아닙니다. 여기에 있는 하나님의 말씀, 여기에 있는 그리스도의 말씀은 우리 인생의 큰 풍랑과 병이나 여러 가지 귀신 들린 것 같은 세계와 그리고 우리의 죽음 앞에 기적을 명하는 능력이 있기 때문입니다. 그렇기 때문에 지금도 성경은 위대한 능력 있는 하나님의 말씀인 것입니다.

　누가복음 7장에 보면, 당시 로마의 백부장이 나옵니다. 그곳에 그가 사랑하던 종이 병으로 다 죽어가고 있다고 기록되어 있습니다. 예수님의 소문을 우연히 듣고서, 유대인의 장로 몇 사람을 예수님 계신 곳으로 보내어, "오시어 주옵소서. 낫게 해 주옵소서."라고 간곡히 부탁을 했습니다.

　집 근처까지 예수님께서 오셨을 때, 그 백부장은 벗들을 보내어 "주여 수고하시지 마옵소서 내 집에 들어오심을 나는 감당하지 못하겠나이다"(6절)라고 간청합니다. 그의 예수님에 대한 경배와 존경심은 진실했습니다.

　이어진 7절에 "그러므로 내가 주께 나아가기도 감당하지 못할 줄을 알았나이다"라고 한 후에, 그 유명한 고백이 그의 입에서 나옵니다. "말씀만 하사 내 하인을 낫게 하소서."

　그는 자신의 경험으로 말하고 있습니다. 군대에서 상관이 가라고 명령하면 병사들은 가야 합니다. 이것을 하라고 명령하면 그렇게 하는 것입니다. 그것이 상관의 권위입니다. 그는 예수님께서, 군대는 아니지만 이 세상의 모든 권위를 가지고 계시는데, 귀신에게 명령할 수 있는 권위, 병에 대해 명령하는 권위, 병마조차도 예수님을 따르게 하는 권위를 갖고 계신다는 것을 분명히 믿었습니다.

　"명령만 해 주세요. 그것만으로도 충분합니다. 말씀만 하사 내 하인을 낫게 하소서." 이것이 그의 신앙이었습니다. 그는 로마제국 사람이니까, 성경을 공부한 적이 없습니다. 그러나 그는 치장이나 꾸밈없이 있는 그대로 예수님 계신 곳으로 찾아왔습니다. 자격은 없어도 좋습니다. 단지 "말씀만 하사"라고 예수 그리스도의 권위, 사람으로서

가 아니라 하나님으로서의 권위만을 믿고 고백한 것입니다.

"명령만 해 주세요. 나를 감싸고 있는 거센 풍랑과 같은 고난에, 나의 병에, 나를 성가시게 하는 이 세상의 많은 귀신들에게 명령만 해 주세요. 거센 풍랑을 잠잠하게 하시고, 귀신을 쫓아내시고, 병을 고치시고, 죽은 자를 살려 주세요. 빛이 있으라 말씀하시고, 혼돈했던 암흑에서 세상을 만들어 내신 분이시여! 우리 작은 인생에게 명하셔서, 이 혼돈과 같은 불안으로 가득 찬 마음에 평안으로 충만하게 하소서. 몸 튼튼하고, 건강하게 다녀오너라라고."

시험을 이기는 신앙

기적을 이루기 위해서는 우리의 신앙이 시험 받게 됩니다. 백부장의 모습을 보세요. 그는 예수님에게 절대적인 신뢰를 갖고 있었습니다. 같은 내용을 마태복음 8장 13절에서 보게 됩니다.

"예수께서 백부장에게 이르시되 가라 네 믿은 대로 될지어다 하시니 그 즉시 하인이 나으니라."

백부장에게 이는 얼마나 다행한 일일까요. 그는 예수님께서 말씀을 하시면 병이 나을 수 있다고 믿고 있었습니다. 결국 그 믿은 대로 된 것입니다.

그러면 만일 주께서 우리에게 이렇게 말씀하셨다면 어떨까요. 지금 예수님께서 나를 향해서 "가라 네 믿은 대로 될지어다"라고 말씀하셨다고 하면 기뻐해야 할까요? 아니면 뜨끔해서 움찔해야 할까요? 예배에 와서도 예수 그리스도에게 아무것도 기대하지 않는다고 한다면, 아무것도 일어나지 않는 것입니다.

아프리카의 초원에 '임파라'라는 움직임이 아주 빠른 사슴 종류가 있습니다. 반짝이는 눈이 있고, 몸길이는 1m정도입니다. 임파라는 가늘고 탄력 있는 다리가 있어서 사자나 치타의 공격도 피할 수 있는 엄청난 스피드와 도약력을 갖고 있습니다. 3m 높이의 나무를 뛰어 넘거나, 10m정도의 연못도 뛰어 넘을 수가 있다고 합니다.

그런데 그 '임파라'를 동물원 우리에 가둬넣고, 그 우리 주위에 1m정도의 콘크리트 담을 만드는 것만으로도 얌전하게 되어, 높이 뛰거나 넘으려고 하지 않는다고 합니다. 임파라는 착지점이 보이지 않는 곳에서는 뛰지 않기 때문입니다.

"가라 네 믿은 대로 될지어다"라고 기적을 명하시는 예수님은, 우리의 신앙을 시험하고 계십니다. "주여, 우리의 신앙은 아무래도 좋습니다. 그것을 넘어 위대한 일을 행하여 주소서." 그러나 예수님은 이렇게 말씀하십니다.

"아니 아니, 어디까지나 네가 믿은 믿음 거기까지다."

그렇게 주님이 말씀하시면, 제일 겁나는 사람은, 여러분이 아니고 바로 저입니다. '과연 이 교회의 목사는 임파라를 자유롭게 뛰놀 수 있는 초원으로 인도하고 있는가, 아니면 동물원 우리 안에 가둬놓고 있는 것인가!' 이렇게 걱정하며 생각하게 됩니다. 교회, 혹은 목사라는 울타리가 1m의 콘크리트 담이 되고, 그것이 방해되어 우리 성도들의 큰 점프를 받아 주시는 예수 그리스도가 보이지 않게 되었다고 한다면 생각만 해도 너무 큰 잘못이 아닙니까?

신앙은 대담했으면 좋겠습니다. 어떤 의미로는 무모했으면 좋겠습니다. 주님은 이렇게 말씀하시기 때문입니다. "가라 네 믿은 대로 될

지어다.”

  은혜와 사랑이 풍성하신 아버지 하나님! 감사합니다. 저희에게 담대한 신앙을 갖게 하시고, 무모할 정도의 신앙으로 도전할 수 있는 정신과 비전을 갖게 하시고, 예수님을 온전히 믿을 때 "가라 네 믿은 대로 될지어다"라고 하는 기적이 저희에게 있게 해 주옵소서.

  "말씀만 하옵소서. 주여 내 집에 들어오심을 나는 감당하지 못하겠나이다. 다만 말씀으로만 하옵소서. 그러면 내 하인을 낫겠사옵나이다." 말씀만 하사 내가 안고 있는 모든 문제가 해결 되게 하여 주옵소서.

  예수님의 이름으로 감사하며 기도드립니다. 아멘.

9. 귀신을 쫓아내시는 예수님을 믿사오며

"이는 예수께서 이미 그에게 이르시기를 더 러운 귀신아 그 사람에게서 나오라 하셨음이 라" (마가복음 5장 8절)

사도신경을 통해서, 우리는 그리스도를 어떤 분으로 고백하고 있는 것일까요? 천지만물을 창조하신 하나님을 아버지 되시는 하나님이라고 한다면, 이 분은 아들 되시는 하나님으로 불러야 할 것입니다. 하나님의 본성을 그대로 갖고 계시는 하나님이십니다. 그러니까 독생자 하나님이라고 불립니다. 하나님과 동질(同質)의 존재는, 이 분 이외에는 없다는 것입니다. 그리고 영원하신 하나님께서, 성령으로 잉태하사 동정녀 마리아에게 나시고, 우리 죄 많은 인간의 가계(家系)를 등에 업고, 태어나시고, 우리가 사는 이 세상에서 사셨습니다.

영의 세계

이 세상은 어떤 곳입니까? 여기 마가복음 5장을 보면, 이 세상은 인간과 동물과 사물 사이에 벌어지는 일들이 있고, 눈에 보이는 것들이 다양하게 존재하며 서로 부딪치고 있지만, 보이는 것만이 전부는 아니라는 것을 가르치고 있습니다. 여기에 귀신들린 남자가 나옵니다. 우리들이 살고 있는 세상은 영(靈)의 세계라는 것입니다.

그는 무덤 사이에 거처하고 있었습니다(3절). 이것은 상징적인 의미가 있습니다. '무덤 사이'라는 것은 불모의 땅입니다. 죽음으로 둘러싸여 있습니다. 우리는 누구나 다 죽습니다. 이 세상은 무덤이라고 말하듯이, 이 세상은 무덤으로 통하고 있는 것입니다. 무덤이 좋아서 사는 사람은 없지요. 그러나 좋든 싫든 간에, 이 세상은 무덤으로 통하고 있습니다.

그리고 그 죽음이나 개인의 멸망이라는 것을 윤회(輪回)로 돌고 돈다는 사상으로 생각하는 힌두교였다면, 자연의 진행과정(process)으로 받아들이겠지요. 힌두교에서는 산 자는 모두 강의 흘러감 같이 어딘가에서 태어나고, 얼마 안 있다가 다시 흘러가고, 바다로 돌아가고, 그리고 다시 어딘가에서 태어난다고 생각합니다. 그러니까 인도에는 묘가 없습니다. 모든 것을 태워서 강으로 흘려보내기 때문입니다.

그러나 성경은 다릅니다. 사람은 죽기 위해서 태어난 것이 아닙니다. 사람은 살기 위해 태어난 것입니다. 그렇지만 사람이 죄를 범함으로 죽음에 이르게 되었다고 가르칩니다. 창세기 3장을 보면, 사탄이 나옵니다. 그 사탄이 사람을 생명으로부터 멀어지게 하고, 죽음의 세계로 억지로 질질 끌고 가는 것입니다.

본문에 귀신들린 사람은 거라사인의 지방에서 무덤 사이에 거처하고 있었는데, 그 안에 수도 없이 많은 귀신이 살고 있었습니다. 성질이 흉폭했습니다. "여러 번 고랑과 쇠사슬에 매였어도 쇠사슬을 끊고 고랑을 깨뜨렸음이러라"(4절). 그의 안에 사는 귀신에 매여서 살고 있었습니다.

우리도 무언가에 매여 있습니다. 불안에 매이고, 고민과 번민에 매이고, 과거에 매이고, 욕심에 매이고, 아니 때로는 무서운 영에 매이는 사람도 있습니다.

정신과 의사인 스코트 벡은 『아무렇지도 않게 거짓말을 하는 사람들』이라는 그의 책에서, 정신과 치료 중에 악마적인 사례를 여러 번 보았다고 했는데, 그 가운데에는 악마를 떨쳐내 버리려는 것을 거든 적도 있다고 밝히고 있습니다.

그 책에서, 벡은 총으로 자살한 청년의 사례를 적고 있습니다. 크리스마스 때에 자살을 시도했던 청년의 아버지는, 자식에게 크리스마스 선물로 총을 선물했다는 것입니다. 그에게 상담하기 위해 그 소년을 데리고 왔는데, 그 소년의 얼굴과 팔에 무수한 상처가 있었습니다. DV는 아닙니다(DV; 남편이나 애인 등 가까운 사이의 남성이 여성에게 가하는 신체적, 정신적 폭력). 자기 자신을 자해한 흔적이었습니다. 할퀴기도 하고, 꼬집기도 하고….

스코트 벡은 그런 사례 중에 수없이 많게, 정신과적인 사례와는 다른, 악마(사탄)적인 느낌을 받은 적이 있다고 적고 있습니다. 무섭게 자학적인 경우입니다.

본문에 나오는 귀신들린 이 남자도 그렇습니다.

5절에 "돌로 자기의 몸을 해치고 있었더라"고 했습니다.

성경은 이 세상을 묘사할 때에, 악마(사탄)의 존재를 묘사하고 있습니다. 일반 사람은 귀신 들리지는 않았을지도 모릅니다만, 누구나 어딘가에서 그 영향을 받고 있고, 본문에 나오는 사탄에 얽매인 남자처럼 자학적으로 자신을 해치면서 살고 있습니다. 그래서 성경은 가르치고 있습니다. 결코 사탄의 능력을 과소평가해서는 안 된다라고.

저는 아메리카 어느 교회에 있는 이런 부류의 한 남자의 이야기를 들은 적이 있습니다. 그는 스미스라는 70세 초반의 남성으로, 젊은 시절부터 예배를 빠뜨린 적이 없다고 합니다. 매주 일요일에 예배드리러 와서는 가만히 앉아 있는데, 양쪽 귀에 손가락을 넣어 귓구멍을 막고 있습니다. 예배 도중에 그 손가락을 떼는 일이 없습니다. 왜 그럴까요?

11년 전에 그 교회당에 새로운 음향설비를 도입할 것인가, 말 것인가 하는 문제로 교회에서 서로 다퉜다고 합니다. 그는 그 설비 도입 위원회에서 강력하게 반대했던 인물 중 한 사람이었습니다. 위원회는 여러 가지 문제로 다툰 결과, 다수의 결의로 새로운 음향설비를 도입했습니다. 그러자 그 음향설비가 들어온 그 주일부터, 스미스 씨는 예배가 시작되면 손가락을 귀에 넣게 되었습니다. 그런 근성 있는 사람이었습니다.

11년 동안 충실히 예배에는 참석했습니다만, 그 무언의 저항을 관철하고 있었던 것입니다. 그러나 그가 미처 알아차리지 못한 사실이 있는데, 자신의 마음을 악마의 힘이 지배하고 있었다는 것입니다.

성경에서, 사탄은 '우는 무서운 사자'로 묘사되어 있습니다. 베드로전서 5장 8절에 "근신하라 깨어라 너희 대적 마귀가 우는 사자같이 두루 다니며 삼킬 자를 찾나니"라고 했습니다.

사자라는 이미지는, 사실 성경 속에서는 그리스도에게도 적용되고 있습니다. 그것은 힘을 표현합니다. 그 마귀의 힘은 하나님의 아들 예수님의 능력과 비교될 수는 없습니다.

그러나 그래도 우리보다는 강한 힘입니다. 우리는 그것을 과소평가해서는 안 됩니다.

귀신에 대한 그리스도의 절대적인 권위

"사람이 먼저 강한 자를 결박하지 않고는 그 강한 자의 집에 들어가 세간을 강탈하지 못하리니 결박한 후에야 그 집을 강탈하리라"(막 3:27).

예수님은 여기에서, 자신이 하시는 귀신을 내쫓는 사역을 설명하고 있습니다. "세간"(世間; 세상 또는 세상 사람들)이라는 말이 나옵니다만, 이것이 바로 우리입니다. 우리는 강한 자의 집에 갇혀, 거기에서 나올 수가 없습니다. 무력한 세간(世間) 같은 존재입니다. 만일 그런 우리들이 이 귀신의 집에서 해방되려면, 그 집주인은 귀신보다 한층 더 강한 사람이 들어와서, 먼저 귀신을 결박하지 않으면 안 된다는 것을 가르치고 있는 것입니다.

적힌 표현은 난폭할 정도입니다. 난폭하다는 말은 강한 자를 결박시키는 예수님의 방법입니다. 그것은 압도적인 강함 때문입니다. 무력하게 귀신이 하라는 대로 하던 사람이 해방 되려면, 예수님께서 난폭하게 그 사람에게 침입해서 귀신을 결박시키고 세간을 강탈하듯이, 우리들을 데리고 나와 주셔야 한다고 말하는 것입니다.

5장에 나오는, 무덤 사이에 거처하는 남자의 경우도 이와 같지 않습니까? 예수님은 누구도 가까이 하려고 하지 않는, 왠지 불안하고 흉폭한 남자와 정면으로 마주하셨습니다. 그리고 갑자기 그를 향해 말씀하셨습니다.

"더러운 귀신아 그 사람에게서 나오라"(8절).

그러자 귀신은 나오면서 주님께 다음과 같이 요청합니다. "마침 거기 돼지의 큰 떼가 산 곁에서 먹고 있는지라 … 더러운 귀신들이 나와서 돼지에게로 들어가니 거의 이천 마리 되는 떼가 바다를 향하여 비탈로 내리달아 바다에서 몰사하거늘"(11, 13절).

너무 강렬합니다. 너무 난폭합니다. 그러나 이 장면에서 기억해 두고 싶은 것은 이 난폭하고 강력한 귀신을 완전히 결박시켜 버리는 예수 그리스도의 능력입니다.

예수 그리스도의 권위는 너무나 절대적이기 때문에, 귀신을 쫓아내는 방법은 크리스천에게 있어서 단 한가지입니다. "예수 그리스도의 이름으로 너에게 명하노니"라고 하며 귀신을 쫓아내는 것입니다. 우리들은 간단히 묶여 버립니다. 그러나 그 강도를 결박시켜 버리는 예수님의 이름으로, 우리들은 귀신의 힘으로부터 해방됩니다. 그 이외의 방법은 없습니다.

온전한 정신으로 주님 앞에 앉음

이 주님을 하나님으로 믿고 고백할 때에, 우리는 헷갈림 없이 이 거라사인처럼 바뀝니다. 그는 "옷을 입고 정신이 온전하여 앉은 것을 보고 두려워하더라"(15절) 했습니다. 예수님 앞에 앉아 있습니다. 그동안 불모지 같은 무덤 사이에 살고, 귀신에게 매여 자신을 해치며 살아온 남자가, 정신이 온전하여 주님 앞에 앉아 있는 모습이야말로, 오늘 우리들의 모습입니다.

　이전에는 하나님의 존재를 부담스럽게 생각하고, 여러 가지 것들에 매여 자신을 해치며 살아왔고, 예수님의 권위 앞에서 불안해서 어쩔 수 없었던 우리들이, 이제는 온전한 정신으로 주님 앞에 앉게 된 존재가 그리스도를 믿고 고백하는 우리들입니다. 그러니까 예배는 엄숙하게 행해야 하는 것입니다. 우리는 하나님 앞에 조용히 평안을 되찾게 되었습니다.

　놀라울 정도의 기적입니다. 9절을 보면, 이 남자 안에는 '레기온' 즉 로마군대의 1개 사단에 상당하는 귀신이 달라붙어 있었습니다. 그 당시 역사를 조사해 보면, 그 수는 적어도 6백 명, 많게는 2천 명이라고 합니다. 놀랄 일은 우리 인간의 마음속에는, 그런 수많은 공간, 무수히 많은 방들이 있다는 것입니다. 자신은 그 숫자를 모릅니다. 자신의 마음 구석에, 무엇이 둥지를 틀고 있는지는 끝이 없을 정도여서 잘 모릅니다. 그것도 또한 우리의 모습이 아닙니까?

　그러나 감사한 것은, 레기온(군대) 집단의 귀신을 이 남자의 마음속에서 내쫓으신 예수님은, 이제 그의 마음 구석구석까지 성령을 보내주실 수 있다는 사실입니다. 우리들이 온전히 되어 예수님 앞에 앉는다면, 주님은 우리의 마음속에 감춰진 방, 작은 방, 두루 미치지 않는 방, 분별없게 열어본 적도 없는 방을 열고, 나쁜 것을 몰아내고 성령을 불어넣어 주실 것입니다. 이것만큼 감사한 일은 없을 것입니다.

다음 주에 저희들은 종려 주일(Palm Sunday; 부활절 바로 전 주일. *예수님이 수난을 앞두고 예루살렘에 들어가신 날을 기념하는 주일)을 맞이합니다. 내일부터 고난주간이 시작됩니다. 우리들은 새롭게, 우리의 마음을 주님 앞에 열어 보여야 합니다.

주여, 우리의 마음속 작은 구석까지도 빛을 비추어 주옵소서. 이 마음속에 있는 쓰레기 같은 잡동사니들을 토해내게 해 주옵소서. 그리고 지금, 주님 앞에 앉아 있는 저의 마음을 주님의 은혜로 충만하게 채워 주옵소서.

예수 그리스도의 이름으로 기도드립니다. 아멘.

10. 십자가의 그리스도를 믿사오며

> "인자가 많은 고난을 받고 장로들과 대제사
> 장들과 서기관들에게 버린 바 되어 죽임을
> 당하고 사흘 만에 살아나야 할 것을 비로소
> 그들에게 가르치시되" (마가복음 8장 31절)

> "예수께서 신 포도주를 받으신 후에 이르시
> 되 '다 이루었다' 하시고 머리를 숙이니 영혼
> 이 떠나가시니라" (요한복음 19장 30절)

「본디오 빌라도에게」

사도신경에서 오늘 살피려고 하는 「본디오 빌라도에게 고난을 받으사」라는 표현의 중요성을 놓칠 수는 없습니다. 여기에 그리스도의 역사성이 표현되어 있기 때문입니다. 우리 크리스천이 신앙의 의지할 것으로써 고백하고 있는 것은, 숭고한 도덕적 가르침이 아닙니다. 신앙 태도나 인간사회의 목표나 이상(理想)도 아닙니다. 우리들이 목숨을 걸고 고백하고 있는 것은 역사적인 십자가의 사건입니다. 로마제국의 총독 빌라도의 시대에, 그의 결단에 의해서 십자가에 달리신 예수님에 얽힌 사건에 그리스도교 신앙의 모든 것이 걸려 있습니다.

하나님 나라에 들어가기 위해서는, 우리들이 무엇을 했던가, 무엇을 생각했던가, 무엇을 이상적(理想的)으로 했던가 라는 것이 중요한 것이 아닙니다. 열쇠가 되는 것은 '나', '우리'가 아니라 "그리스도" 입니다. 그리스도가 우리를 위해서 해 주신 객관적이고, 역사적인 사건—구원이라는 것에 모든 것이 걸려있습니다.

구약성경의 신앙고백이라 할 수 있는 "이는 우리 하나님 여호와께서 친히 우리와 우리 조상들을 인도하여 애굽 땅 종 되었던 집에서 올라오게 하시고 우리 목전에서 그 큰 이적들을 행하시고 우리가 행한 모든 길과 우리가 지나온 모든 백성들 중에서 우리를 보호하셨음이며"(수 24:17)에서 볼 수 있듯이, '출애굽'이라는 역사적인 사건이 신앙의 중심에 있습니다. 여기에서도, 이스라엘 백성들이 무엇을 했는지, 무엇을 생각했는지, 어떻게 성장했는지가 중요한 것이 아닙니다. 하나님이 그들에게 무엇을 행하셨는가, 그 역사적인 사건들에 모든 것이 걸려 있는 것입니다.

만약 자신이 행한 모습과 자신의 말이나 행함에 구원의 근거가 있었더라면, 우리들의 신앙은 무너져 버리고 말 것입니다. 하나님 앞에 아무런 입도 열 수 없는, 철저한 죄인인 우리는 절대로 구원의 근거가 될 수 없습니다.

'구원의 근거는 자신의 내면에 있는 것이 아니다. 그것은 움직일 수 없는, 인정하지 않을 수 없는 역사적인 사건들, 객관적 사실로써 우리들의 외부에 존재하고 있는 것이다.'라는 의미가 십자가의 역사성을 확인하는 「본디오 빌라도에게 고난을 받으사 십자가에 못 박혀 달리시고」라는 구절에 들어가 있는 것입니다.

'우리의 외부, 바깥 쪽'(라틴어 extranos: 엑스트라노스)이라는 것을 마르틴 루터를 비롯한 프로테스탄트 종교개혁자들은 강조했습니다. 요컨대 우리 내면에 있는 모든 것을 다 바쳐도 구원을 얻을 수 없고, 자신의 가장 작은 죄 하나조차도 대속할 수 없다는 사실을 루터는 잘 알고 있었던 것입니다. 그러므로 구원의 근거는 우리의 외부에 있을 수밖에 없습니다. 이런 의미에서 십자가의 역사성, 사실성을 고백하는 것은 매우 중요한 것입니다.

「고난을 받으사」

고난을 받으셔서 '수난'(受難)이라고 합니다. 우리들이 그리스도를 고백할 때, 그것은 그리스도의 수난을 고백하는 것입니다.

복음서를 보면, 예수님은 예루살렘으로 향하던 길에서 자신을 기다리고 있는 것이 수난임을 몇 번이고 반복해서 말씀하셨습니다. 예를 들면 마가복음에는, 십자가에서 고난 받을 것을 예수님 자신의 입으로 3번, 거의 같은 표현으로 말씀하고 있습니다.

"인자가 많은 고난을 받고 장로들과 대제사장들과 서기관들에게 버린 바 되어 죽임을 당하고 사흘 만에 살아나야 할 것을 비로소 그들에게 가르치시되"(막 8:31).

"이는 제자들을 가르치시며 또 인자가 사람들의 손에 넘겨져 죽임을 당하고 죽은 지 삼 일 만에 살아나리라는 것을 말씀하셨기 때문이더라"(막 9:31).

"예루살렘으로 올라가는 길에 예수께서 그들 앞에 서서 가시는데 그들이 놀라고 따르는 자들은 두려워하더라 이에 다시 열두 제자를 데리시고 자기가 당할 일을 말씀하여 이르시되 보라 우리가 예루살렘에 올라가노니 인자가 대제사장들과 서기관들에게 넘겨지매 그들이 죽이기로 결의하고 이방인들에게 넘겨 주겠고 그들은 능욕하며 침 뱉으며 채찍질하고 죽일 것이나 그는 삼 일 만에 살아나리라 하시니라”
(막 10:32-34).

여기서 예수님께서 사용하신 동사는 “고난을 받고”“넘겨져”라는
단어인데, 이는 ‘당하는 대로’라는 의미입니다. 하나님의 성품을 가진
채로, 하나님의 나라를 설명하시고, 기적을 행하시고, 귀신에게 절대
적인 권위를 휘두르시던 분이 아무런 저항도 없이, 입을 여시지도 않
고, ‘당하는 대로’ 십자가에 달리셨습니다. 제자 중 하나인 가룻 유다
에게 배신당하신 예수님은 유대인의 법정인 공회(公會)에 ‘넘겨’지십
니다. 거기에서 다시 로마의 총독에게 ‘넘겨’지시고, 로마의 군인들에
게 ‘넘겨’지시고, 마지막에는 십자가의 죽음에게 ‘넘겨’지십니다. 이
렇게 그리스도의 고난은 수동태의 형태로 전개되어 갑니다. 그러니까
‘수난’(受難: 고난을 받음)인 것입니다.

왜 그렇게도 무력하게 ‘당하는 대로’일까요? 폭풍을 잠잠케 하시
고, 병을 고치시고, 귀신을 쫓아내시고, 절대적인 권위와 능력을 보여
주시던 분이, 어째서 수치와 비방을, 굴욕과 죽음을 당하시며 ‘넘겨’
지신 것일까요?

십자가에 달리신 그리스도의 모습은 전혀 무력하게 보였습니다.
지나가는 자들은 말했습니다. “성전을 헐고 사흘에 짓는 자여 네가
만일 하나님의 아들이어든 자기를 구원하고 십자가에서 내려오라 하
며”(마 27:40). 대제사장들과 서기관들도 말했습니다. “그가 남은 구
원하였으되 자기는 구원할 수 없도다 이스라엘의 왕 그리스도가 지금
십자가에서 내려와 우리가 보고 믿게 할지어다 하며 함께 십자가에
못 박힌 자들도 예수를 욕하더라”(막 15:31-32). 골고다 언덕에서 예
수님과 함께 십자가형을 당한 죄수 중 한 사람도 말했습니다. “네가

그리스도가 아니냐 너와 우리를 구원하라 하되"(눅 23:39). 그 정도로 무력하게 보이셨던 것이지요. 벌거벗은 채로 못 박혀 십자가에 달리신 초라한 모습이었습니다.

십자가형(十字架刑)은 로마시민은 면제되고, 정치범이나 흉악범에게 적용되던 그 당시에 가장 잔혹한 극형 중 하나였습니다. 십자가에 달리시기 전에 예수님은 십자가를 등에 지시고, 채찍을 맞으시고, 침 뱉음을 당하시고, 조롱당하시고, 비웃음 당하시고, 맨발로 시끄러운 예루살렘 온 시내를 끌려 다니시고, 상처투성이의 쇠약해진 몸으로 십자가에 못 박히시고, 창에 찔리는 육체적인 고통을 참으시고, 무책임한 군중들의 구경거리로, 아무도 돌보는 자 없이 숨을 거두셨습니다.

그러나 그 모습은 무력하게 보일지 몰라도 무력하게 된 채만은 아니었습니다.

"이를 내게서 빼앗는 자가 있는 것이 아니라 내가 스스로 버리노라 나는 버릴 권세도 있고 다시 얻을 권세도 있으니 이 계명은 내 아버지에게서 받았노라 하시니라"(요 10:18).

'나는 당하는 대로 고난과 죽음을 당하지만, 실은 이렇게 되기 위해서 나는 이 세상에 왔다. 누구도 나로부터 목숨을 빼앗을 수는 없다. 내가 스스로 버리노라.'라고 예수님은 말씀하시는 것입니다.

예수님은 당하시는 대로 십자가 위에서, 몇 마디의 말씀을 하셨습니다. 4복음서 전체에서 7번 기록되어 있습니다. 그 중에서 6번째로 하신 말씀이 요한복음에 기록된 "다 이루었다"(요 19:30)입니다.

이상한 말씀입니다. 죽음에 넘겨지고, 수난의 극한상황과 괴로움 속에서 숨이 끊어질 듯 말 듯 하는 상태에서 최후에 하셨던 말씀이

"다 이루었다"입니다. 못 박히고, 움직일 수도 없고, 다 죽어가는 숨으로, 고통 가운데 괴로워하시는 예수님이, 마치 이것이 가장 큰 일이라는 것처럼 "다 이루었다"라고 말씀하신 것입니다.

이것이 가장 큰 일인 것처럼—참으로 예수님의 십자가, 수난은 매우 의미 있는 것입니다. 이 책에서는, 사도신경이 예수님의 탄생을 고백한 후 곧바로 십자가에서의 죽음과 부활을 고백하므로, 그 사이에 예수님의 공생애(지상생애)에서 있었던 가르침, 기적을 일으키신 일, 귀신을 쫓아내신 일 등을 보태어서 해설해 왔습니다. 그러나 사실은, 곧바로 십자가의 고백으로 가는 것도 이해가 될 정도로, 십자가의 사건이야말로 예수 그리스도께서 이 땅에 오신 최대의 의의인 것입니다.

신학적으로는 예수님의 공생애의 여러 사역을, 예수님의 능동적인 일이라고 합니다. 그에 비해 당하시는 대로의 십자가는 수난, 즉 수동적인 일입니다. 그리고 궁극적으로는, 당하시는 대로의 수난이야말로 예수님의 가장 큰 일이라고 사도신경은 고백하고 있는 것입니다. 그것은 예전에 주님께서 말씀하신 그대로입니다.

"인자가 온 것은 섬김을 받으려 함이 아니라 도리어 섬기려 하고 자기 목숨을 많은 사람의 대속물로 주려 함이니라"(막 10:45).

당하시는 대로 십자가에 달리신 일이야말로, 자신이 이 세상에 온 목적이라고 말씀하신 주님은 고난을 기꺼이 받으시고, 사람으로서의 생을 마치십니다.

십자가의 업적

주님은 어떠한 일을 십자가를 통해서 행하셨던 것일까요? 그것은 하나님의 구원의 계획을 완성시키는 것이었습니다.

"태초에 하나님이 천지를 창조하시니라"(창 1:1). 그리고 하나님께서는 천지창조의 피날레로 인간을 창조하셨습니다. 인간에게는 말에게 있는 갈기나, 타조와 같은 깃털도 없습니다. 하나님은 인간을 자신의 형상대로 창조하셨다고 했습니다. 그리고 하나님 자신의 사랑에 응할 수 있도록 인격을 주셨습니다. 자유의지를 주셨습니다. 그것을 가지고 사람은 로봇과 같은 존재가 아니라, 한 인격으로서 하나님의 사랑에 응할 수 있었습니다.

동시에, 그 자유의지를 가지고 하나님을 등지고, 좋아하는 대로 자기 마음대로 살 수도 있었습니다. 그런데 아담과 하와는 뱀에게 꼬임을 받아, 자유의지로 하나님을 등지는 삶을 선택한 것입니다. 뒤가 켕기는 짓을 한 아담과 하와는 에덴동산의 나무 사이로 몸을 숨겼습니다. 하나님의 눈을 피해 숨었습니다. 그때 하나님께서는 아담과 하와에게 말을 거셨습니다.

"네가 어디 있느냐"(창 3:9).

그 이후로도 하나님은 인간을 버리지 않으시고 여러 가지 방법으로 가까이 다가오셨습니다. 말씀을 걸어오셨습니다. "네가 어디 있느냐?"

노아의 시대에는 인간의 악이 세상에 가득해서 하나님이 홍수로 심판하시기로 작정하셨는데, 대홍수로 인해 물이 지표면을 덮을 정도였습니다. 그래도 하나님은 노아의 가족을 구원하시고, 새로운 세계를 주셨습니다. 하나님은 그 후, 아브라함을 택하시고, 신앙의 백성으로 삼으려고 하셨습니다. 이윽고, 그 자손인 이스라엘 민족이 애굽에서 큰 민족을 이루게 되었지만, 후에 애굽의 노예생활로부터 구원해 달라는 절규의 소리가 들려왔을 때, 하나님께서는 지도자 모세를 세우고 그들을 구원하신 뒤 자신의 백성으로 삼습니다.

그러나 이스라엘 백성들은 반복해서 하나님에게 등을 돌리고 자기들 마음대로의 길을 갑니다. 결국 이스라엘 12지파는 둘로 나뉘고, 북이스라엘 왕국은 앗시리아 제국에게 멸망당하고, 남유다 왕국은 바벨론 제국에게 멸망당합니다. 그래도 하나님은 이스라엘을, 우리들을 버리시지 않습니다.

"에브라임이여 내가 어찌 너를 놓겠느냐 이스라엘이여 내가 어찌 너를 버리겠느냐 내가 어찌 너를 아드마 같이 놓겠느냐 어찌 너를 스보임 같이 두겠느냐 내 마음이 내 속에서 돌이키어 나의 긍휼이 온전히 불붙듯 하도다"(호 11:8).

드디어 하나님께서 택하신 구원의 방법은, 예수 그리스도를 이 세상에 보내는 것이었습니다. 단지 그냥 보내는 것이 아닙니다. 하나님 아버지는 우리의 죄에 대한 심판을, 예수 그리스도에게 대신 지시게 하셨던 것입니다.

"우리는 다 양 같아서 그릇 행하여 각기 제 길로 갔거늘 여호와께서는 우리 모두의 죄악을 그에게 담당시키셨도다 그가 곤욕을 당하여 괴로울 때에도 그의 입을 열지 아니하였음이여 마치 도수장으로 끌려가는 어린 양과 털 깎는 자 앞에서 잠잠한 양 같이 그의 입을 열지 아니하였도다"(사 53:6-7).

하나님 아버지는, 예수님에게 우리의 모든 허물을 대신 지게 하셨습니다. 주님은 채찍에 맞으시고, 욕을 당하시고, 십자가를 등에 지시고, 못 박히시고, 마치 도수장에 끌려가는 양 같이 입을 열지 않으셨습니다. 불타는 듯한 우리의 죄를 몸에 지시고, 주님은 십자가에 달리셨던 것입니다.

그렇게 우리 죄의 형벌을 친히 당하시고도, 십자가 위에서 하셨던 첫 말씀은 "아버지 저들을 사하여 주옵소서 자기들이 하는 것을 알지 못함이니이다"(눅 23:34)였습니다. 그것은 "그가 많은 사람의 죄를 담당하며 범죄자를 위하여 기도하였느니라"(사 53:12)라는 이사야의 예언 대로였습니다. 우리들이 결코 질 수 없는 죄에 대한 책임, 더러움, 창피함, 실패, 부족함, 그 모든 것을 주 예수님은 등에 지시고 십자가에 달리셨던 것입니다. 이것이 그리스도의 십자가의 기적입니다.

『보이지 않는 하나님을 찾아서』라는 책에서, 크리스천 저널리스트 필립 얀시는 다음과 같은 이야기를 하고 있습니다.

쟈넷 부인이 매주 노인들의 시설기관인 노인 홈에서 열리고 있는 '크리스천 스쿨(예배모임)'에 가는데, 그곳에 벳쓰이라는 알츠하이머 (치매)병을 앓고 있는 할머니가 스태프들에게 안내되어 매번 참석하고 있었습니다. 쟈넷 부인은 매주 자기소개를 하고, 벳쓰이 할머니도 또 매주 처음 만나는 것처럼 그 인사에 응대하고, 언제나 멍청한 듯한 눈을 하고는 조용히 앉아 있었습니다. 그런데 어느 때인가, 쟈넷 부인은 벳쓰이 할머니가 글을 읽을 수 있음을 알아차리게 되고, 그녀에게 찬송가 낭독을 부탁하게 되었습니다.

그러던 어느 날 쟈넷 부인에게서 「언덕 위의 십자가」(찬송가)를 불러달라는 요청을 받은 벳쓰이는 가사를 낭독하기 시작하다가, 왜 그런지 도중에 읽는 것을 멈춰 버렸습니다.

"그녀는 책을 읽기 시작했지만, 입을 다물어 버렸다. 그리고는 갑자기 흥분해서 큰소리로 소리치며 말했다. '더 이상 안 읽어! 이건 너무 슬퍼! 너무 슬퍼!' 몇 분의 노인들이 숨을 들이마셨다. 다른 사람들은 아연실색하고는 그녀를 쳐다보았다. 노인 홈에서 몇 년이나 생활하면서도, 벳쓰이 할머니는 이렇게 의미가 분명한 말을 제대로 해 본 적이 없었다. 그러나 지금, 그녀는 확실하고 분명하게 이해하고 있었다.

쟈넷 부인은 벳쓰이 할머니를 안정시켰다. '좋아요. 벳쓰이 할머니. 읽고 싶지 않으면 무리하지 않아도 돼요.'

그러나 잠시 후에 다시 읽기 시작하더니, 또 다시 같은 곳에서 입을 다물어 버렸다. 눈물이 두 볼을 타고 흘러내렸다. '더 이상 안 읽어! 이건 너무 슬퍼!' 2분 전에 같은 말을 했던 것을 잊어버리고 다시 말했다. 다시 읽어 보려고 하는데, 갑자기 정신이 들어서는 슬프다는 감정 섞인 말을 연발하고 똑같은 것을 반복해서 말하는 것이었다."

예배모임이 끝나고, 쟈넷 부인이 안정이 된 벳쓰이 할머니의 휠체어를 밀면서 부엌으로 데리고 가려고 엘리베이터로 향하자, 모두를 놀라게 했던 벳쓰이 할머니는, 조금 전의 찬송가를 부르기 시작했던 것입니다.

'언덕 위의 십자가 고난의 상징이요,
거기서 당신은 우리들 대신 피를 흘려주시네!'

벳쓰이 할머니의 두 볼에는 다시 눈물이 흘렀습니다. 눈물을 흘리면서, 찬송가를 계속해서 불렀습니다. 그리고는 찬송가의 가사는 "안 읽어!"라고 했던 4절로 넘어 갔습니다.

'수치와 비방 받는 것도 좋아'

그대로 그녀는, 눈물을 흘리면서 찬송가를 계속 불렀습니다. 어딘가, 알츠하이머병에 걸리게 했던 신경이 연결되어, 찬송가의 의미를 소생시켜 주었을 것이라고, 얀시는 말합니다. "그녀의 혼란스럽던 정신 상태에서도 확실하게 기억했던 것은, 고난과 수치라는 두 단어였다. 그 두 단어는, 인간의 상황을 요약하고 있다. 그녀가 그 슬픈 인생에 처해 있던 매일 매일의 상황이다. 벳쓰이 만큼 고난과 수치를 알고 있는 자가 있을까." 벳쓰이 할머니가 알츠하이머에 걸리게 된 것은 얼마나 수치이고, 비방이 되었겠습니까? 자기의 뜻이 아니었던 것이지요. 예전의 건강하고 자유롭고 활력이 팔팔했던 한 여성이, 이제는 기억도 없고, 가족도 알아보지 못하고, 성경의 같은 곳을 부서진 레코드판처럼 몇 번이고 몇 번이고 읽어 버리곤 했던 것입니다. 그것이 인간의 육체의 연약함입니다. 그런 수치와 비방을 받는 것도 좋아—"너무 슬퍼!"라고 소리친 것은, 실로 자신의 지금의 상태를 수치라고 의식하고 있기 때문이었을 것입니다.

하지만 그 할머니가 눈물을 흘린 것은, 본디오 빌라도에게 고난을 받으신 주 예수님이 자신의 입장을 누구보다도 잘 알아주시리라 믿었기 때문입니다. 그 찬송가는 그녀에게 그것을 전해 준 것입니다. 예수님은 드디어 하늘로부터 오셔서, 아버지 집에 우리들을 맞아주시고, 영광의 관(冠)을 씌워 주십니다. 그러니까 "수치와 비방 받는 것도 좋아"인 것입니다.

주 예수님께서는, 우리가 얼굴을 들 수 없는 죄나, 사람들에게 말하고 싶지 않은 수치와 비방도, 십자가로 깨끗하게 씻어 주십니다. 그리고 무엇보다도 우리들이 마음을 아파하고 있는 것들, 그리고 그 마음을 "나는 알고 있다.", 너의 사람에게 배신당한 슬픔과 아픔도, 사랑하는 사람을 잃어버리는 원통함도 "나는 알고 있다.", 그러니까 "너희는 안심하고 그 무거운 짐을 내게 맡기고, 너희에게 주어진 하나님의 생명으로 건강하게 살아라. 너희가 살아가기 위해서 나는 내 목숨을 내던지고, 죽음으로써 하나님의 구원의 계획을 '완수'했다."고 말씀하고 계십니다.

그러니까 우리들은 한 없이 십자가를 사모합니다.

이 십자가에 우리의 죄를 사하고, 수치를 떨쳐버리고, 슬픔을 위로하는 모든 은혜가 있습니다. 우리들의 죄가 예수님을 십자가에 달리시게 했습니다. 그러나 그런 우리들을 용서하시고, 우리들의 구원을 완수해주신 예수님의 사랑이 십자가로부터 흘러나오고 있는 것입니다.

기도

은혜가 풍성하신 하나님 아버지! 저의 죄가 하나님의 아들 예수 그리스도로 하여금 고난을 받게 했습니다. 그러나 그 이상으로, 십자가에는 불쌍한 죄인인 저를 불쌍히 여기시는 은혜와, 구원하시고자 하는 주님의 사랑이 넘치고 있음을 알았습니다.

십자가는, 우리들이 그리스도를 죽게 한 것이 아니라, 우리들을 구원하시기 위한 주님께서 행하신 구원의 대속임을 알았습니다.

주여! 그것을 기점으로 해서, 그것을 원동력으로 해서 살아가도록 하겠습니다. 이미 저의 인생의 출발점은 저에게는 없습니다. 주님의 사랑 안에 있습니다. 예수님! 주님의 십자가에 모두 걸려 있는 우리들의 죄를 용서하여 주시고, 수치를 떨쳐버리고, 슬픔과 상처를 치료하여 주옵소서.

예수 그리스도의 이름으로 기도드립니다. 아멘.

11. 부활의 그리스도를 믿사오며

> "그러나 이제 그리스도께서 죽은 자 가운데서 다시 살아나사 잠자는 자들의 첫 열매가 되셨도다" (고린도전서 15장 20절)

십자가에서의 사건은, 아리마대 요셉이 예수님의 시체를 내줄 것을 총독 빌라도에게 부탁하는 것으로 전개됩니다. "시체를 가져다가 깨끗한 세마포로 싸서 바위 속에 판 자기 새 무덤에 넣어 두고 큰 돌을 굴려 무덤 문에 놓고 가니"(마 27:59-60)라고 했습니다. 예수님의 시체는 무덤에 장사되었습니다.

「죽으시고 장사한지」

십자가 사건이 어둠, 놀람, 불안, 의혹, 혼란이었다면, 그 사건은 "죽음, 그리고 장사되다"로 막을 내렸습니다. 이제 남은 것은 절망과 슬픔뿐입니다.

"안식일이 다 지나고 안식 후 첫 날이 되려는 새벽에 막달라 마리아와 다른 마리아가 무덤을 보려고 갔더니"(마 28:1).

여기서 "보려고"라는 말은 단순히 보러 온 것이 아니라 '꼼짝하지 않고 쳐다보다'라는 강한 의미가 있습니다.

여자들은 예수님의 장사된 무덤을 꼼짝하지 않고 쳐다보고 있었습니다. 그녀들은, 아리마대 요셉이 예수님의 시체를 무덤에 넣어 두었을 때에도, 그것을 꼼짝하지 않고 지켜보았습니다. "거기 막달라 마리아와 다른 마리아가 무덤을 향하여 앉았더라"(마 27:61).

안식 후 첫 날이 되려는 새벽에, 예수님의 무덤을 꼼짝하지 않고 쳐다보고 있었습니다. 무언가를 하려고도 하지 않고 무덤을 향하여 꼼짝하지 않고 바라보고만 앉아 있던 두 여자는, 사랑하는 이의 죽음으로 인한 슬픔 때문에 마음이 상해서 아무것도 손에 잡히지 않는 모습이라고 할 수 있겠지요. 이 중 한 여자인 또 다른 '마리아'는 예수님의 어머니 마리아라는 설(說)이 있습니다. 사랑하는 아들의 죽음, 비명의 죽음을 한탄해 하며 슬퍼하는 어머니의 모습이 여기에 있습니다.

실로 상징적이지 않습니까? 여자들은 무덤을 뚫어져라 쳐다봅니다. 마리아라는 이름의 두 여인이 무덤을 향해 가서 시체에 향료를 바르고 깨끗한 세마포로 다시 감싼다고 해도, 그 이상은 아무것도 아니고, 예수님을 추도하는 마음만이 더욱 깊어질 뿐입니다. 그것이 끝나면, 또 한 동안 꼼짝하지 않고 바라볼 뿐인 것입니다.

인생은 무덤에서 끝납니다. 그리고 주위의 사랑하는 사람들은, 죽은 사람을 그리워하면서 무덤을 바라봅니다. 그러나 결국, 무덤을 쳐다보는 것 외에는 아무 일도 일어나지 않습니다. 우리 역시, 그렇게 해서 인생의 여러 가지 벌어지는 사건들에 의해 좌절하고, 절망하고, 포기하고, 결국은 무덤을 쳐다보고 있는 것입니다.

사도신경에는 「음부(陰府)에 내려가다」라고 기록되어 있습니다. '음부'라는 것은 죽음의 세계, 죽은 자의 세계입니다. 원어로는 '하데스(하데스)'로, 이것은 또 다른 헬라어인 '게헨나'와는 다릅니다. '게헨나'는 마태복음 5장 22절에 나오는 "지옥 불에 들어가게 되리라"에서 '지옥'을 가리키고 있습니다.

사람은 모두 죽습니다. 음부의 세계로 내려갑니다. 그 후, 하나님의 심판에 의해 영원한 형벌을 받는 자는, 마태복음 25장 41절의 표현을 빌리면 "저주를 받은 자들아 나를 떠나 마귀와 그 사자들을 위하여 예비된 영원한 불에 들어가라" 하는 그 세계, 즉 '게헨나'(지옥)로 떨어집니다. 예수님께서 내려가신 곳이 '하데스', 죽음의 세계, 음부의 세계입니다.

사도신경의 거의 대부분은 「음부로 내려가다」라는 구절에 괄호가 붙여 있는데, 왜 그럴까요? 그것은 최초로 발견된 고(古)로마 신조에는 없기 때문입니다. 그 후, 325년의 니케아 신조에도 나오지 않습니다. 니케아 신조에는 이렇게 쓰여 있습니다.

「본디오 빌라도에게 고난을 받으시고, 십자가에 달려 돌아가시고, 장사한 지 성경에 있는 그대로 사흘 만에 부활하시고……」

390년경의 아크이레이아 신조에 「음부로 내려가다」라는 구절이 들어가고, 그 후 삼위일체의 하나님이라는 교리를 결정하게 된 아타나시우스 신조(450년)에도 「음부로 내려가다」가 들어 있습니다. 아마도 당시의 이단이 "그리스도는, 그 몸은 인간일지라도 영혼은 하나님이고, 참 의미로는 인간이 아니었다. 그렇기 때문에 죽음을 경험했다고는 말할 수 없다."라고 가르쳤기 때문일 것입니다. 교회는 그 이단 들과 싸웠기 때문에 「음부로 내려가다」, 즉 사람으로서 죽음의 세계에 내려가셨다는 것을 명확히 하고자 기록한 것이라고 알려지고 있습니다.

최초의 사도신경에는 없었을지 모르지만, 「음부로 내려가다」라는 한 마디는, 초대교회의 신앙에 있어서 중요한 고백이었습니다. 그리스도 자신이 죽음의 세계에 내려가시고, 죽은 자 가운데서 다시 살아나셨다는 것은, 죽음의 세계의 내부로부터 죽음을 멸하셨다고 하는 것입니다. 그것은 사도 바울이 강조하는 것이기도 합니다.

「죽은 자 가운데서 다시 살아나시며」

"그리스도께서 죽은 자 가운데서 다시 살아나사 잠자는 자들의 첫 열매가 되셨도다"(고전 15:20).

그리스도는 십자가 위에서 자신의 목숨을 버리시고, 죄에 대한 심판을 받으시고, 죄를 사하시기 위해 대속함(우리들의 죄를 대신 지심)을 이루어 주셨습니다. 그리고 죽은 자의 세계에 내려가시고, 스스로 죽은 자가 되시고, 그리고 「삼일 후에」 그 죽음의 세계로부터 다시 살아나셨습니다.

그리스도께서 '하데스(陰府 음부)'에 내려가신 것은, "맨 나중에 멸망 받을 원수는 사망이니라"(고전 15:26) 하신 것처럼 죽음을 멸망시키시기 위해서라고 바울은 말합니다. 그리스도께서 죽으심으로 인해 우리들의 죄에 대한 보상을 전부 지불하신 것만이 아니라, 죽음의 세계로부터 부활하심으로 인해, 죽음의 가시를 전부 마셔버리셨다는 것입니다.

"사망아 너의 승리가 어디 있느냐 사망아 네가 쏘는 것이 어디 있느냐"(고전 15:55).

어느 날, 아버지와 딸이 시골길에서 차를 몰고 있었습니다. 더운 여름날이어서, 창문을 열어 바람이 들어오게 하였습니다. 달리는 중에 갑자기 큰 말벌이 차 안으로 날아들어 와서, 그들은 깜짝 놀라 패닉(panic; 공황) 상태가 됩니다. 딸아이는 벌 독에 극도로 알레르기가 있어서, 물렸다 하면 호흡곤란에 빠져 의식을 잃고 맙니다. 그래서 벌을 쫓으려고 소리를 지르고 난리를 치니, 말 그대로 차 안은 패닉 상태가 되었습니다.

아버지는 급브레이크를 밟고 차를 세우고서, 딸아이를 안고는 날뛰는 손을 가만히 붙잡고서 맨손을 뻗어 그 벌을 잡았습니다. 그때 벌이 예리한 침으로 아버지의 손을 쏘았습니다. 그러나 아픔을 참고 아버지는 창밖으로 그 벌을 쫓아냈습니다. 여자아이는 울고불고, 좀처럼 울음을 멈추지를 못했지만 아버지는 인자하게 딸아이를 팔에 껴안고 말했습니다.

"괜찮아. 벌의 가시는 아버지가 빼앗아 버렸으니까."

바울이 이야기하고 싶었던 것은 이런 것이겠지요.

죽음의 가시는 어디에 있는 것입니까? 요컨대, 죽음이라는 현실은 없어지지 않았습니다. 바로 거기에 있습니다. 우리에게도 덮쳐옵니다. 그러나 주님께서는 자신의 죽음을 통해 죽음의 가시를 빼앗고, 그 능력을 가지고 죽음의 현실을 뒤집어 주셨습니다. 우리들이 믿고 있는 것은, 그 예수 그리스도이십니다.

"나는 부활이요 생명이니 나를 믿는 자는 죽어도 살겠고"(요 11:25)라고 말씀하시는 예수 그리스도를 믿는 것입니다.

부활의 주님과 만나는

그리스도는 죽음을 이기고 부활하신 것만이 아닙니다. 부활의 주님은 우리와 만나 주십니다. 성경 가운데에는 반복해서 주님께서 제자들과 만나시는 사건이 기록되어 있습니다. 그것은 확실히 부활하셨다는 것을 역사적으로 증명하는 의미도 있겠지요.

하지만 그것만이 아닙니다. 부활의 주님은 지금도 살아계시고, 우리에게 말씀해 주십니다. 어루만져 주십니다. 인도해 주십니다. 함께 계셔 주십니다―이것이야말로 그리스도의 부활하심을 고백하는 큰 의미일 것입니다.

무덤 가운데서 울고 있는 마리아에게, 주님은 "마리아야"(요 20:16) 하고 부르셨습니다. 부활이라는 것은 내 눈으로 보지 않는 한 믿지 않는다고 말했던 도마에게 "네 손가락을 이리 내밀어 내 손을 보고 네 손을 내밀어 내 옆구리에 넣어 보라 그리하여 믿음 없는 자가 되지 말고 믿는 자가 되라"(요 20:27)고 말씀하셨습니다. 엠마오로 가는 길에서, 어두운 얼굴로 절망하여 걷고 있는 두 사람의 제자 앞에 나타나시어, 그들을 위해 성경을 풀어 설명해주시고, 함께 식사를 하셨습니다(눅 24:13이하). 예수님을 모른다고 부인하며 멀찍이 떨어져 있던 베드로에게 "요한의 아들 시몬아 네가 이 사람들보다 나를 더 사랑하느냐 하시니 이르되 주님 그러하나이다 내가 주님을 사랑하는 줄 주님께서 아시나이다 이르시되 내 어린 양을 먹이라 하시고"(요

21:15)라고 새로운 명령을 주셨습니다. 그리고 얼마 후, 기독교인과 교회를 박해하기 위해 집념을 불사르던 바울에게 나타나시어 "사울아 사울아 네가 어찌하여 나를 박해하느냐 가시채를 뒷발질하기가 네게 고생이니라"(행 26:14)라고 인자하게 말씀하셨습니다.

우리들은 무덤에 처박혀서 어둠 속에 누워 있습니다. 마리아는 슬픔이라는 어둠이었습니다. 도마는 실망과 의심이라는 어둠이었습니다. 베드로는 주님을 배신했다는 좌절의 어둠이었습니다. 그 한 사람 한 사람을 부활의 주님은 만나주셨습니다. "나다, 나다"라고 하시며 만나주시는 주님은 십자가의 주님이십니다. 괴로움과 슬픔을 넘어 오신 예수님이십니다.

이것이 우리의 희망입니다. 신앙인은 끝나는 날에도 죽음을 넘어 부활하신 몸을 받고, 하나님의 나라를 상속받는 것만이 아닙니다. 우리들은 이 땅서도 몇 번이고 넘어지고, 무덤에 억지로 밀어 넣어집니다. 그러나 주님은 무덤 속에 갇혀 누워있는 우리들을 만나 주십니다. 그 부활의 주님은 나를 사랑하시고, 나를 위해 자신의 목숨을 버리신 (갈 2:20) 십자가의 주님이십니다.

센다이(仙台)시 해변가에 씨사이드 바이블 채플(Seaside Bible Chapel)이라는 교회가 있었습니다. 2011년 3월 11일, 동일본대지진의 쓰나미로 목사관 겸 교회당이 쓸려가 버렸습니다. 쓸려나간 교회의 터에 십자가 부분은 없어졌지만, 십자가의 탑만이 비스듬히 기울어진 채 남아 있었습니다. 이 교회의 나이토 도모히로(內藤智裕) 목사는 그의 블로그에다 이렇게 올렸습니다.

"4월 5일, 간사이(關西) 방면에서 오신 한국의 목사님을 포함한 남성 열 분의 힘으로 십자가 탑을 다시 바로 세웠습니다. 십자가는 제가 전날, 직접 만든 것을 맞추어 세웠습니다. … 지금부터 이 십자가 탑이 크리스천은 물론, 지역복구의 희망의 빛이 되기를 바랍니다."[1]

괴로움과 슬픔 가운데 있는 사람들을 만나 주시는 분이 십자가의 주님이십니다. 십자가의 주님이 재난을 당한 많은 분들을 부르시고, 말씀해 주시고, 위로해 주시고, 격려와 빛을 주십니다. 그것이 우리의 신앙고백입니다. 주님은 실망과 의심과 슬픔으로 누워 있는 우리들을 어루만져 주십니다. 그리고 희망으로 인도해 주십니다.

기도

은혜가 풍성하신 하나님 아버지! 우리 인간을 궁극적으로 삼켜버리는 압도적으로 무서운 힘이 죽음입니다. 우리들은 살아가기 위해 태어났습니다. 그럼에도 불구하고 주님을 등지고, 죽음으로 인해 모든 것을 잃어버리게 된 우리를 살리시기 위해, 예수 그리스도께서 음부에 내려가시고, 그 죽음의 가시를 제거해 주신 것을 감사드립니다.

지금 저희는, 부활의 주님을 믿고 걷고 있습니다. 만약 인생의 마지막을 맞이하고 있다면, 천국에 대한 희망으로 더욱 살려 주시고, 만약 인생의 좌절과 괴로움이라는 무덤에 처박혀 있다면, 저희와 만나주십시오. 그리고 강한 모습을 보여 주시는 것만이 아니고, 저희를 사랑해 주시고, 저희를 위해서 십자가에 달려 돌아가신 주님의 자애로우심과 사랑을 보여 주시옵소서. 저희 인생의 무거운 무덤의 돌을 없애 주시고, 희망의 빛을 보여주시고, 격려해 주시옵소서.

예수 그리스도의 이름으로 기도합니다. 아멘.

12. 하늘에 오르사 전능하신 하나님 우편에 앉아계신 그리스도를 믿사오며

"믿음의 주요 또 온전하게 하시는 이인 예수를 바라보자 그는 그 앞에 있는 기쁨을 위하여 십자가를 참으사 부끄러움을 개의치 아니하시더니 하나님 보좌 우편에 앉으셨느니라"(히브리서 12장 2절)

「하늘에 오르사」

부활하신 그리스도는 감람원이라 하는 산에서 제자들이 보고 있던 중에 하늘로 올라가셨습니다(누가복음 24장, 사도행전 1장). 하늘로 올라가셨다는 것은, 하나님 아버지 계신 곳으로 돌아가셨다는 것입니다. 주님은 이 지상의 여러 가지 제약을 벗어 버리시고 하늘에 오르시고, 하나님의 영광의 세계로 돌아가셨습니다.

그러나 그것이 의미하는 것은 이뿐만이 아닙니다. 십자가에 달리시고, 부활하신 주님은 지금도 살아계시고, 지금도 우리들을 보고 계시고, 말씀해 주시고, 지켜주시는 '살아계신 주님'이시라는 신앙이 이 고백에 들어가 있는 것입니다.

기독교의 특징은 예수 그리스도께서—진리의 경전(經典)과 수많은 위업을 남기시고 사라진 과거의 사람이 아니고—부활하사 하늘에 오르시고, 지금도 살아계시는 분이라는 것에 있습니다. 그것이 경전종교(經典宗敎)와 크게 다른 부분입니다. 우리들이 하늘에 오르신 주 예수님을 '살아계신 주님'이라고 고백하는 것은, 히브리서의 기자의 표현으로, "이 분으로부터 눈을 떼지 마라"라는 것입니다.

신앙이라는 것을, 스즈키 마사히사(鈴木正久) 목사는 다음과 같이 알기 쉽게 설명했습니다.

"그리스도는 힘이 센 하나님의 은혜의 비행기입니다. 저를 주님의 나라로, 주님의 복이 있는 곳으로 데리고 옮겨 갈 수 있는 힘을 가지고 있습니다. 신앙이라는 것은 이 비행기에 어쨌든 타는 것입니다. 나의 몸이 무겁다거나 가볍다거나, 어쨌든 '나', '나'라고 여기에서 말하고 있는 것은 우스꽝스럽습니다만, 대개 체중이 가볍다고 해서 하늘을 나는 것이 절대로 아닙니다. 하나님의 아들로서 살아간다는 훌륭한 생활은, 하늘을 나는 것과 동일한 것입니다. 처음부터 '나'에게 '할 수 있다', '할 수 없다'를 넘는 문제입니다."[1]

신앙이 아무리 작아도, 아무리 어리석고 약한 존재일지라도, 일단 그리스도를 믿었다면, 요컨대 영원의 나라로 데리고 갈 수 있는 비행기에 타게 되었다면, 눈에 보이는 현실에 일희일비(一喜一悲) 하지 않는 것입니다. 이 비행기에 자신이 지금 타고 있다는 증거가 바로 사도신경을 고백하는 것입니다. 사도신경을 고백하는 사이에 자신의 존재가 무겁거나 가벼워도, 예수 그리스도께서는 틀림없이 우리를 천국으로 데리고 가시는, 즉 우리의 신앙을 완성으로 데리고 가고 인도해 주실 것을 믿는 것입니다.

왜냐하면 하늘에 오르신 주님은 "내가 너희에게 분부한 모든 것을 가르쳐 지키게 하라 볼지어다 내가 세상 끝날까지 너희와 항상 함께 있으리라 하시니라"(마 28:20)라고 격려해주시고 있기 때문입니다. "내 안에 거하라 나도 너희 안에 거하리라"(요 15:4)라고 격려해 주십니다. 이 분은 압도적인 힘으로 우리들을 위로 위로 끌어올리시고, 이 작은 신앙을 완성시켜 주십니다.

「하나님 우편에 앉아 계시다가」

카테드랄(cathēdrale: 천주교 대성당)이라는 이름이 붙은 가톨릭 교회(성당: 聖堂)가 있습니다. 일본에서는 대성당(大聖堂)이라고 번역되는 경우가 많습니다. 확실히 큰 교회입니다. 하나의 지역에 몇 개가 있는 것이 아닙니다. 어느 마을, 어느 지방에나 카테드랄은 하나입니다. 그것은 그 지방을 관할하는 사교(司敎)의 감독교회가 카테드랄로 불리기 때문입니다.

요코하마에 있는 야마테(山手) 가톨릭교회는 카테드랄교회입니다. 이 카테드랄의 정식번역은, 〈사교좌성당(司敎座聖堂); 주교좌성당(主敎座聖堂)〉입니다. 카테드랄이라는 단어는 의자를 의미합니다. 즉 〈사교(司敎)가 앉는 교회 의자가 있는〉 카테드랄교회가 되는 것입니다.

이 말은, 사도신경의 「하나님 우편에 앉아 계시다」에서 「앉아 계시다」의 의미를 매우 잘 표현해주고 있습니다. 예를 들면 '왕좌에 앉다'라고 하는 표현이 있듯이, 「앉아 계시다」는 것에는 특별한 의미가 있습니다. 이사야 6장 1절에는 그 독특한 맛이 잘 표현되어 있습니다.

"웃시야 왕이 죽던 해에, 내(이사야)가 본즉 주께서 높이 들린 보좌
에 앉으셨는데."

웃시야 왕은 유다 왕국의 역사 가운데 위대한 업적을 남겼습니다.
군사력의 강화, 경제의 발전, 그 안정된 치세는 무려 52년간 계속됩니
다. 부국강병책으로 나라를 발전시키고, 그 기세는 성전을 세우고 강
대한 나라를 만든 솔로몬 왕의 시대를 방불할 정도였습니다.

그런 그가 52년의 치세의 막을 내리고, 유다 왕국은 그 위대한 지
도자를 잃은 해에, 나라는 크게 흔들렸습니다. 아마도, 왕궁에 있던
예언자 이사야 정도가 사태의 심각함을 충격과 함께 느끼고 있었고,
그 외의 사람은 아무도 없었지요.

그렇지만 그 해, 이사야는 하나님의 환상을 봅니다. 하나님은, 웃시
야가 죽은 것으로 인해 허둥지둥하지는 않았습니다. 변함없이 보좌에
'앉아 계시고' 있었습니다. 모든 것을 지배하시고 계시는 분은, 크게
흔들리는 해에도, 그 보좌에 그대로 앉아 계셨습니다. 절대적인 권위
를 쥐고 계시는 그 하나님의 모습을 이사야는 보았습니다.

그리스도는 하나님 계신 곳으로 올라가시고, 지상에 내려오시기
전에 있었던 절대적인 권위의 의자에 다시 앉아 계십니다. 조금 전의
카테드랄은, 주님께서 지상으로부터 하늘로 올라가셨을 때 지상에 남
겨진 권위의 자리─〈사교좌(司敎座); 주교좌(主敎座)〉, 즉 사교(司
敎)의 의자에 그리스도의 대리자로서 사교가 앉아 있는 것입니다.

그런데 하나님 우편에 앉아 계신 그리스도께서는 우리에게 어떤
권위를 휘두르는 것일까요? 우리를 심판하시는 것일까, 우리의 어리
석음을 규탄하는 것일까. 그 권위의 무서움을 상상하고 있습니다.

"믿음의 주요 또 온전하게 하시는 이인 예수를 바라보자 그는 그

앞에 있는 기쁨을 위하여 십자가를 참으사 부끄러움을 개의치 아니하시더니 하나님 보좌 우편에 앉으셨느니라"(히 12:2).

확실히 「하나님 보좌 우편」이라는 것은 권위의 상징입니다. 그러나 히브리서의 내용이 가장 강조하고 있는 것은 권위자로서의 그리스도가 아니라, "그러므로 우리에게 큰 대제사장이 계시니 승천하신 이 곧 하나님의 아들 예수시라 우리가 믿는 도리를 굳게 잡을지어다"(히 4:14)의 큰 대제사장으로서의 그리스도이십니다. 큰 대제사장은 언제나 백성 편에 서 있습니다. 백성들의 죄를 사함받기 위해서, 백성들을 대신해서 희생을 바치고, 무거운 죄를 지고 있는 백성들을 위해 하나님께 용서를 구합니다.

히브리서는 그리스도의 십자가가 이제까지의 구약성경의 죄의 대속(代贖)을 완성시켜, '단 한 번', 이 십자가의 '단 한 번'의 희생으로, 우리의 죄를 사하여 주시고, 씻으시고, 거룩하게 하시고, 우리로 하여금 담대하게 하나님의 은혜의 자리로 나아가 복을 받을 수가 있게 되었다는 이 은혜를 강조하고 있는 서신입니다.

구약성경에서는, 대제사장이 우리의 죄를 사하기 위해, 몸 대신에 동물을 잡아, 그 피를 성전 안쪽에 있는 지성소(至聖所)에서 하나님 앞에 붓습니다. 그것이 매년, 연이어 반복됩니다. 그러나 그리스도께서는 '단 한 번'의 십자가로 이 죄 사함의 의식(儀式)을 완성시키셨습니다.

"그리스도께서는 장래 좋은 일의 대제사장으로 오사 손으로 짓지 아니한 것 곧 이 창조에 속하지 아니한 더 크고 온전한 장막으로 말미암아 염소와 송아지의 피로 하지 아니하고 오직 자기의 피로 영원한 속죄를 이루사 단번에 성소에 들어가셨느니라"(히 9:11-12).

우리의 죄를 위해서, 하나님의 아들이 대제사장이 되시어, 동물의 피가 아닌 자신의 십자가의 피로써, 죄를 대신 지시는 대속을 완수하여 주셨습니다. 그리고 그리스도께서는 하늘로 올라가셨습니다.

"그리스도께서는 참 것의 그림자인 손으로 만든 성소에 들어가지 아니하시고 바로 그 하늘에 들어가사 이제 우리를 위하여 하나님 앞에 나타나시고"(히 9:24).

여기에 "이제"라고 했습니다.

요컨대, 하늘에 오르신 그리스도께서는 지금도 아직, 십자가라는 '단 한 번'의 희생에 의해, 그 대속의 흘리신 피로 우리들을 하나님과 화목하게 하시기 위해 중재하고 계십니다. 그리스도는 하나님 우편에 앉으신 지금도, 대제사장으로서 하나님 아버지 앞에, 우리의 일을 중재하고 계십니다.

우리들을 위해서 일어서 계시는

앉아계신 주 예수님의 서 계신 모습을 본 사람이 있습니다. 스데반입니다. 그는 예루살렘 공회 앞에서, 당시의 종교가들에게 잘못했다고 비는 것이 아니라, 당신들이 십자가에 매달아 죽인 예수님은 하나님께서 보내주신 구세주였다고 주장했습니다.

마음에 찔린 사람들은 이를 갈고, 화가 머리끝까지 난 그들은 격노했습니다. 그 때 스데반이 성령이 충만하여 "하늘을 우러러 주목하여 하나님의 영광과 및 예수께서 하나님 우편에 서신 것"을 보았습니다(행 7:55).

법정에 가면, 재판관은 앉아 있습니다. 그것이 재판을 하는 권위의 표시입니다. 재판관이 서는 때가 있다면, 입정할 때와 퇴정할 때뿐입니다. 심의(審議)하는 동안, 재판관은 앉아 있습니다. 서는 것이 허락되어 있는 사람은, 고발하는 검사와 변호인입니다.

지상의 법정이 스데반을 사형시키고자 했을 때, 하늘의 법정에서 그리스도께서는 일어서 계셨습니다. 그리스도께서 일어서 계셨다는 것은 그를 돕기 위해, 그를 변호하기 위해서였습니다. 변호해주시는 분은 우리의 약함을 잘 아십니다.

"우리에게 있는 대제사장은 우리 연약함을 동정하지 못하실 이가 아니요 모든 일에 우리와 똑같이 시험을 받으신 이로되 죄는 없으시니라"(히 4:15).

하나님 우편에 앉아 계시다가, 나를 변호하시려고 일어서 계신 그리스도는 시험을 받으신 대제사장이십니다.

시험을 받으셨지만 죄는 없으신 분이 우리들을 정말로 동정해 주실까, 이렇게 생각하는 분도 있을지 모르겠습니다.

그러나 C. S. 루이스는 『그리스도교의 진수』에서 다음과 같이 말하고 있습니다.

"선량한 인간은 유혹이 무엇인지를 모른다고 말하고 있지만, 이처럼 우습고 바보 같은 이야기는 없다. 그런 이야기는 새빨간 거짓말이다. 유혹에 저항하고자 노력했던 사람만이, 그 유혹이 얼마나 강력한 것인가를 알고 있는 것이다. 독일군의 강함은, 이것과 싸워보고 나서야 알게 되기 때문에 처음부터 항복해서는 알 리가 없는 것이다. 폭풍의 강함은, 그것을 향해 걸어 보고 나서야 알기 때문에 잠자코 있어서는 모른다. 유혹을 받고 나서 5분 만에 진 사람은, 1시간 후에는 어떤 일이 일어나게 될지 알려고도 하지 않는다. 악인들이, 어떤 의미에

서, 악에 대해서 잘 모르는 것은 그 때문이다. 그들은 언제나, 처음부
터 악에게 항복해버리기 때문에, 악의 공격으로부터 방어하며 살아온
우리들은, 자기 안에 있는 악의 충동을, 이것과 싸워보지 않고는 결코
알 수가 없다."[2]

그리스도는 악에 굴복하지 않았던 단 한 사람의 인간이기 때문에,
그는 또 유혹의 힘을 완전히 알고 있는 유일한 인간—즉 유일한 완전
한 사실주의자(寫實主義者; realist)이다. 주 예수께서 시험을 받으신
사실은 유혹에 승리하셨다는 것만이 아니고, 그 유혹의 강함을 가장
잘 알고 있다는 것이기도 합니다. 그러니까 히브리서 4장 15절에 "우
리 연약함을 동정하지 못하실 이가 아니요"라고 한 것입니다. 주 예수
님은 우리들의 약함을 아시기 때문에, 우리들을 도와주고 계십니다.
동정 없이 도우시는 것이 아닙니다. 우리들이 때로 져 버리는 일도,
기가 꺾여 버리는 일도, 두려워하고 있는 일도 다 아시기 때문에 돕는
손을 펴 주시는 분이 예수 그리스도이십니다.

19세기 영국에, 모네〔Monet, Claude; 프랑스의 화가, 1840-1926.
빛과 색의 외광(外光) 묘사에 특징적인 화풍을 창출함〕에게 영향을
주었다고 하는 죠셉 타나라는 풍경화가가 있습니다. 바다와 폭풍, 자
연에 얽힌 테마를 많이 묘사하였습니다. 그 중에 폭풍우에 소용돌이
치는 바다를 묘사한 작품이 있는데, 그 작품에는 이런 이야기가 남아
있습니다. 그는 그 작품을 그리기 위해, 바람이 보다 많은 네덜란드
해안으로 건너가 그 곳에 사는 어부에게 부탁을 했습니다.
"다음에 바다의 파도가 거칠어 질 때, 배를 내어 주면 좋겠습니다."
그래서 파도가 심하게 거칠어 진 날 바다로 나갑니다. 타나는 선원

에게 자신을 돛대에 꽉 묶어 달라고 부탁합니다. 배 위의 조금 높은 곳에서, 그 높이를 넘어 덮쳐오는 파도, 요동하는 배, 거센 바람, 그것을 전신으로 받습니다. 큰 파도가 얼굴을 때립니다. 숨을 쉬기조차도 어렵습니다. 배 전체가 큰 파도에 삼켜질 듯이 흔들립니다. 그렇게 4시간 동안이나 계속되었습니다. 죠셉 타나는 그 경험을 통해서 비로소 거센 폭풍우의 바다 그림을 그렸다는 것입니다.

우리의 구주는 우리와 같은 인간이 되신 것만이 아니라, 우리들이 겪어 보지 못한 시련, 모욕, 유혹, 괴로움을 그 몸으로 다 받으시고, 십자가를 넘어서 하늘에 올라가셨습니다. 이 분은 우리를 동정하실 수 있고, 그렇기 때문에 우리를 도우실 수 있는 분이십니다.

"그가 시험을 받아 고난을 당하셨은즉 시험받는 자들을 능히 도우실 수 있느니라"(히 2:18).

히브리서에서 일관되게 강조하고 있는 것은, 하나님 우편에 앉아 계시는 대제사장 그리스도께서는 우리의 아픔을 아시고, 우리를 하나님 아버지 앞에서 변호해 주신다는 것입니다.

기도

은혜가 풍성하신 하나님 아버지! 주님의 아들 예수 그리스도께서는, 2천 년 전에 제자들에게 말씀해 주시고, 함께 걸어 주셨습니다. 함께 걸었던 제자들은, 지상에 있어서는 주님의 가르침 가운데에 살고, 지상의 여러 가지 무거운 짐에도, 또 인간관계에도, 축복에도 속박되지 않고, 오로지 하늘에 오르신 주님만을 우러러보면서, 주님의 손에 이끌려 하나님나라로, 영원한 복된 세계로 올라갔습니다.

지상에서의 문제가 우리의 마음을 속박할 때, 지상의 권력이 우리를 규탄할 때, 지상의 유혹이 우리의 영혼을 붙들려 할 때, 이 「하늘에 오르사 전능하신 하나님 우편에 앉아 계신 그리스도를 믿사옵니다」라는 신앙고백에 의해, 우리를 그 속박으로부터 해방시켜 주옵소서.

예수 그리스도의 이름으로 기도 드립니다. 아멘.

13. 다시 오실 재림의 그리스도를 믿사오며

"생각하건대 현재의 고난은 장차 우리에게 나타날 영광과 비교할 수 없도다 피조물이 고대하는 바는 하나님의 아들들이 나타나는 것이니 피조물이 허무한 데 굴복하는 것은 자기 뜻이 아니요 오직 굴복하게 하시는 이로 말미암음이라 그 바라는 것은 피조물도 썩어짐의 종노릇 한 데서 해방되어 하나님의 자녀들의 영광의 자유에 이르는 것이니라 피조물이 다 이제까지 함께 탄식하며 함께 고통을 겪고 있는 것을 우리가 아느니라 그뿐 아니라 또한 우리 곧 성령의 처음 익은 열매를 받은 우리까지도 속으로 탄식하여 양자될 것 곧 우리 몸의 속량을 기다리느니라 우리가 소망으로 구원을 얻었으매 보이는 소망이 소망이 아니니 보는 것을 누가 바라리요" (로마서 8장 18–24절)

이번 장에서는 예수 그리스도께서 「저리로서 산 자와 죽은 자를 심판하러 오시리라」라는 사도신경을 고백하는 것부터 시작하여, '재림의 그리스도'를 살펴보겠습니다.

재림에 관한 신약성경의 구절을 전부 합하면, 신약성경 전체의 13분의 1정도에 이른다고 합니다. 「죽으시고 부활하신 그리스도께서 다시 오시리라」라고 하는 것은 그리스도교의 대단히 중요한 신학입니다. 신앙인이라면 확신하고 있는 것만이 아니라 그리스도께서 이 지상에 다시 오시리라는 진리를 현실적으로도 좀 더 깊이 받아들여야 할 것입니다.

끙끙대는 삶의

우리들이 살아가고 있는 이 고난의 세계를, 바울은 로마서 8장에서 이렇게 묘사하고 있습니다.

"생각하건대 현재의 고난은 장차 우리에게 나타날 영광과 비교할 수 없도다"(18절).

이 구절이 여러 가지로 번역되고 있는 것은, 원어로 '고난'이란 단어가 복수로 되어 있기 때문입니다. 매우 적당한 번역이 아닐까요? 요컨대, 우리들이 맛보고 느끼는 고난은 너무 다방면에 걸쳐 있고, 하나하나에 셀 수 있는 틈이 없을 정도로 많기 때문입니다.

도대체 얼마나 많은 병이 있는 것인가요. 얼마나 많은 종류의 범죄, 그리고 그 피해가 있는 것인가요. 가족 간의 사이가 틀어짐으로부터, 나라와 나라 사이의 분쟁에 이르기까지, 다양한 고난을 우리들은 만들어 내고, 그리고 또 그것들에게 휘말려 살아가고 있습니다. 거기에 존재하고 있는 '고난'은, 실로 '여러 가지'입니다.

또한 바울은, 인간이 맛보고 겪는 고난에 더해서, 22절에서 '피조물 전체의 끙끙대는 신음소리'를 말합니다.

"피조물이 다 이제까지 함께 고통을 겪고 있는 것을 우리가 아느니라."

바울은 피조물의 신음소리를 21절에서는 "썩어짐의 종 노릇", 20절에서는 "허무한 데 굴복하는 것"으로 표현하고 있습니다. 물론 성경은 피조물, 자연계의 멋진 것도 이야기합니다.

"해와 달아 그를 찬양하며 밝은 별들아 다 그를 찬양할지어다"(시 148:3).

여기에서 하나님을 찬미하고 있는 것은, 우주 천체만이 아닙니다. 짐승이나 새도, 산들이나 구름도, 가축과 바다의 살아있는 생물도, 남녀노소도, 요컨대 모든 피조물이 하나님을 찬미합니다.

그러나 바울은, 이 로마서 8장에서, 아름다운 피조물 전체가 끙끙대는 신음소리를 내고 있다고 가르칩니다. 우리들도 그것을 보았습니다.

지난 3.11동일본대지진의 피해의 모습은, 영상을 보고 있는 것만으로도, 그 공포와 두려움에 눈을 뺏겨버립니다. 큰 흔들림이 있고 난 후에, 조금 지나자 쓰나미가 육지를 덮쳐 옵니다. 그 쓰나미는 해안에 가까이 다가오면서 가속도가 붙어 거대한 제방을 넘어, 마침내 육지에 이를 때에는 거무칙칙한 색으로 바뀌어 온 마을을 전부 할퀴고, 건물이나 집은 물론 사람의 목숨도 휩쓸어 가고는 다시 시간이 조금 지나자 속도를 늘려서 바다로 되돌아가는 모습에, 우리들은 그저 어안이 벙벙해서 꼼짝달싹 못하고, 영상으로 보았어도, 누구나 그 공포와 두려움에 눈물이 흐르는 채로 있었던 것을 기억합니다. 풍요롭고 아름다운 바다가 악마와 같이 변해서 마을을 덮치고, 모든 일본인의 마음속에 이제까지 맛보지 못했던 정도의 충격을 주었습니다.

그 후, 여름에 또 기이반도〔紀伊半島; 와카야마(和歌山) 현에 있는 반도로 일본 긴키(近畿) 지방의 남부에 있는 일본 최대의 반도〕를 덮친 태풍의 피해도 막대했습니다. 누구나 다 눈으로 목격했던 자연의 맹위(猛威), 이것이 질서를 잃어버리고 허무한 데 굴복하는 대자연의 끙끙대며 신음소리를 내는 모습입니다.

성경의 가르침에 의하면, 이 피조물의 신음의 원인은 하나님이 아닙니다. 인간입니다. 천지를 창조하신 하나님께서 그 지으신 모든 것을 보시니 "보시기에 심히 좋았더라"고 했습니다.

"보시기에 심히 좋았더라"(창 1:31).

하나님께서는 에덴동산에 아담과 하와를 살게 하시고, 그곳을 경작케 하시고, 그곳을 지키도록 맡기셨습니다. 그런데 인간은 하나님께 등을 돌리고 죄를 범합니다. 여기서부터 모든 것이 이상하게 되어버렸습니다. 하나님의 탄식이 시작됩니다.

하나님은 아담과 하와에게 말씀하셨습니다.

"네가 어찌하여 이렇게 하였느냐 여자가 이르되 뱀이 나를 꾀므로 내가 먹었나이다"(창 3:13).

아담의 장남 가인이 동생 아벨을 죽였을 때, 하나님은 다시 한 번 탄식의 소리를 내십니다.

"이르시되 네가 무엇을 하였느냐 네 아우의 핏소리가 땅에서부터 내게 호소하느니라"(창 4:10).

사람의 죄로 인해, 인간의 역사에 하나님의 탄식이 얼마나 담겨 있을까요. 얼마 안 있어서, 인간은 자연계를 파괴하고, 자연계의 신음소리는 더더욱 증대해 갑니다. 핵의 평화이용 이라고 하면서, 인간은 자신의 능력으로 아무런 제어도 할 수 없는 원자핵을 조작을 하고, 결국에는 그 핵에 의해서 인간이 파괴되어 갑니다.

우리들은 자연의 맹위에 습격당할 때면, 마치 자연이 우리들을 저주하고 있는 것 같이 생각합니다. 성경의 가르침대로 행하지 않는 한, 실로 우리들의 죄가 이 자연을 이처럼 신음하게 만든다는 것을 상상도 하지 않는 것입니다. 그러나 실은, 자연계의 신음은 인간이 하나님을 거역하고, 죄를 범한 때부터 시작되고 있습니다. 사람이 하나님을 거역하고, 하나님으로부터 떠나있던 추락의 영향은 자연계에도 미쳐,

지금에 이르기까지 자연계는 끙끙대는 신음소리를 내고 있다고 사도 바울은 말하는 것입니다. 그런 의미로, 자연재해는 천재(天災)가 아니고, 근원을 따라 가 보면 인재(人災)입니다. 그러나 그렇기 때문에 소망이 있습니다.

"피조물이 고대하는 바는 하나님의 아들들이 나타나는 것이니 피조물이 허무한 데 굴복하는 것은 자기 뜻이 아니요 오직 굴복하게 하시는 이로 말미암음이라"(롬 8:19-20).

요컨대, 곧 다가올 재림의 때에 그리스도와 함께 영광의 자리에 앉는 우리들의 모습을, 이 자연도 고대하며 기다리고 있다는 것입니다. 이 20절은, 피조물에게 심판을 내리신 것은 하나님이셨고, 그 하나님께서 재림의 때에 피조물을 쇄신하여 주시고, 새롭게 창조하여 주신다는 것이 우리들의 바람이라고 가르쳐 주고 있습니다.

다시 오실 그리스도

다시 오실 그리스도라는 것은, 다시 장차 오실 그리스도가 십자가의 그리스도—십자가에서 흘리신 자신의 피로 인해, "세상 죄를 지고 가는 하나님의 어린 양"(요 1:29)이 되신 그리스도—라는 것에 큰 의미가 있습니다.

이 분은, 죄의 근원이 되는 아담의 죄를 깨끗하게 하시고, 죄의 결과인 죽음의 가시를 뽑고, 부활의 생명을 주셨던 것만이 아닙니다. 다시 오셔서, 사람의 죄의 결과인 멸망의 속박으로부터, 자연계도 해방시켜 주시고, 산고(産苦)의 고통과 괴로움을 안고 있는 피조물을 드디어 쇄신해주신다고 바울은 말합니다. 그리스도는 우리의 영혼의 구주만이 아니십니다. 모든 피조물, 천지만물의 구주이십니다.

다시 오실 때, 그리스도께서는 모든 것을 역전시킵니다. 살아있는 자와 죽은 자, 즉 이제까지 역사에 존재했던 모든 사람을 심판하실 것입니다. 예전에 예수님은, 공회에서 심판 받으시고, 총독 빌라도에게 심판 받으셨습니다. 스데반이나 바울도 그렇습니다. 나중에 로마제국의 박해를 받고, 얼마나 많은 기독교인들이 십자가에 매달렸습니까. 얼마나 많은 기독교인이 콜로세움 투기장에서, 사람들의 여흥으로써 사자에게 물려 죽었던 것인가요. 기독교인은 언제나 심판 받는 입장에 서 있었습니다. 그 원점은, 예수님이 십자가의 길을 걸어가신 것에 있습니다.

이런 박해의 거센 바람이, 우리들의 생애에 있어서는 질병의 거센 바람이 되는 것도 있지요. 가난이라는 거센 바람이 되는 일도 있지요. 그러나 다시 오실 주님은 그런 것들을 모두 역전시키실 것입니다. "예수께서 이르시되 내가 진실로 너희에게 이르노니 나와 복음을 위하여 집이나 형제나 자매나 어머니나 아버지나 자식이나 전토를 버린 자는 현세에 있어 집과 형제와 자매와 어머니와 자식과 전토를 백 배나 받되 박해를 겸하여 받고 내세에 영생을 받지 못할 자가 없느니라"(막 10:29-30).

그리스도와 복음을 위해서 목숨을 버리는 자는 영광의 관(冠)을 받고, "누구든지 너희가 그리스도에게 속한 자라 하여 물 한 그릇이라도 주면 내가 진실로 너희에게 이르노니 그가 결코 상을 잃지 않으리라"(막 9:41) 했고, "내가 주릴 때에 너희가 먹을 것을 주었고 목마를 때에 마시게 하였고 나그네 되었을 때에 영접하였고 헐벗었을 때에 옷을 입혔고 병들었을 때에 돌보았고 옥에 갇혔을 때에 와서 보았느니라 … 임금이 대답하여 이르시되 내가 진실로 너희에게 이르노니 너희가 여때에내 형제 중에 지극히 작은 자 하나에게 한 것이 곧 내게 한 것이니라"(마 25:35-40)라고 했습니다. 나아가 예수님은아가 세상에서 학대 받고, 불우한 입장에 몰린 신앙인을 위해 "내 오른쪽나에게로 오라 나와 작은 천국을 다스리자"라고 초대해 주십니다.

미켈란젤로는, 바티칸에 있는 로마교황의 예배당인 시스티나 성당 정면에 크게 「최후의 심판」의 그림을 그렸습니다. 가운데에는 다시 오신 주, 건너편 왼쪽에는 기쁨 중에 있는 사람, 오른쪽에는 멸망으로 가는 사람의 고뇌를 그렸습니다. 주님 옆에는 산 채로 살가죽을 벗기는 가장 잔혹한 처형을 당했다고 전해지는 제자인 '발트 로마이'가 자신의 가죽을 가지고 하늘을 향해 들고 있는 모습이 그려 있습니다. 모든 것이 역전됩니다. '발트 로마이'는 주님과 함께 심판의 자리에 앉아있는 것입니다. 여기에 「저리로서 산 자와 죽은 자를 심판하러 오시리라」라고 고백하는 의미가 잘 표현되어 있다고 생각합니다.

엄숙한 기도

「저리로서 산 자와 죽은 자를 심판하러 오시리라」——우리 기독교인에게 있어서, 이 정도로 엄숙한 고백은 사도신경 가운데서도 다른 곳에는 없습니다. 그리고 이 고백은 어느 의미로, 기도라는 것을 마지막으로 마음속에 새겨두시기 바랍니다.

이 기도는 두 가지의 방향성을 가지고 있습니다. 하나의 방향성은, 라틴어의 전례(典例) 「레퀴엠(requiem; 진혼곡(鎭魂曲)」 안의 「라크리모자」라는 시(詩)에 있습니다. 모차르트의 곡은 조용하고 슬픈 곡조로 유명합니다.

눈물의 날,
그 날은 죄 있는 자가 심판을 받기 위해
재(灰)에서 소생되는 날.
하나님이시여, 이 사람을 용서하여 주옵소서.
자비로우신 주님 예수시여.
그들에게 안식을 주옵소서. 아멘.

눈물의 날은, 사람이 세상을 떠나는 날입니다. 그리고 또, 재림의 주님께서 오셔서 죄 있는 자가 심판 받는 날입니다. 그 날에 "자비로 우신 주님이시여"라고 기도하는 것은, 죽음으로 가는 '그들'만이 아닙 니다. 무거운 죄의 '나'도 기도합니다. 그 날, 신앙인은 모두 같고, 예 수님께서 불쌍히 여겨 주실 것에 매달립니다. 무엇 하나 자랑할 만한 것이 없습니다. 그 저 오로지 "불쌍히 여기시는 주님이시여, 내 영혼 을 주님 손에 맡깁니다"라고, 마음을 다해서 '아멘'이라고 기도하고 평안을 받습니다.

그리고 재림의 주님 앞에, 기도하는 또 나머지 하나의 방향성이 있 습니다. 그것은 다시 오실 주님을 손꼽아 기다리는 기도입니다. 로마 서 8장에서, 바울은 지금 시대의 여러 가지 고난에 대해서, 사람과 자 연계, 그리고 기독교인의 신음으로 이야기를 하고, 그것들 모든 것으 로부터 희망을 쥐어 짜내고 있습니다. 그 희망이라는 것은 마지막 날 에 그리스도께서 다시 오셔서, 모든 것이 쇄신 되는 것을 기다리는 것 으로, 우리들은 이 희망에 의해서 살아날 것입니다.

　고린도전서의 마지막 16장에는, 당시의 기독교인이 주님을 손꼽아 기다리며 기도한 말이, 그대로 아람어로 남아 있습니다. 그것이 "우리 주여 오시옵소서(마라나 타)"(22절)입니다. 주님께서 다시 오실 것을 마음속으로부터 고대하고 있는 기도입니다. 성경의 마지막 복음서인 요한계시록의 마지막 장에도 "아멘 주 예수여 오시옵소서"(계 22:20)라고 기록되어 있습니다. 그리스도의 재림을 손꼽아 기다리고 있는 것입니다.

　사도신경에서 「저리로서 산 자와 죽은 자를 심판하러 오시리라」라고 고백할 때, 우리들은 "그 날, 저를 받아 주옵소서. 십자가와 부활을 믿는 저를 받아 주옵소서"라고 기도함과 동시에, "아멘 주 예수여 오시옵소서"라고 기도하는 것입니다. 왜냐하면 기독교인은 주님이 재림하시는 날이, 인생 최고의 날이라는 것을 알고 있기 때문입니다.

　죽을 때는, 우리들 한 사람 한 사람에게 헤어짐이 있습니다. 그것이 인생 최고의 날이라고는 생각할 수 없을지 모릅니다. 지상에 남은 자는 일시적으로 헤어지는 슬픔을 맛보지요. 그러나 거기에는 아버지 집으로 돌아가는 기쁨이 있습니다. 하늘에 들려올라가는 그 날, 그 사람은 하늘의 기쁨으로 충만합니다.

　어쩌면, 타국으로부터의 침략이나 박해, 나을 수 없는 병 등으로 거의 죽음만을 기다리는 사람들, 고난 가운데에서 생애를 끝내지 않으면 안 되는 사람은, 지상에 희망을 놓는 것보다 오히려 차라리 주님과 함께 천상에 평온함을 발견할 지도 모릅니다. 그 같은 때에는 누구라도, "하루라도 빨리, 마라나 타"라고 마음속에서 외치겠지요. 크리스천도 박해를 받는 때는, 그 고난을 십자가에서의 주님의 고난과 거듭해 맞추어가면서 "마라나 타"라고 외치고, 순교의 길을 선택한 것이었을까.

어떻게 됐든지, 크리스천은 천상에 들려지는 날의 기쁨을 최상의 것이라고 기억해 두지 않으면 안 됩니다. 요한계시록에는, 요한이 본 주의 날의 환상이 그려져 있습니다.

"내가 들으니 보좌에서 큰 음성이 나서 이르되 보라 하나님의 장막이 사람들과 함께 있으매 하나님이 그들과 함께 거하시리니 그들은 하나님의 백성이 되고 하나님은 친히 그들과 함께 계셔서 모든 눈물을 그 눈에서 닦아 주시니 다시는 사망이 없고 애통하는 것이나 곡하는 것이나 아픈 것이 다시 있지 아니하리니 처음 것들이 다 지나갔음이러라 보좌에 앉으신 이가 이르시되 '보라 내가 만물을 새롭게 하노라' 하시고 또 이르시되 이 말은 신실하고 참되니 기록하라 하시고"(계 21:3-5).

잠자기 전에, 열 살짜리 여자아이가 엄마에게 물었습니다.

"엄마, 지금까지 살아온 중에 최고의 날이라고 생각되는 날은 어느 때야?"

어머니는 잠시 생각한 뒤, 여자 아이에게 대답했습니다.

"그건 있잖아, 엄마가 너만 했을 때, 그 무렵 아버지는 군인이었어. 그런데 아버지가 전쟁에서 전사하셨다는 것을 알게 되었지. 그날 저녁, 엄마는 엄마의 어머니하고 함께 집 현관에 앉아서 저녁 해를 보고 있었어. 그랬더니 건너편 쪽에서 먼지를 날리며, 누군가가 달려오고 있었지. 그것을 본 순간, 엄마의 어머니는 내 작은 손을 이끌고 달리기 시작했어.

마음껏. 그것은 죽었다고 들었던 아버지였단다. 엄마의 어머니는 아버지에게 안기며, 작았던 나도 아버지 팔에 안겼단다. 하지만 나를 잡은 것은 양복의 소매뿐이었어. 아버지는 전쟁에서 팔을 잃으시고, 몸에는 상처뿐이었단다."

어머니는 계속해서 말했습니다.

"지금까지 엄마가 살아온 날 중에 최고의 날은, 그때 아버지가 돌아오신 날이야. 그리고 이제부터 살아갈 최고의 날은, 예수님이 돌아오셔서 나를 맞아주시는 날일 거야.

그때, 예수님은 상처뿐인 몸과 얼굴을 하시고 계시지만, 예수님께서 우리들을 죄에서 구원하시기 위해 싸워 오신 것을 그 날 알게 될 거야.

그 때, 너도 엄마도 생각할 거다. 우리가 살아 온 최고의 날은, 예수님이 우리들을 맞아주시고, 하늘에 계시는 아버지 집으로 돌아갈 때라고."

주님께서 맞으러 오시는 날―그런 날을 상상하는 힘이, 우리에게 부족하다고 생각합니다. 영적인 상상력이 부족하고, 하나님의 역사의 최종 지점도 보이지 않고, 지상의 복만을 구하고 있는 우리가 부끄럽다고 생각합니다.

하지만 감사합니다. 왜냐하면 교회로부터 하늘로 보낸 많은 분들처럼, 병의 고난 가운데에서도, 지상 생활의 부자유함 가운데에서도, 천국을 향한 한결 같은 그리움이 새빨갛게 타는 석탄처럼 그 마음에 불타고 있는 사람이, 제 바로 옆에 있기 때문입니다. 그것이 교회의 은혜이고 감사입니다.

기도

은혜가 풍성하신 하나님 아버지! 이 고통의 세계를 보세요. 사람들은 누구나 다 상처투성이로 끙끙대며 괴로워합니다. 자연계도 끙끙대며 고통스러워하며 우리들은 더욱 전전긍긍합니다. 그러나 우리들은 전전긍긍하는 것으로 끝나는 것이 아니고, 이 세상의 종말을 향해서, 아니 주님이 다시 오실 기쁨의 날을 향해 있는 것입니다.

끙끙대며 괴로워할 것만이 아니라, 희망 가운데 살게 해 주시고 저의 인생 최고의 기쁨의 날은, 이제부터 온다, 아직까지 맛 본 적이 없는 행복이 이제 드디어 온다는 것을 기다리면서, 지금의 고통을 견디며 나아갑니다. 저에게 힘을 주옵소서.

예수 그리스도의 이름으로 기도 드립니다. 아멘.

14. 성령을 믿사오며(1)

"그러므로 우리가 믿음으로 의롭다 하심을 받았으니 우리 주 예수 그리스도로 말미암아 하나님과 화평을 누리자 또한 그로 말미암아 우리가 믿음으로 서 있는 이 은혜에 들어감을 얻었으며 하나님의 영광을 바라고 즐거워하느니라 다만 이뿐 아니라 우리가 환난 중에도 즐거워하나니 이는 환난은 인내를, 인내는 연단을, 연단은 소망을 이루는 줄 앎이로다 소망이 부끄럽게 하지 아니함은 우리에게 주신 성령으로 말미암아 하나님의 사랑이 우리 마음에 부은 바 됨이니" (로마서 5장 1–5절)

우리들이 고백하는 하나님은, 전능하신 성부 하나님, 성자 예수 그리스도, 그리고 성령 되신 하나님, 즉 삼위일체의 하나님입니다. 가장 오래된 형태로 남아 있는 사도신경에는 '삼위일체'라고 하는 표현은 아직 형태를 갖추지 못하고 있습니다. 성부 아버지, 성자 아들, 성령의 순서로 「우리는 믿사옵니다」라고 되어 있을 뿐입니다.

시간이 흐르고, 381년의 니케아-콘스탄티노플 신조가 되면 조금 표현이 풍부해집니다.

「우리는 우리의 구주되시고, 생명의 주인 되시는 성령을 믿사옵나이다. 성령은 아버지에 의해서 우리에게 오시고, 성부와 성자와 함께 우리의 예배와 영광을 받으시며……」

성령이 하나님 아버지와 성자로부터 유래된다는 것, 그러나 성령도 역시 하나님이라는 사실이 강조되어 있습니다.

그리고 유명한 450년의 아타나시오스 신조는 다음과 같이 고백합
니다.

「우리들은 하나 되시는 하나님을 삼위로 놓고, 삼위를 일체로 놓
고, 예배드린다. 위(位) 의 격(格)을 혼동하지 않고, 본질을 분리하지
않고, 성부의 위격(位格), 성자의 위격이 각기 있다. 그러나 성부와 성
자와 성령의 신성(神性)은 하나이고, 영광은 같고, 권위도 함께 영원
하다.」

이것이 그리스도교 2천년 역사 가운데 새겨져 온, 아타나시오스 신
조가 고백하는 '삼위일체'의 교리입니다.

이해하기가 어렵습니다.

옛날부터 삼위일체를 설명할 때에 사용했던, 알기 쉬운 예로서 태
양이 있습니다. 태양은 하나이지만, 그것은 빛과 열과 에너지, 이런
세 가지 현상으로 나타납니다. 혹은 물도 그렇지요. 액체의 물, 그리
고 고체가 되면 얼음, 기체가 되면 수증기, 이렇게 나타내는 방법이나
움직임도 다릅니다. 삼위일체는 이러한 설명으로 얼핏 납득이 갈 것
같지만, 실은 문제가 있습니다.

아타나시우스 신조는 삼위일체를 논할 때, 사벨리우스라는 인물이
말하는 '양태론(樣態論)'이라는 이단을 경계하고, 삼위일체를 만들었
습니다. 사벨리우스는 성부 · 성자 · 성령이라는 것은, 하나의 신(神)
의 양태(樣態; 상태)의 변화, 즉 나타나는 방법의 변화라고 가르쳤던
것입니다. 하나의 인격을 가진 신(神)이, 구약시대에는 성부로 나타나
고, 나중에는 인류의 죄를 대속하신 성자로 나타나고, 그리스도의 승

천 후에는 성령으로서 나타났다는 가르침입니다.

이 가르침을 그리스도교회에서는 이단(異端)으로 여기고 물리쳤습니다. 태양이나 물로 삼위일체를 설명하는 것은, 나타나는 양태(상태)가 변화한다는 설명에 가까우므로, 문제가 있다고 생각됩니다. 아니, 태양이나 물의 예로는 납득이 안 가고 오히려 더 큰 문제가 있습니다.

본래부터 태양이나 물에는 인격은 없습니다. 그러니까 이 예로는, 대체로 별개의 세 인격을 가진 신(神)이, 그 존재에 있어서 하나인 것은, 도저히 설명이 안 되지요.

그러나 아무리 이해가 어려워도, 교회는 이 삼위일체의 가르침으로 갈 수밖에는 없었습니다. 그것은 성경이 틀림없이, 성령을 하나의 인격적인 하나님으로서 가르치고 있기 때문입니다.

이사야 63장 10절에서 불신앙적인 이스라엘 백성들은 "그들이 반역하여 주의 성령을 근심하게 하였으므로 그가 돌이켜 그들의 대적이 되사 친히 그들을 치셨더니"라고 한 것처럼 성령을 마음 아프게 했습니다. 에베소서 4장 30절에는 "하나님의 성령을 근심하게 하지 말라 그 안에서 너희가 구원의 날까지 인치심을 받았느니라"라고 기록되어 있습니다. 확실히 성령은 단지 에너지도 아니고, 힘도 아니고, 슬퍼하시는 분, 기뻐하시는 분입니다.

그리고 예수 그리스도께서, 최후의 만찬에서 말씀하셨던 것은 결정적이었습니다.

"내가 아버지께 구하겠으니 그가 또 다른 보혜사를 너희에게 주사 영원토록 너희와 함께 있게 하리니"(요 14:16).

여기 "또 다른"이라는 것은, 예수님을 대신하는 존재를 의미하고 있습니다. 에너지가 아니고, 예수님과 같은 인격적인 존재입니다.

그리고 또 사도행전에서, 믿는 사람에게 헬라인이나 유대인적인 관습을 억눌러야 할 것은 아니라는 중대한 결정을 했던 예루살렘 회의에서는 "성령과 우리는 이 요긴한 것들 외에는 아무 짐도 너희에게 지우지 아니하는 것이 옳은 줄 알았노니"(행 15:28)라고 하여 그 결정 사항을 기록하고 있습니다. 여기에 '성령에 인도되어' 이렇게 결정했다라고 말하고 있지 않습니다. "성령과 우리는"이라고 하여, 성령을 명확하게 인격적 존재로 이해하고 있는 것입니다.

경험에 의한 이해

'삼위일체(三位一體)'라는 교리가 머리로는 알 수 없어도, 성령이 하나님의 영(靈)이고, 그리스도 영이고, 하나님이라는 것을 우리들은 체험해 왔습니다.

20세기의 영국의 신약학자인 윌리암 베크레는, 이렇게 설명하고 있습니다.

"삼일론(三一論)의 교리는 그리스도교적 경험의 부정할 수 없는 사실로부터 발생했다. 우선 첫째로, 사람들은 하나님을 인정했었고, 하나님의 신성(神性)에 대해서 어떠한 의심도 갖지 않았었다. 말하자면 하나님은 확실히 하나님이었다. 그리고 예수 그리스도께서 이 세상의 우리들의 삶 가운데로 오셨다. 단지 그것이고, 인간의 말로는 설명되지 않고, 해석되지 않는 것이지만, 그는 또, 하나님의 견지로만 생각할 수 있는 것이라는 것은, 적어도 기독교인에게 있어서는 분명한 것이다."[1]

바크레는 계속합니다.

"그러나 기독교인의 경험 가운데에는 아직, 인도하고, 지지하고, 명령하고, 지배하고, 가르치는 생명으로서의 성령이 들어온다. 기독교인은, 성령도 또 순수하게 인간의 말에 의해서는 설명되고, 해석되기도 하는 것은 어렵다고 확신했다. 그러나 그들의 성령체험은, 성령이 단지 비인격적인 능력으로서 설명할 수밖에 없는 것이라는 것을 나타냈다. 거기에서 기독교인은 그리스도교적 체험에 비추어서, 하나님 안에, 말하자면 성부와 성자와 성령과의 장소를 찾아내지 않으면 안 되었다."

성령의 역사

사도신경에는, 성령께서 어떠한 역사를 하시는가는 기록되어 있지 않습니다. 그러나 사도신경의 이 부분에 「성령을 믿사오며」라는 고백이 나오는 것은, 매우 의미가 있습니다. 요컨대, 전능하신 하나님을 고백하고, 그리스도의 역사하심을 고백하고, 그 다음에 우리는 「성령을 믿사오며」라고 고백하는 것입니다.

16세기 스위스의 종교개혁가 쟝 칼뱅은 『기독교강요(綱要)』라는 신학(神學)의 대저서를 남겼습니다. 이천년 교회 역사 가운데에서, 이것이야말로 신학서 중의 신학서이지요. 칼뱅은 하나님에 대해서, 인간과 그 죄에 대해서, 그리고 그리스도에 대해서, 그 십자가와 부활에 대해서, 수백 페이지를 할애해서 설명하고 있습니다. 그리스도의 탄생, 그 생애, 또 새삼스럽게 십자가와 부활이, 역사적인 사건이었던 것을 우리는 믿고 있습니다.

그렇게 설명하고, 칼뱅은 결정적으로 중요한 것을 적고 있습니다.

"그리스도교가 우리들의 바깥쪽에 머물고, 우리들이 그리스도로부터 떨어져 있는 한, 그리스도가 인류의 구원을 위해 받은 고난도, 행하신 기적도, 모든 것이 우리들에 있어서 아무런 의미도 없다는 것이다."(Ⅲ. i .1).

이천년 전의, 우리들의 외부에서 일어난 역사적인 사건, 그 은혜를 우리들의 안쪽으로 미치게 하는—그것이 바로 성령의 역사입니다. 사도신경에서 우리들은 이제까지, 그리스도의 역사적인 사건을 사실로서 고백해 왔습니다. 그러나 그것들의 사건의 의의를, 영적인 은혜로써, 우리들의 마음에, 신앙인의 생애에 미치게 하는 것이 성령입니다.

성령은 우리들의 무거운 죄를 보여주시고, 성령은 우리들을 십자가에 달리신 그리스도 앞으로 데려가고, 성령은 주님을 십자가에 매단 것이 우리들이라는 것을 확신시키고, 성령은 그 십자가의 대속에 의해 우리들의 죄가 사함을 받고, 하나님의 아들 되심을 우리들에게 확증시키십니다. 그리고 성령은, 하나님의 사랑을 우리들의 마음에 부어주시고, 우리들의 마음을 감사와 기쁨으로 넘치게 합니다.

"오직 하나님이 성령으로 이것을 우리에게 보이셨으니 성령은 모든 것 곧 하나님의 깊은 것까지도 통달하시느니라"(고전 2:10).

"성령이 친히 우리의 영과 더불어 우리가 하나님의 자녀인 것을 증언하시나니"(롬 8:16).

18세기 영국은 물론, 그 후로 개신교회에 가장 큰 영향을 미친 인물 중의 한 사람으로, 존 웨슬레가 있습니다.

그는 영국국교회의 사제(司祭)의 집에서 자라나, 옥스포드대학에서 신학을 공부하고, 성직자가 되고, 드디어 거룩하게 살아가는 것을 추구하기 위해 홀리클럽이라는 서클을 대학 내에 설립하고, 하나님의 마음이라고 생각되는 것을 전력을 다해 실천했습니다. 형무소에 있는 불우한 환경의 사람들을 방문하고, 가난한 집 아이들을 위해 학교를 만들고, 거룩하게 살아가는 것을 목표로 했습니다.

너무 규율 바르게, 무엇이든지 규칙대로 하지 않으면 성이 차지 않는 그의 모습에, 주위의 사람들이 붙여준 이름이 '규율가(規律家)'였습니다. 그래도 만족하지 못하고, 더욱 거룩하게 될 것을 자신에게 요구하며, 존 웨슬레는 미국의 조지아주로 선교사로서 건너갑니다.

그러나 그는 거기서 많은 좌절을 경험하고, 자기의 무거운 죄를 맛보고, 실의의 밑바닥으로 떨어진 채 귀국하게 됩니다. 귀국하는 배에서 이렇게 고백하게 됩니다.

"내가 그곳까지 가서 배운 것은, 나 자신은 하나님의 영광을 받기에는 적합하지 않은 자로… 나 자신의 행함, 괴로움, 의도 하나님의 분노를 누그러뜨리지 못하고, 죄 가운데에서 가장 작은 것조차도, 자신이 속죄할 수가 없고, 하나님의 의로우신 심판 앞에서 나는 도저히 설 수가 없다."[2]

자신이 자신의 죄를 속죄할 수 없다. 그 정도로 무거운 죄를 알아차리게 해 주신 이는 성령입니다. '거룩함'이라는 자만심을 껴입은 듯한 웨슬레의 마음을 깨뜨린 것은 성령입니다.

그리고 같은 성령은 그러고 나서 3개월 후, 그의 영혼을 그리스도의 십자가로 인도합니다.

5월 24일, "그날 저녁, 나는 올더스게이트(Aldersgate)에서 열린 집회에 상당히 마음이 내키지 않았지만 참석했다. 거기서 누군가 루터의 『로마서 강해』의 서문을 읽고 있었다. 저녁 9시 15분 전쯤 되었을 때, 그리스도를 믿음으로 우리 마음에 나타나는 하나님의 변화시키는 능력에 대해서 설명하다가 이상하게 내 마음이 뜨거워지는 것을 느꼈다. 내가 그리스도를 진심으로 믿고, 그리스도를 믿음으로 구원을 받으며, 나 같은 죄인에게도 구원의 확신을 주시고, 죄와 사망의 율법에서 나를 구원해주신다는 것을 확실히 느낄 수 있었다.”[3]

마음이 내키지 않는 웨슬레를 올더스게이트 거리의 집회로 끌어내신 것은 성령이십니다. 사회자가 특별한 의도도 없이, 루터의 말을 읽고 있었을 때, 십자가를 믿는 신앙을 웨슬레의 마음 한가운데로 계속해서 넣어 주신 것은 성령이십니다.

그 때 웨슬레는 마음이 이상하게 뜨거워지는 것을 느꼈습니다. 성령께서 그의 영혼에 하나님의 사랑을 쏟아 부어 넣어 주신 것입니다. 마음이 내키지 않는 어두운 얼굴로 올더스게이트 집회로 발걸음을 옮긴 웨슬레였지만, 밤늦게 돌아가는 그의 얼굴은 감사와 기쁨으로 빛나고 있었습니다. 성령께서 그의 마음을 사하여 주시고 하나님의 자녀가 되는 기쁨으로 넘치게 해 주셨습니다.

우리들이 「성령을 믿사오며」라고 고백하는 것은, 성령께서 같은 은혜를 지금 우리들에게도 주신다는 것을 믿고 있기 때문입니다. 이천년 전의 십자가와 부활의 사건을, 그 은혜를, 나의 영혼에게 쏟아 부어 주셔서, 나에게 구원의 기쁨을 주신다는 것을 알고 있기 때문입니다. 그리고 우리들의 무거운 죄를 깨우쳐 주시고, 십자가에 매달리는 이외의 구원은 없다는 신앙을 주시고, 하나님의 자녀 되는 기쁨을 주시는 성령을, 함께 고백합니다.

마지막으로 찬송가를 함께 부르기를 원합니다. 찬송가 「죄로 보이는 세상」의 가사를 우리들의 기도로 합시다. 그 후렴 부분, "아 은혜! 셀 수 없는 은혜! 아 은혜! 나에게 미치리!" 은혜를 나에게조차 미치게 하시는 거룩하신 하나님을, 우리들은 예배하고, 이 분에게 영광을 돌립니다.

죄는 바다와 같은 우리 마음속,
하나님은 더욱 강하게 은혜로 구원하시네.
아 은혜! 셀 수 없는 은혜!
아 은혜! 나에게조차 미치리!

기도

예수님! "우리가 환난 중에도 즐거워하나니 이는 환난은 인내를, 인내는 연단을, 연단은 소망을 이루는 줄 앎이로다"(롬 5:3-4). 그러나 우리들은 때로는 환난에 압도당하여 넘어지고, 실망하고, 절망하고, 유독 자기 자신의 죄 많음에 머리를 움켜쥐며 마음 아파합니다.

"그러므로 우리가 믿음으로 의롭다 하심을 받았으니 우리 주 예수 그리스도로 말미암아 하나님과 화평을 누리자"(롬 5:1). 그 같은 우리들이, 주 예수 그리스도에 의해, 하나님과 평화를 갖게 되고, 우리들의 죄가 사하여진 것은, 성령에 의해 하나님의 사랑이 우리들의 마음에 부어지고 있기 때문입니다(롬 5:5).

주여! 지금 우리가 찬송을 부른 것처럼, 성령에 의해서 모든 은혜가, 셀 수 없는 은혜가 나에게조차 미치게 하옵소서 라고, 마음으로부터 고백하는 신앙인이 될 수 있도록, 거룩하신 하나님, 주님의 역사하심이 우리들 마음 구석까지 이르게 하여 주옵소서.

예수님의 이름으로 기도 드립니다. 아멘.

15. 성령을 믿사오며(2)

초막절

추수감사축제의 '초막절'은, 구약시대의 3대 절기의 하나로 예루살렘(Jerusalem; 이스라엘의 수도. B.C. 10세기경 다윗이 이 성을 점령한 이래 유대의 종교적 중심지. 기독교나 이슬람교의 성지이기도 함. 동쪽 반은 1967년 제3차 중동 전쟁에서 이스라엘이 점령하여 수도로 선언하였으나, 팔레스타인 측은 동예루살렘을 장차의 팔레스타인 국가 수도로 한다고 주장하여 대립하고 있음.)에서 행해졌던 행사였습니다.

유대의 3대 절기는 ① 출애굽을 기념하는 「유월절」(逾越; 무사히 '넘어갔다'라는 뜻), ② 첫 열매를 성전에 바치는 「오순절」(초실절, 맥추절, 추수감사제), ③ 한 해의 마지막 수확을 감사하는 「초막절」(수

장절) 축제입니다. 그것들은 출애굽기 23장, 레위기 23장, 신명기 16 장 등을 보면, 모세 시대에 제정된 이래로 계속 지켜 온 것을 알 수 있습니다. 성인 남자는 모두, 매년 세 번의 절기 때에 하나님께 바치는 헌물을 가지고 오는 것으로 정해져 있었습니다.

'초막절 축제'에서는, 사람들은 자기 집을 나와서 나무줄기와 잎으로 만든 임시 오두막집(초막)에서 7일을 지냅니다. 그렇게 해서 그들은, 예전 그들의 선조들이 노예 되었던 애굽(이집트)을 탈출하여, 고난 가운데 40년을 광야에서 방랑을 하면서, 배고픔과 고난, 목이 말라 괴로웠던 시절을 체험해 봅니다. "내가 호렙 산에 있는 그 반석 위 거기서 네 앞에 서리니 너는 그 반석을 치라 그것에서 물이 나오리니 백성이 마시리라 모세가 이스라엘 장로들의 목전에서 그대로 행하니라"(출 17:6).

이 절기에서는, 사람들은 자신들이 이 세상에서 여행길이고, 오두막(초막)에 살고 있는 것과 마찬가지이지만, 하나님은 그곳에서 물을 나오게 해주시고, 목마름을 해결해 주시는 분임을 기념했습니다. 절기 동안에, 매일 아침, 제사는 성전의 언덕을 내려와서 실로암 연못으로 갑니다. 거기에 용솟음치는 물을 황금물통으로 길어 올려, 성전으로 가지고 와서 제단에 붓습니다.

이 의식은 이스라엘 사람들에게 있어, 단지 광야의 체험을 생각나게 하는 것에 머무르지 않습니다. 이 물은, 에스겔 47장에 나오는 예언의 상징이기도 했습니다. 에스겔은 거기서 환상을 보았습니다.

하나님의 구원이 완성되는 날, 성전의 문턱으로부터 물이 솟아 넘치고 있었습니다. 처음에는 예언자의 발목을 적시는 정도의 작은 물입니다만 조금 지나자 강이 되고, 예언자의 무릎까지, 허리까지, 드디어 그 흐름에 압도되는 정도의 큰 강물이 됩니다. 이 강물에는 하나의 큰 특징이 있었습니다.

"이 강물이 이르는 곳마다 번성하는 모든 생물이 살고 또 고기가 심히 많으리니 이 물이 흘러 들어가므로 바닷물이 되살아나겠고 이 강이 이르는 각처에 모든 것이 살 것이며"(겔 47:9).

이 강물에는 고기도 식물도 인간도, 모든 것을 살리는 물로 가득 채워져 있었습니다.

사람들은 '초막절'에, 그들의 조상들을 광야에서 살려주신 하나님의 은혜에 감사하고, 그리고 드디어 에스겔의 환상이 성취되는 날에는, 성전으로부터 흘러나오는 물이 모든 것을 살리리라는 것을 믿고 기다렸던 것입니다. 제사장이 실로암의 연못으로부터 물을 길러 와서 제단에 쏟아 부을 때에는, 음악이 연주되고 사람들은 즐거워했습니다.

예수님은, 이 명절의 끝날에 서서 큰 소리로 말씀하셨습니다.

"명절 끝날 곧 큰 날에 예수께서 서서 외쳐 이르시되 누구든지 목마르거든 내게로 와서 마시라"(요 7:37)

영혼의 목마름을 해갈시키시는 예수님

예수님은, '초막절' 절기에 와 있는 사람들을 보고, 그 마음속 깊은 곳에 치유되지 않은 영혼의 목마름이 있음을 꿰뚫어 보셨습니다. 먼 옛날 모세의 영광을 사람들은 감사하고, 기념합니다. 그리고 언제 오실지 모르는 구원의 완성의 때를 바라고, 성전의 제단에 쏟아 붓는 물을 보고 있습니다.

실로암 연못에서 길어 온 물은, 그냥 물이 아니라는 것을 사람들은 압니다. 그러나 물에 따라서는 영혼의 치유는 없다는 것을 그들은 압니다. 그저 목이 말라서, 이 절기를 필사적으로 기념하고 있는 것입니다.

흥미 있는 이야기가 있습니다.

1996년, 미국 해군 '죠이 모라'라는 병사는 약간의 흔들림으로 타고 있던 항공모함의 갑판에서 이란 근해의 바다에 빠지고 말았습니다. 가끔 그런 일이 있다고 합니다. 빠지고 나서 주위 사람들이 그가 없음을 알아차릴 때까지, 36시간이나 경과했습니다. 본격적인 수색활동을 시작하는 데에 또 24시간이 지났습니다. 그의 생명은 절망적으로 보였습니다.

가족 앞으로 행방불명이 되었다는 연락이 갔습니다. 그러나 드디어 그는 기적적으로 이란의 어선에 의해 구조됩니다. 그는 72시간 동안, 해군에서 배운 대로, 바지를 구명구(救命具)로 만들어서 바다 위로 뜨는 방법을 계속 해 가면서, 오직 구조되기만을 기다렸던 것입니다.

후에 그는 미국 뉴스 프로그램의 인터뷰에 나와서, 그 72시간 동안 하나님께서 몇 번이나 그 절망의 깊은 바다에서 그를 지키시고, 절대로 포기하지 말라고 격려해 주셨다고 말했습니다. 그리고 흥미 있었던 것은, 그가 바다에 떠 있는 사이, 그의 내면으로부터 무언가가 서서히 올라와서는 마지막에 외침이 되었던 욕구가 있었다고 말했습니다. 그 욕구가 그를 지키고 있었습니다. 여러분은 그것이 무엇이라고 생각합니까?

바다에 뜬 그의 몸도 영혼도 함께 외치고 있었던 것, 그것은 "물이 필요해!"라는 목마름이었습니다. 바다에 떠 있기 때문에 주위의 전부가 물입니다. 그렇다고 해도 몸 전체가 외치고 있는 것은, 마실 수 있는 물, 맛있는 물, 살 수 있는 물이 필요해!라는 것이었습니다.

저는 그 마음속에 그런 외침이 있다면, 그것을 그냥 안에다가 쳐 박아 두면 안 된다고 생각합니다. 우리들은 교회에 와서 살 수 있는 생명수를 마시고 있는 것입니까? 얼마 전에, 어느 분과 이야기를 하고 있었습니다. 그 분은 벌써 몇 년 전에, 소속해있던 교회를 떠났다는 겁니다. 그 가장 큰 원인은 목사의 설교에 있었다고 합니다.

"말하는 것은, 대단히 쉬운 일이지만……" 그 분은 잘라서 말했습니다. "그 목사님의 설교는, 이를테면, 신문기사를 해설하는 것 같은 것이었습니다."라고. 거기에 그리스도의 복음, 하나님의 말씀, 그 살아있는 능력을 느낄 수가 없었다라고.

과연 나 자신은 어떤가 돌아봅니다. 저의 설교도 미숙합니다. 부족한 25년의 목회지만, 며칠 전, 다카쓰(高津) 그리스도 교회에서 기념예배를 드릴 때, 꽃다발을 선물로 받았습니다. 여러분은, 저에게 얼마나 인내해 오셨을까? 이 부족한 사람에게, 부족한 신앙 때문에 가끔씩 넘어졌을 것임에 틀림이 없습니다. 특히나 저는 부족한 그릇입니다.

그러나 그런 저에게도 사명은 있습니다. 그것은 하나님의 말씀과 그리스도의 은혜를, 왜곡 없이, 맑고 싱겁게 하는 일 없이, 어떻게 하든지 지금을 살아가는 우리들의 마음속 깊이까지 깨달을 수 있도록 설명해 가고 싶다는 것입니다. 그것이 아직 성공했다고는 생각하지 않습니다. 그렇지만 그것이 목사로서 부름 받은 자의 최대의 과제입니다.

하지만, 아무리 열심히 사명을 완수하려 해도, 그것으로 충분하지 않습니다. 말씀을 배우고, 필사적으로 말하는 것만으로는 정말로 부족합니다. 거기에 성령이 부어지고, 말씀을 듣는 자들에게, 그리고 말하는 자들의 마음 안쪽에 성령께서 머물러 계시고, 마음속으로부터 생명수가 넘쳐흐르지 않는 한, 요컨대 설교자가 전하는 말씀을 성령께서 축복해 주시고, 듣는 자들의 마음을 성령께서 축복해 주시지 않는 한, 강단으로부터 들려오는 설교는 그저 인간의 말에 지나지 않습니다.

그러니까 만약, 교회의 예배에 출석하고 있는 분들의 마음속에 의연하게 물을 갈망하는 마음이 있다고 한다면 그 목마름을 대단히 중요하게 여기세요.

그 목마름이, 모두의 마음속에서 기도로 바뀌도록. 그 기도는 단지 "목사님을 도와주세요."라고 하는 기도만이 아니고, "성령님께서 들려지고 있는 말을 살리셔서, 듣는 자의 마음을 마음속 깊은 곳으로부터 매끄럽게 해 주세요."라는 기도로 되지요. 물이 필요하다는 욕구에 "생명의 물"의 근원이신 주 예수 그리스도께서는 응답해 주십니다.

"누구든지 목마르거든 내게로 와서 마시라"(요 7:37).

이 구절은 헬라어로 현재형 동사가 쓰이고 있으므로 "언제든지 내게로 와서, 언제든지 마셔라"라는 뜻으로 번역하는 성경도 있습니다. 주님은 날마다, 우리들을 초청해 주십니다. 주일(主日; 일요일)만, 하나님의 말씀을 원해서 교회에 오는 것은 아닙니다. 언제든지 주님 계신 곳에 와서, 언제나 주님의 말씀을 마신다는 것이 '성령의 생명수'를 받는다는 것입니다.

이스라엘 사람들은, 몇 백 년 전이나 몇 천 년 전에도, 모세 시대의 물을 원하며, 제사를 드리고 있었습니다. 동시에 언제 오실지도 모르고, 몇 백 년이나 몇 천 년이 될 지도 모르는, 그 구원의 완성의 날을 꿈꾸고, 에스겔의 환상을 생각하면서, 그 절기에 참가하고 있었습니다.

하지만 예수 그리스도는, 지금, 예배의 한가운데에 서 계셔서 "누구든지 목마르거든 내게로 와서 마시라"고 말씀하십니다. 그것은 옛날의 일이 아니고, 앞으로의 일도 아니고, 지금 주님을 일으키는 일이라고.

이천년 전의 오순절(Pentecoste; 五旬節)도 아니고, 성령에 의한 완성의 때도 아니고, 지금 우리들이 성령에 의해 살아가는 것이라고—주님은 그렇게 바라고 계십니다.

예수님과 성령님과 우리

요한은, 주 예수 그리스도의 계신 곳에 와서 마시는 물이라는 것은, 예수님께서 주시는 성령에 관한 것을 가리키고 있는 것이라고 해설하고 있습니다.

"이는 그를 믿는 자들이 받을 성령을 가리켜 말씀하신 것이라 (예수께서 아직 영광을 받지 않으셨으므로 성령이 아직 그들에게 계시지 아니하시더라)"(요 7:39).

여기서 '영광을 받는다'라는 것은 요한복음의 독특한 표현으로, 십자가에 달리시고, 부활하시고, 하늘에 오르시는 것을 의미합니다. 예수님께서 십자가에서 죽으시고, 부활, 승천을 지나서 영광을 받으신 후, 우리들은 하나님의 거룩한 영을 받았습니다. 이 성령은, 성자 예수 그리스도로부터 온 것입니다.

지난 장에서 배웠습니다만, 381년의 니케아-콘스탄티노플 신조는 이렇게 고백합니다. 「우리는 우리의 구주되시고, 생명의 주인 되시는 성령을 믿사옵나이다. 성령은 아버지에 의해서 우리에게 오시고, 성부와 성자와 함께 우리의 예배와 영광을 받으시며……」라고. 성령은 아들로부터 오십니다. 즉 예수님께서 계시는 곳에 와서 마시는 자에게, 예수님은 생명수인 성령을 주시게 됩니다.

성령은 에스겔의 예언에 있던 것처럼, 이 안에 들어가는 모든 것을 살리시는 분입니다. 그러므로 니케아 신조에서 성령은 「생명의 주인」이라고 불리고 있습니다. 생명은 이 분에게 달려 있습니다. 예수님 앞으로 가서 그 생명수를 넘치게 마시는 자는, 주님께서 주시는 성령을 마음속 구석까지 이르게 하는 것이 됩니다. 그 사람이 성령에 넘치면, 그 사람의 내면으로부터, 생명수가 강이 되어 넘쳐나게 되는 것입니다.

예수 그리스도와 성령, 그리고 우리, 이 연결고리를 이해하지 못하면, 「성령을 믿사오며」의 내면 깊숙한 의미에 도달하지 못하므로, 충분하지 않지만 설명을 보태어서 해 두었습니다.

성령이 충만하다, 성령세례를 받는다는 것 같이 여러 가지 다양한 표현이 있습니다만, 성령이 충만하다는 것은, 어떤 상태를 의미하는 것일까요? 그것은 인생의 주체가 내가 아니고 성령이 된다는 것이 아닐까요?

"은혜로 받은 것과 재능은 어떻게 틀립니까?"라는 질문을 받은 적이 있습니다. 저는 "같은 것이라고 생각합니다."라고 대답하고는, 다음과 같이 이야기했습니다.

사람들이 각자 가지고 있는 특성, 혹은 특별히 은혜로 받은 것도, 그것은 하나님으로부터 받는다는 점에서는 같은 것입니다. 다른 점이 있다면, 예를 들면, '은혜로 받은 것'은 특히 기도로 원할 수가 있습니다. '재능(才能)'은 연마하는 것이므로, 새롭게 주어졌다고는 생각이 안 됩니다. 하지만 가장 다른 것은, '재능'이라고 하면 주체는 '우리'입니다. 그러나 '은혜로 받은 것'이라고 했을 때, 주체는 우리가 아닙니다. '은혜로 받은 것'은 '선물(gift)'이니까, 그 '은혜로 받은 것'을 주신 하나님을 의식하지 않으면 안 됩니다. '은혜로 받은 것'을 자랑하는 것은 어리석습니다. 왜냐하면 그것은 하나님께서 주신 것이기 때문입니다.

성경에는, "성령으로부터 은혜로운 것을 받는다"라는 표현이 있습니다만, 그것은 확실히 성령을 주시는 하나님을 의식하는 표현입니다. 그 분이 주체가 되어 비로소, 성령이 내 안에 사실 수가 있습니다.

요컨대, 성령을 받는다는 것은, 자신의 인생의 지배권을 성령에게 내어주는 것입니다. 사도 바울에 의하면, 그것이 성령에 인도되어 걷는 삶입니다. 성령이 마음속 깊은 곳에 계실 때, 성령이 이 마음에, 이 인생에 넘쳐서, 생명수가 이 마음으로부터 강이 되어 흐르게 된다 고 예수님은 약속하셨습니다.

우리들은 다시 자문(自問)합니다.

• 생명수가 자신의 내면으로부터 넘쳐 나오지 않는 것은 왜 그렇지요.

• 성령을 받은 것 같은데, 그것이 강이 되어 흐를 정도가 안 되는

것은 왜 그렇지요.

- 때로 구정물 같은 것이 이 입으로부터, 이 마음으로부터 나오는 것은 왜 그렇지요.

그런 자문을 하고, 성령과 자신의 관계를 알아차리는 것이 중요합니다. 그리고 우리들은 자신의 마음을 빼고 봤을 때, 성령을 겨드랑이쪽 옆구리로 밀어내고 마음의 왕좌에 앉아있는 자신에게 아연실색을 합니다. 하나님이신 성령을 옆구리로 밀어내고, 밟고 돌아가고 있는 자신을 보고, 기가 막혀버립니다.

아아, 자신은 이렇게 육적인 크리스천이었던가, 이렇게 인간 썩은 내가 나는 신앙인이었던가 하고 어깨를 떨어뜨립니다. 그러나 이 육적인 사태에 포기하지 않고, 기가 막힌 것을 회개하고, 자신의 인생의 주체는 그리스도이시고, 성령이심을 마음속으로부터 인정하고, 그리스도께, 성령께, 우리들의 인생의 주체를 확실하게 넘깁니다. 그때, 우리들은 비로소 성령으로 충만하게 됩니다.

우리들은 그리스도께서 계신 곳에 매일 가서, 언제든지 그 물을 마신다. 언제든지 마시고 있는 사이에는 자기 자신이 마음의 왕좌를 점하고 있다고 말할 수 없도록, 자신의 영혼을 지키고 있지 않으면 안 됩니다.

C. S. 루이스는 『나니아 연대기』 시리즈를 어린이를 위해서 썼습니다. '나니아'는 '아스란'이라는 사자가 지배하고 있는 나라입니다. 이 아스란은 그리스도의 상징으로 묘사되어있습니다. 영국에 사는 어린이들이 그 나라에 헤매다 들어가고, 자신의 문제성도 체험하면서, 성장해 가는 이야기입니다.

『은(銀) 의자』라는 책 속에, 이런 내용이 있습니다. '질'이라는 여자 아이는, 매우 목이 마렵습니다. 시냇물을 마시려고 하지만 옆에 사자가 있어서 가까이 갈 수가 없습니다. 여자 아이에게 사자가 묻습니다.

"목 마렵지 않니?"라고 사자가 묻자

"죽을 지경이에요."라고 대답합니다.

"그럼, 물을 마셔라"라고 사자가 말하자,

질은 "저, 물을 마시는 사이, 거기 좀 비켜… , 아니, 비켜 주시겠어요, 아니 주시겠습니까?"라고 대답한다. (『나니아 연대기 4 , 은(銀) 의자』／제2장에서)

아스란은 질을 쳐다보면서, 낮은 신음소리를 냈습니다. 그 순간 질은 꼼짝도 못하고 있었습니다. (그런 부탁을 하는 정도라면, 강의 흐르는 일이라든지, 큰 산을 몽땅 움직여서, 자신의 입으로 옮겨 달라고 부탁하는 편이 그래도 나았던 것이 아닌가. 저쪽으로 비켜 달라고, 말할 수 있는 자신이 아니다).

그러나 물은 너무나 매력적이어서, 마시지 않고는 안 됩니다. 질은 무서워 무서워하며 묻습니다. "내가 가까이 가도 아무것도 안 할 거야?" 사자는 대답합니다. "아니, 그런 약속은 할 수 없어."

하지만 질은 너무나도 목이 마려워서 정신을 차리고 보니까, 다리가 시냇물 흐르는 곳으로 가까이 다가가 있었습니다.

"설마, 너는 여자아이를 잡아먹는 것은 안 하지?"

"나는, 여자도 남자도 다 삼켜버린다. 어른도, 임금도 황제도, 그들의 나라도 땅도 한 입에 삼켜 버리지."

자랑도 아니고, 그런 것을 하고, 미안하다고 하는 말도 아니고, 더

구나 난폭한 말투도 아니었습니다. 질은 "알았어"라고 하고는, 한 발 다가갑니다. 하지만, 역시 용기가 없어서 망설입니다. "됐어, 다른 샘을 찾을 테니까."

그러자 사자는 말합니다. "다른 샘은 없어. 이 세계에서는 이 샘뿐이야."

하나님 나라의 수원(水源)은 하나 밖에 없습니다. 그것이 성령의 샘입니다. 다른 물을 찾으려고 노력해도 헛수고입니다. 그리고 그 흐름의 앞에 계시는 분은, 예수 그리스도이십니다.

"내가 물을 마시는 사이에, 예수님, 비켜주세요"라고 하는 것은 의미가 없는 것입니다.

"설마, 너는 여자아이를 잡아먹는 것은 안 하지?"라고 하는 물음에, "나는, 여자도 남자도 다 삼켜버린다. 어른도, 임금도 황제도, 그들의 나라도 땅도 한 입에 삼켜 버리지"라고 딱 잘라 말하는, 거기에는 난폭함도 미안함도 없습니다. 그것이 바로 하나님의 아들 예수 그리스도이십니다.

하나님께 마음을 향한다는 것은, 성령의 흐름을 마시고, 우리가 그리스도께 삼켜지는 것입니다. 인생의 주체를 하나님께 양도하는 것입니다. "내가 그리스도와 함께 십자가에 못 박혔나니 그런즉 이제는 내가 사는 것이 아니요 오직 내 안에 그리스도께서 사시는 것이라 이제 내가 육체 가운데 사는 것은 나를 사랑하사 나를 위하여 자기 자신을 버리신 하나님의 아들을 믿는 믿음 안에서 사는 것이라"(갈 2:20).

성령을 주체로서, 매일을 주님께 맡기고 살아가는 것입니다. 이 분의 음성에 귀를 기울이고, 이 분의 주권에 여러 가지 문제들을 맡깁니다. 그것이 예수 그리스도를 믿는 기독교인의 유일한 비결입니다. 마음에 새겨둡시다.

 기도

"누구든지 목마르거든 내게로 와서 마시라"(요 7:37).

은혜가 풍성하신 하나님 아버지! 오늘 아침 우리들은 목이 마릅니다. 이전에 갖고 있던 거룩한 영의 기쁨을 잃어버리고, 목이 마릅니다. 아직 예수님을 잘 모르고, 이 세상의 일상에서 주어지는 행복만을 마시고 있으면, 일주일 동안 여러 가지 것들에 휘둘러버려, 자신의 힘만으로는 어떻게 할 수 없게 되고, 그렇게 해서라도 자신의 인생의 왕좌에 자기가 앉아있다면 아마도 목이 말라 너덜너덜해져 버릴 것임에 틀림이 없습니다.

예수님은 지금, 목이 말라 주님 앞에 고개를 떨구고 있는 우리들의 마음에 "내게 모든 것을 맡겨라. 내가 너의 인생의 모든 것을 보살펴 주마."라는 음성을 들려주십니다. 그리고 날마다 주님 앞에 가서, 주님으로부터 생명수를 마실 수 있도록 저희를 인도하여 주옵소서.

예수님의 이름으로 기도 하옵나이다. 아멘.

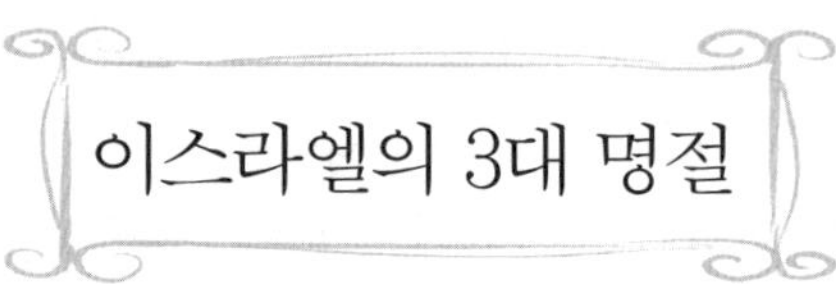

이스라엘의 3대 명절

1. 유월절

"유월(逾越)"이란, 말 그대로 "넘어갔다(pass over)"란 뜻입니다. 이스라엘이 이집트에서 종살이 하고 있을 때에 하나님께서 이집트의 모든 장자나 처음 난 동물들을 치시는 밤에 어린양의 피를 문설주에 바른 집은 그냥 지나치셨는데 이를 의미하는 것입니다. 유대민족은 이 사건을 기억하며 가정과 국가적으로 큰 명절로 지키게 되었는데 이 명절은 이스라엘의 대표적인 명절로 그 후 현재까지 약 3,500년간 지켜 내려오는 세상에서 가장 오래 된 절기가 되었습니다. 그 절기는 다음과 같이 지켜졌습니다.

우선, 기간은 아빕월 14일부터 7일간입니다. "아빕월"(신 16:1)이란 양력으로는 3~4월인데, 이스라엘의 달력으로는 1월입니다. 원래 이 아빕월은 유대민족의 민간달력으로 보아서는 7월입니다, 그러나 출애굽 사건 이후 이를 기념하고자 국가적으로 아예 아빕월이 한 해의 첫 번째 달이 되어 버린 것입니다. 후에 이 말은 유대민족이 바벨론 포로생활을 마치고 귀한 이후부터는 바벨론 명칭인 '니산월'로 바뀌게 되었습니다.

　유월절을 지키기 위해서는 제사물을 준비해야 했습니다. 그것은 소나 양으로 첫날 저녁 제사들 드리고서는 아침까지 그것들을 남기지 말아야 했습니다(신 16:2, 4). 부패방지의 차원도 있었지만 함께 나누어 먹기 위함이었습니다. 특별히 어린양은 온 인류의 죄를 속하기 위해 희생제물이 되어 죽으신 예수 그리스도를 예표합니다(고전 5:7). 따라서 이것은 사람들을 위하여 희생하신 주 예수 그리스도의 거룩한 몸과 정결한 피를 욕되게 하거나 더럽히지 말라는 상징적인 뜻을 가지고 있습니다(출 12:10).

　또한 누룩을 넣지 않은 빵(무교병)을 먹었는데, 이는 이스라엘이 출애굽 하는 밤에 워낙 급하게 나오는 바람에 발효시킬 시간도 없이 밀가루 반죽을 그대로 옷에 싸가지고 나온 것에서 유래되었습니다. 이런 이유로 유월절은 무교절이라고도 합니다.

　이 빵은 이 명절 기간 동안 계속 먹어야 했는데 이 고난의 빵을 먹음으로 평생 출애굽 한 날을 기억하게 하기 위함이었습니다(신 16:3). 그 외의 누룩이 들은 어떤 과자나 빵도 허락되지 않았습니다(신 16:4). 유월절에는 6가지 음식이 있는데 이를 '세데르 음식'이라고 합니다. 정강이 뼈, 삶은 달걀, 쓴 나물, 파슬리나 셀러리, 양상추, 소금물 하로셋입니다.

　유월절은 출애굽 당시는 각 가정에서 지켰으나 모세는 여호와의 이름으로 선택된 곳, 즉 예루살렘 성소에서 지킬 것을 명령했습니다(신 16:5-6). 그 곳에서 제사를 드리되 명절 마지막 날(7일째 되는 날)에는 총회로 모이고 이 명절 동안은 아무 일도 하지 말라고 하였습니다(신 16:8; 출 12:16). 원칙으로 온 이스라엘 백성들이 예루살렘에 모여 이 절기를 지키는 것이나, 현실적으로 그럴 수 없으므로 모세는 남자들에 한하여 한 장소에 모일 것을 명령하였습니다(신 16:16). 즉, 1년에 세 번씩 유월절, 칠칠절, 장막절에 이스라엘 성인 남자들은 여호와께 나와야 했는데 그때에는 예물을 준비하여 나와야 했습니다(신 16:17).

예루살렘 근처에 사는 사람들은 이것이 가능하였으나 후에 이스라엘 사람들이 전 세계에 펴져 디아스포라로 살 때에는 그나마 이것을 지키기에는 불가능해졌습니다. 그래서 평생 한 번이라도 성지 예루살렘을 방문하는 것은 그들의 의무이자 소망이 되어 버렸습니다. 유월절을 예루살렘 성전에서 지키라는 의도는 유대교 순수성의 보전과 유대민족의 결속을 다짐하는 데에 있습니다.

2. 칠칠절

칠칠절은 곡식에 낫을 대는 날부터 7주를 계산하여 맞이하는 명절을 말합니다(신 16:9). 즉, 유월절 다음 7주 후 50일 만에 지키는 절기입니다. 그래서 오순절이라고 합니다. 그 때에는 처음 곡식을 수확할 때이었으므로 이스라엘은 이 추수의 첫 열매를 주신 하나님께 감사드리며 복의 양대로 예물을 드렸습니다. 그 예물은 종류에 상관없이 자원하는 마음이면 되었습니다(신 16:10). 첫 열매를 드렸다고 해서 초실절, 맥추절(출 23:16)이라고도 합니다.

이 명절은 한 가족만 지키는 것이 아니었습니다. 유대 공동체 전체를 아우릅니다. 특별히 기업이 없는 레위인이나 노비와 이방인들과 과부들과 고아들과 함께 즐거워하는 명절이어야 하였습니다(신 16:11). 이는 이스라엘이 과거 이집트에서 노예로 억압을 받았던 역사를 기억하여 이와 비슷한 형편에 빠진 사람들을 도와 그 어려움을 구원해 주라는 하나님의 의도가 있는 것입니다(신 16:11-12). 이 명절에도 이스라엘 성인 남자들은 예루살렘 성전에 나아가 성회로 모여야 했으며 이 기간 동안 모든 노동 역시 금지되었습니다.

3. 초막절

팔레스타인 지역에서는 추수가 대개 칠칠절에서부터 시작하여 초막절에서 끝나게 됩니다. 초막절은 모든 추수가 끝난 후 히브리 달력으로 7월 15일부터 일주일간 지키는 감사절기입니다(신 16:13). 추수가 끝나서 모든 수확물이 창고에 들어갔다고 하여 수장절(收藏節)이라고도 합니다.

이 명절에는 특별히 백성들이 초막을 지어놓고 7일간 그곳에서 생활하였습니다. 이는 그 옛날 조상들이 출애굽하여 40년 동안 초막(장막)생활을 하였던 고난에 동참하며 하나님의 은혜를 기억하자는 뜻이었는데 그래서 초막절, 장막절이라고 합니다.

초막절도 칠칠절과 같이 모든 유대공동체가 함께하는 명절이었습니다. 아들딸들과 남종들과 여종들과 레위인들과 이방사람들과 과부들과 고아들과 함께 나누며 즐거워하는 절기이었습니다(신 16:14). 이 명절 역시 예루살렘 성소에서 모여 지켜야 했습니다(신 16:15).

이스라엘 20세 이상 남자들이 이 절기에 참석해야 하는 것은 물론이었습니다(신 16:16). 이때 역시 빈손으로 나가면 안 되었고 받은 은혜만큼 예물을 드려야 했습니다. 예물은 마음과 예의의 문제입니다. 당시 팔레스타인의 풍습에 따르면 백성들이 왕 앞에 나아갈 때는 예물 없이는 절대로 나아 갈 수가 없었다고 합니다. 하나님은 만왕의 왕이십니다. 하나님은 그 예물이 필요하신 것이 아니라 그 감사하는 마음을 보시고 그 기쁨이 온전해지도록 더욱 복을 주시기 위함이라고 성경에서는 분명히 밝히고 있습니다(신 16:17).

이스라엘은 이스라엘의 고유명절을 지킵니다. 한국은 한국의 고유의 명절을 지킵니다. 기독교의 뿌리가 구약에서 나왔으므로 이 3대 명절을 기독교인이라면 몰라서는 안 되겠습니다. 하나님께서 이 명절들을 왜 이스라엘 백성들로 하여금 지키게 하셨는지 그 원하시는 바를 이해하는 것이 중요합니다. 하나님이 행하신 은혜를 잊지 말고 하나님 경외하기를 배우며, 하나님을 섬기고 이웃을 사랑하며 살라는 것입니다. 그렇다면 이 정신대로 살면 되겠습니다.

한국은 이스라엘처럼 3대 명절을 국경일로 지킬 수는 없습니다. 대신 각 가정이나 교회마다 하나님께서 크게 은혜 베풀어 주신 날들이 있을 것입니다. 그 날을 기념하여 가정별로 교회별로 정규적으로 지키면 좋을 것 같습니다. 그 날은 온 가족이 모여 혹은 온 공동체 멤버들이 모여 식사를 하며 하나님께서 행하신 그 놀라운 이적과 기적 같은 사건들을 후손들에게 알려 주며 서로 축복해주는 축제의 날로 지키는 것입니다. 그것이 진정한 명절입니다. 단순히 이스라엘의 명절을 답습하지 말고 가정이나 교회에서 성경의 근본취지에 부합하는 명절을 지키는 것이 명절의 의미를 살리는 길입니다.

16. 성령을 믿사오며(3)

교회력(敎會歷) 가운데, 세 가지 큰 절기 행사가 있습니다. 그리스도의 탄생을 축하하는 크리스마스(성탄절), 그리스도의 십자가와 부활을 기념하는 부활절(Easter), 그리고 오순절(Pentecoste; 성령강림절)입니다. "오순절 날이 이미 이르매"(행 2:1)라고 되어 있는데, 오순절은 그리스도의 부활로부터 50일째, 제7주째의 일요일에, 제자들에게 약속하셨던 성령이 내려오신 것(성령강림절)을 축하하는 절기입니다.

성령이 내려오신다(성령강림)는 것은, 구약성경의 예언이 실현된 것입니다. 사도행전 2장에는 오순절에 성령이 충만한 베드로가, 예루살렘 사람들 앞에서 힘 있게 설교를 하고 있는 모습이 기록되어 있습니다. 그는 요엘 선지자의 말씀인 요엘 2장 28-29절을 인용했습니다.

"하나님이 말씀하시기를 말세에 내가 내 영을 모든 육체에 부어 주리니 너희의 자녀들은 예언할 것이요 너희의 젊은이들은 환상을 보고 너희의 늙은이들은 꿈을 꾸리라 그 때에 내가 내 영을 내 남종과 여종들에게 부어 주리니 그들이 예언할 것이요"(행 2:17-18).

오순절(성령강림절)은, 예루살렘 사람들에게 있어서는 구약성경의 예언의 성취였습니다. 그리고 예수님의 제자들에게는, 예수님으로부터 듣고 있었던 약속의 실현이었습니다. 주님은 십자가를 앞에 두고, "이는 내가 아버지께로 감이라"(요 14:12) 하고 제자들에게 전하시고, 성령을 보내 주실 것을 약속하셨습니다.

"내가 아버지께 구하겠으니 그가 또 다른 보혜사를 너희에게 주사 영원토록 너희와 함께 있게 하리니 그는 진리의 영이라 세상은 능히 그를 받지 못하나니 이는 그를 보지도 못하고 알지도 못함이라 그러나 너희는 그를 아나니 그는 너희와 함께 거하심이요 또 너희 속에 계시겠음이라"(요 14:16-17).

주 예수님께서 하늘에 오르시고, 영광을 받으실 것을 증거로써 성령을 부어주신 것입니다.

노르웨이의 탐험가로, 인류 최초로 남극점을 발견한 로알 아문센(Roald Amundsen)이 있습니다. 그는 세계 각지의 미지 세계를 탐험하러 갈 때에는 전서구(傳書鳩; 편지를 발에 묶어 소식을 전하는 비둘기)를 가지고 다녔다고 합니다. 그의 탐험이 끝날 무렵에 비둘기를 날려 보내면, 얼마 후에 그 비둘기는 노르웨이의 집으로 돌아왔다고 합니다. 그러면 그것을 보고 부인은 기뻐했다고 합니다. "남편은 살아있구나. 목적지에 도달한 거로구나."라며.

예수님은 하늘에 오르시고, 하나님 우편에 앉아 계시고, 권위와 영광을 몸에 두르시고, 지금도 살아계십니다. 오순절 성령강림은 그 증거였습니다. 예수님의 약속은 진실이었음을 증언하셨습니다.

"보혜사"라는 것은, 주님이 여기서 "또 다른"이라고 했듯이, 예수님 대신으로, 예수님과는 또 다른 인격을 가지신 삼위일체의 제3의 위격(位格)-성령 되시는 하나님을 의미하고 있습니다. 그러나 이 예수님의 말씀에서, 예수 그리스도를 영(靈)으로 생각할 수가 있습니다.

"내가 너희를 고아와 같이 버려두지 아니하고 너희에게로 오리라" (요 14:18).

"너희에게로 오리라"는 것은 '내가' 너희에게 돌아오리라는 것입니다. "또 다른"이라고 말씀하시고, 예수님은 성령과 자신을 구별하시면서도, 그 성령은 바로 나 자신이라는, 혹은 나와 하나인 것을 말씀하시고 계십니다. 그러니까 '삼위일체'라는 표현을 기독교회에서는 사용하게 된 것입니다.

주 예수께서는 최후의 만찬에서도, 성령의 독자적인 역사를 설명하시고 계십니다. 그것을 배우면 배울수록, 성령의 역사는 예수님 자신이다, 즉 예수님의 영이시라는 사실을 잘 알 수가 있습니다.

"보혜사 곧 아버지께서 내 이름으로 보내실 성령 그가 너희에게 모든 것을 가르치고 내가 너희에게 말한 모든 것을 생각나게 하리라" (요 14:26).

"내가 아버지께로부터 너희에게 보낼 보혜사 곧 아버지께로부터 나오시는 진리의 성령이 오실 때에 그가 나를 증언하실 것이요"(요 15:26).

"그가 내 영광을 나타내리니 내 것을 가지고 너희에게 알리시겠음이라"(요 16:14).

그런데 성령은 "또 다른 보혜사"라고 불리고 있습니다만, 이 "보혜사"는 헬라어로 '파라클레토스'('곁=옆'에 계시는 분)라고 합니다. 즉 내 곁(옆)에 계시고, 나와 함께 걸어 주신다는 것입니다. 그러면 우리 곁에서, 성령은 구체적으로 무엇을 해 주시는 것입니까?

주 예수님은, 성령의 역사로 다음 세 가지를 가르쳐 주셨습니다.

1. 곁에 계시면서 진리로 인도하는

"보혜사 곧 아버지께서 내 이름으로 보내실 성령 그가 너희에게 모든 것을 가르치고 내가 너희에게 말한 모든 것을 생각나게 하리라"(요 14:26).

주 예수님은 성령을 "진리의 영"(17절)이라고 부르시고, 모든 것을 가르쳐 인도하고, 아니 그것만이 아니고, 예수님 자신의 가르침을 생각나게 하실 분이라고 말씀하셨습니다. 때로 우리들은 성령이라고 하면, 오순절 성령강림 때와 같은 큰 영(靈)의 현상을 생각합니다. 그러나 예수님에 의해 우리 곁에 계시는 성령은, 우리들을 진리로 인도하는 분이십니다.

존 웨슬레가 사망한 뒤 17년 후인 1807년 5월, 영국 스터드포드 언덕에 수천 명이 모였습니다. 찬송가를 부르고, 기도하고, 간증을 하고, 설교를 듣는 부흥(리바이벌) 집회였습니다. 미국의 개척지에서 성황리에 개최되었던, 말하자면 캠프 미팅(camp meeting) 형식의 집회가 영국으로 들어 온 것입니다.

영국의 메소디스트(감리교) 교회는, 교회의 질서를 우려해서 이 집회를 금지했습니다. 그 결과, 이 부흥 집회의 지도자였던 휴 바운(직업은 목수)과 윌리암 그로즈(도자기 직공)는 영국 메소디스트(감리교) 교회를 떠나서, 「매직 메소디스트」라는 작은 메소디스트 그룹에 들어갑니다. 이 기묘한 이름의 그룹에는 특징이 있었습니다.

첫째로, 그들은 환상과 꿈을 강조했습니다. 하나님은 꿈이나 환상을 통해서, 직접 말씀해 주신다는 이러한 생각은 매력적이었습니다. 요컨대, 문학이나 학문에 의하지 않고서도, 직접 하나님의 음성을 들을 수 있다는 것입니다. 당시에 일반대중 가운데 많은 사람이 글자를 읽을 수가 없었기 때문에 끌리듯이 모여 들었습니다.

둘째로, 그들은 병의 치유와 악령(사탄, 마귀)을 물리치는 것을 강조했습니다. 악마의 직접적인 눈에 보이는 움직임에 주의를 기울인다는 점에서는, 당시의 민간종교의 마술사나 마녀와 공통점이 있었습니다. 병(病)을 악령의 역사로 보고, 그것을 악령과의 투쟁하는 가운데 낫게 합니다. 치유하기 위해서, 악마를 물리치는 기도를 격렬하게 했기 때문에 그들은 '랜더즈'(열광적으로 떠드는 자들)라고 불렸습니다.

물론, 신앙적으로는 성실하고 전도에 열심이었습니다. 그래서 많은 사람들이 모였습니다. 그러나 걱정스럽게, 서서히 그들의 영적 현상(現象)만이 주목 받고, 신앙이나 복음의 본질을 잃어버리고, 그러다가 어느 사이엔가 소멸되어 버렸습니다.

사실은 존 웨슬레의 야외설교에도, 몇 천 명의 청중 가운데에는, 실신하는 사람, 신음소리를 내는 사람, 우는 사람, 찬송을 부르는 사람이 나왔습니다. 그 모습도 역시 과격해서, 당시의 영국 국교회의 목사들은, 악령의 역사라고 하며 수상히 여겼습니다. 그러나 웨슬레는 이것이 악령의 역사 일리가 없다고 확신하고 있었습니다. 왜냐하면 교육도 못 받고, 글자도 온전히 읽지 못하는 청중이 복음의 진리를 이해하고, 죄 사함 받고, 성령에 의해 새사람으로 바뀌어 가는 것을, 눈앞에서 보고 있었기 때문입니다. 마치, 주 예수 그리스도께서 사람들 곁에 서서, 성경을 펴서 풀어 주시는 것처럼 복음이 침투되어 갔던 것입니다.

성령은 영적 현상으로 우리들을 미혹하는 것이 아니라, 진리를 가지고 우리들을 변화시켜주십니다.

2. 평안을 주는

"평안을 너희에게 끼치노니 곧 나의 평안을 너희에게 주노라 내가 너희에게 주는 것은 세상이 주는 것과 같지 아니하니라 너희는 마음에 근심하지도 말고 두려워하지도 말라"(요14:27). 이 평안은 구약성경 시대로부터 이야기되고 있었습니다.

하나님께서는 무서워서 벌벌 떠는 모세에게 말씀하셨습니다. "여호와께서 이르시되 내가 친히 가리라 내가 너를 쉬게 하리라"(출 33:14).

다윗은 노래했습니다. "내가 사망의 음침한 골짜기로 다닐지라도 해를 두려워하지 않을 것은 주께서 나와 함께 하심이라 주의 지팡이와 막대기가 나를 안위하시나이다"(시 23:4).

사도 바울은 로마에서 투옥되어 재판에 끌려 나오고, 고독하게 권력 앞에 서게 됩니다. 그러나 이렇게 적혀 있습니다. "내가 처음 변명할 때에 나와 함께 한 자가 하나도 없고 다 나를 버렸으나 그들에게 허물을 돌리지 않기를 원하노라 주께서 내 곁에 서서 나에게 힘을 주심은 나로 말미암아 선포된 말씀이 온전히 전파되어 모든 이방인이 듣게 하려 하심이니 내가 사자의 입에서 건짐을 받았느니라"(딤후 4:16-17).

모세나 다윗이나 바울도 얼마나 불안했을까요. 그러나 강력한 분이 함께 계시는 것입니다. 그 분이 나의 손을 잡고 평안을 주시는 것입니다.

디 케인즈가 지은 『두 도시 이야기』라고 하는 프랑스혁명을 무대로 한 소설이 있습니다. 매일, 혁명으로 처형되는 사람들이 호송마차로 파리의 거리에 끌려 나옵니다.

예전에는 무법자로 언제나 술에 절어 있던 유능한 변호사 시드니 카튼은, 망명 귀족이라는 이유로 사형선고를 받은 친구와 그의 가족을 위해, 처형 직전에 그 친구와 바꿔 들어가 스스로 사형받는 대역이 됩니다. 카튼은 그리스도께 되돌아 와, 영혼의 구원을 얻었습니다.

처형 시각이 다가오고, 그 날의 사형수 52명이 모였습니다. 그 중에, 역시 억울한 죄로 사형선고를 받은 한 여자가 있었습니다. 그녀는, 친구라고 생각하고는 카튼에게 말을 건넸습니다.

"만일 마차를 함께 타게 된다면, 그 사이에라도 손을 잡아 주시겠습니까? 저, 결코 무섭다고는 말씀 안 드리지만, 아무리 그래도 약하고 작은 인간인 걸요. 조금이나마 용기를 받고 싶어서요."

그렇게 말하고 그의 얼굴을 올려다 본 순간, 그가 다른 사람이라는 것을, 카튼이 친구의 옷을 대신 입고 있는 것을 알아차렸습니다.

처형대에 도착하고, 그 때가 올 때까지 소녀는 그의 손을 잡고 이야기를 걸고 있었습니다.

“어디 사시는, 누구신지 모릅니다만, 주님께서 나와 함께 계셔주지 않았다면, 저, 이렇게 침착하지 못했을 거예요. 태어날 때부터 기가 약한, 연약한 여자인 걸요. 거기다가, 오늘 이 최후의 순간에 처하게 돼서도, 희망과 위로를 가질 수 있도록, 십자가의 죽음을 등에 져 주신 예수님께 이렇게라도 기도를 드릴 수 없었을 거라고 생각해요. 꼭 주님은 하나님께서 저에게 보내주신 분이라고 생각해요.”

두 사람은 손을 꼭 쥐고, 소녀는 그의 바로 앞에서 처형대의 이슬로 사라져 갑니다.

카튼은 먼 옛날, 아버지의 무덤 앞에서 들었던 엄숙한 말이 생각났습니다. 그 말이 파도 같은 인생을 여기까지 지켜주고, 최후를 맞이하는 데에 용기를 주는 것을 알았습니다.

“예수께서 이르시되 나는 부활이요 생명이니 나를 믿는 자는 죽어도 살겠고 무릇 살아서 나를 믿는 자는 영원히 죽지 아니하리니 이것을 네가 믿느냐”(요 11:25-26 참조).

소녀 곁에 시드니 카튼이, 그리고 카튼 곁에 성령이 함께 계시는 그것이 평안입니다. 우리들은 모두, 곁에 계시는 분의 강한 능력을 잘 알고 있습니다.

예수 그리스도는 성령을 ‘파라클레토스’(곁에 계시는 분)라고 말씀하셨습니다. 이 분은 하나님 아버지로부터 부름 받아 주님의 곁에 서 계시는 하나님이십니다. 그리고 곁에 서 계신다고 생각하고 있는 순간, 그 분은 주님의 마음속으로 들어가시고, 내면으로부터 주님을 강하게 해 주시고, 주님을 평안으로 안아 주십니다.

3. 회개로 인도하는

"그러하나 내가 너희에게 실상을 말하노니 내가 떠나가는 것이 너희에게 유익이라 내가 떠나가지 아니하면 보혜사가 너희에게로 오시지 아니할 것이요 가면 내가 그를 너희에게로 보내리니 그가 와서 죄에 대하여, 의에 대하여, 심판에 대하여 세상을 책망하시리라"(요 16:7-8).

약속하신 성령께서 오신 오순절(펜테코스테; 성령강림절) 날, 베드로는 예루살렘에 모여 있는 사람들에게 구약성경의 예언을 인용해 가면서 예수 그리스도에 대해 이야기하고, 긴 설교의 마지막으로, 정확한 결론을 이끌어냅니다.

"그런즉 이스라엘 온 집은 확실히 알지니 너희가 십자가에 못 박은 이 예수를 하나님이 주와 그리스도가 되게 하셨느니라 하니라"(행 2:36).

베드로는, 예루살렘에 모인 자기 나름대로 경건하다고 생각하는 사람들에게, 그 무거운 죄를 단도직입적으로 지적했습니다. 얼마 전까지만 하더라도 그들은 이성을 잃고 흥분해서 베드로를 예수님처럼 십자가에 매달았겠지요. 그런데 오순절 날의 그들의 반응은 달랐습니다.

"그들이 이 말을 듣고 마음에 찔려 베드로와 다른 사도들에게 물어 이르되 형제들아 우리가 어찌할꼬 하거늘"(행 2:37) 하며 심각하게 물었던 것입니다. 그들이 진리를 받아들일 수 있었던 것은, 베드로 같은 제자들이 웅변을 잘했기 때문이 아닙니다. 대체로 회개를 할 리가 없는 사람들—예수님을 십자가로 몰고, 그 책임은 자신에게 있다고 했던 사람들이, 스스로 그 죄를 인정하고 있는 것입니다. 이것은, 세상에 죄를 알게 하는 성령의 역사입니다.

베드로는 사람들에게 대답했습니다.

"베드로가 이르되 너희가 회개하여 각각 예수 그리스도의 이름으로 세례를 받고 죄 사함을 받으라 그리하면 성령의 선물을 받으리니"(행 2:38).

여기서 마음에 새겨 두어야 할 것이 있다면, 베드로의 설교는, 첫째로 자기 자신에 대해서 된 일이 아닌가, 하고 상상합니다. "너희가 예수를 십자가에 못 박은 것이다."라고 사람들에게 말하기 전에, 예수님께서 십자가에 달리시기 전날 밤 "예수를 모른다"고 세 번이나 부인해 버린 베드로 자신이, 우선 회개했을 것입니다. 주님은 그런 그를 용서하시고, "나의 양을 먹이라"라고 말씀하시며 다시 회복시켜 주셨습니다.

베드로 마음속에 우선 성령이 역사하시므로, 자신의 무거운 죄와 주님의 불쌍히 여기심을 이해하고 깊이 느끼고 있었습니다. "회개하라. 예수 그리스도의 이름으로 성령 받으라. 그러면 은혜로써 성령을 받으리라."라는 것은, 세상에 대한 메시지가 아니라, 먼저 자신이 느끼는 은혜의 고백, 말하자면 베드로의 간증이었던 것입니다.

 기도

"내가 아버지께로부터 너희에게 보낼 보혜사 곧 아버지께로부터 나오시는 진리의 성령이 오실 때에 그가 나를 증언하실 것이요"(요 15:26).

사랑하시는 주님! 주님은 십자가에 달리신 후, 부활하시고 하늘에 오르사, 전능하신 하나님 우편에 앉으시고, 성령을 보내 주셨습니다. 성령은 제

곁에 서 계시고, 어디에 가고 어디에 있더라도, 저와 함께 해 주시고, 진리로 인도하시고, 평안을 주시고, 죄를 회개케 하시고, 신앙을 주신다고 약속해 주셨습니다.

그 약속이 가장 두드러지게 나타난 것이 오순절 성령 강림하신 것이라면, 주여, 그 은혜 가운데에서 제가 살 수 있도록, 살아 갈 수 있도록, 저에게 믿음과 능력을 부어 주시고, 성령님과 함께 걷는 자가 되게 해 주옵소서.

예수님의 이름으로 기도 드리옵나이다. 아멘.

17. 거룩한 교회를 믿사오며

이르시되 너희는 나를 누구라 하느냐 시몬 베드로가 대답하여 이르시되 주는 그리스도시요 살아 계신 하나님의 아들이시니이다 예수께서 대답하여 이르시되 바요나 시몬아 네가 복이 있도다 이를 네게 알게 한 이는 혈육이 아니요 하늘에 계신 내 아버지시니라 또 내가 네게 이르노니 너는 베드로라 내가 이 반석 위에 내 교회를 세우리니 음부의 권세가 이기지 못하리라" (마태복음 16장 15~18절)

사도신경은, 서기 100년경에 이미 로마 교회에서 사용되고 있던 그리스도교의 신앙개조(信仰個條) 중에서 가장 기본적인 것입니다.

이 신앙개조는 프로테스탄트나 가톨릭의 구별 없이 사용되고 있습니다. 이번 장(章)에서는, 초점을 '교회의 개념'으로 좁혀서 생각해 보기로 하겠습니다.

예수님의 생애를 그리고 있는 사복음서 가운데, '교회'(에클레시아)라는 단어가 사용된 곳은 마태복음 16장 18절과 18장 17절 두 곳뿐입니다.

'교회'라고 했을 때에 무엇을 연상하게 됩니까? 어떤 사람은 교회의 건물을 떠올리겠지요. 그것이 고딕양식의 웅장한 건축물인가, 아니면 혹은 시골마을의 작은 교회인가, 어릴 적 다니던 유치원에 딸린 교회인가? 혹은 종교단체로 제도를 갖춘 교회인가, 아니면 또 2천년 역사를 자랑하는 가톨릭교회를 의식하는 사람도 있지요.

가톨릭교회는 세계의 교회 중에서도 가장 강대하고, 이천 년 역사 가운데에 많은 수도원을 가지고 있으면서도, 여전히 로마교황 아래 통일되어 있는 조직입니다. 교회의 권위는, 마태복음에 나오는 예수 그리스도의 말씀에서 유래합니다. "내가 천국 열쇠를 네게 주리니 네가 땅에서 무엇이든지 매면 하늘에서도 매일 것이요 네가 땅에서 무엇이든지 풀면 하늘에서도 풀리리라 하시고"(마 16:19).

여기서 "너"는 베드로를 가리킵니다.

"또 내가 네게 이르노니 너는 베드로(헬라어로 페트로스; 돌이나 바위를 뜻함)라 내가 이 반석(헬라어로 페트라) 위에 내 교회를 세우리니 음부의 권세가 이기지 못하리라"(마 16:18).

예수님은 자신의 권위를 베드로에게 맡기셨습니다. 가톨릭교회는, 이 죄를 사하는 권위가 베드로로부터 다음 주교(主教)로, 그 다음 주교로, 그리고 교황으로 점점 계승되어 갔다고 해석합니다. 요컨대, 안수(按手)에 의해 예수님께서 베드로에게 주신 권위는, 차차 대를 이어 교황에게 이르기까지 계속해서 계승되고 있기 때문에 가톨릭은 분열되는 일 없이, 거대한 하나의 조직 제도를 구축하여 왔다라고 생각할 수 있는 것입니다.

서구의 역사 가운데에서, 가톨릭교회는 역사를 좌우하기도 하고, 변천해가는 국가의 흥망성쇠의 역사를 넘어, 교회의 영적인 현실이나 그 권위로 이 세계에 많은 영향을 끼쳐 왔습니다. 이 교회로부터 파문당하는 것은 구원을 잃어버리는 것으로 보였으니, 그것은 대단히 큰 일이었던 것입니다.

11세기에는 신성(神聖)로마제국의 하인리히 4세가, 당시의 로마교황 그레고리우스 7세로부터 파문 당하는 사건이 있었습니다. 교황이 체재하고 있던 북이탈리아의 카놋사 성 앞에, 수도복을 입고 3일 동안이나 서서 파문의 해제를 간청했다는 그 유명한 '카놋사의 굴욕' 사건입니다.

이 교회 안에 있는 것이 구원받는 것이라고 말할 정도로, 가톨릭교회의 존재는 위대합니다. 교회 안에는 위대한 성도들의 이름이 새겨져 있고, 그 사상적인 영향력은 세계에 미칩니다. 그럴 정도까지 눈에 보일 정도로의 모양새로, 위대한 제도와 권력을 몸에 지니고 있으면서도, 가난한 자들을 섬기고, 역사의 파도에 휘둘려지면서도 가라앉은 적이 없었던 가톨릭교회가 존재한다는 것은 나도 개신교도이지만 자랑스럽게 느낍니다.

그러나 마태복음에서 예수 그리스도께서 처음으로 입을 여신 '교회'는, 천국의 열쇠를 누가 쥐고 있는가, 그 열쇠를 누가 계승했는가라는 그런 '제도(制度)'가 아니라, 베드로의 신앙고백을 모방하는 '신앙인의 무리'라고 이해하는데, 이것은 성공회(聖公會)나 개신교회도, 예를 들면 존 웨슬레도 마찬가지입니다.

교회가 무엇이냐고 물었을 때에, 그 유명한 '코에투스 크레덴툼'(coetus credentum)—'크레덴툼'은 '나는 믿는다'의 신앙, '코에투스'는 공동체, 무리(群)—즉 '신앙인의 공동체'라고 대답할 수가 있습니다. 곧 '교회'는 우리들을 가리키는 것으로서 건물이나 제도가 아니라는 것이 프로테스탄트의 기본 이해입니다.

신앙을 고백하는 내가 있는

교회는 건물이나 제도가 아니라, 베드로처럼 예수님에 대한 신앙 고백을 하는 사람들의 모임입니다. 처음은 마태복음 16장에서 일어난 일인데, 예수님께서 제자들과 함께 빌립보 가이사랴 지방을 방문했을 때입니다.

"예수께서 빌립보 가이사랴 지방에 이르러 제자들에게 물어 이르시되 사람들이 인자를 누구라 하느냐"(13절).

'인자'(人子)는 예수님 자신입니다. "세상 사람들이 나를 누구라고 말하고 있는가?"라고 묻고 있는 것입니다. 이 질문은, 지금 세상에서도 마찬가지입니다. 큰 서점의 종교 코너에는 그리스도에 대한 책이 많이 있습니다. 그 설명되고 있는 단면이나 보는 시각의 각도는 다양합니다만, 해석이 여러 가지로 나뉘고 있는 것은, 도대체 예수 그리스도는 누구인가라는 것이지요. 그것은 당시에도 마찬가지였습니다.

"이르되 더러는 세례 요한, 더러는 엘리야, 어떤 이는 예레미야나 선지자 중의 하나라 하나이다"(14절).

세례 요한이 살아 돌아 온 것이다, 엘리야다, 예레미야다, 예언자다, 도덕가다, 사상가다, 활동가다, 위대한 인생의 스승이다, 사랑의 모범이다, 라고 사람들은 말하는 것이지요.

주 예수님은 입을 다물고 계십니다. 그리고는 제자들에게 물으십니다.

"너희는 나를 누구라 하느냐"(15절).

그 눈으로 나를 보고, 그 귀로 나에 대해 듣고, 나와 함께 걸어서 온 너희는 나를 누구라고 생각하는가, 라고 제자들에게 물으십니다. 예수님은 나의 응답을 기다리고 계십니다. "너희는 나를 누구라 하느냐"라고 하는 예수님의 질문은, 내가 주 예수와 어떤 관계를 갖고 있는가를 확실하게 합니다.

'예수 그리스도는 나와 아무 관계도 아니야. 크리스천이라는 것은 하나의 삶이다. 그리스도교라는 생각이다. 쓸쓸하고 외롭고 슬프고 병들고 불안해져 있을 때에, 상대가 되어주는 것이 성경이고, 위로를 얻게 되는 것이 그리스도이다. 혹은—주 예수를 자기의 참 구주로서, 하나님으로서 믿고, 그 말씀을 듣고 따라가고자 하는 것이다.' 이러한 것들이 확실하게 됩니다.

일이나 인간관계의 너저분한 관계 속에서, 혹은 교회 안에서의 다양한 좌절을 통해서, 주님의 질문이 들려옵니다. 자신의 건강을 생각하고, 장래의 가는 길을, 다양한 장면, 복잡한 생각들이 돌고 도는 가운데 일관되게 들려오는 주님의 음성이 있습니다.—너희는 나를 누구라 생각하느냐?

'내가 너의 죄를 위해서 목숨을 버릴 정도로 너를 사랑한 구주라는 사실을 정말로 알고 있다면, 또한 내가 너의 궁극의 심판인 죽음의 지배조차도 너를 위해서 부숴버린 예수라고 알고 있다면', 주님은 그 작디작은 문제에 대응하는 그 방법이 바뀌게 될 것입니다. 요컨대, 예수 그리스도가 도대체 어떤 분이라는 것을 고백하는 일은, 우리 한 사람 한 사람의 인생의 가장 중요한 과제라고 주님은 말씀하고 계신 것입니다.

"너희는 나를 누구라 생각하느냐?"—그 응답을 가능하게 하는 것은 인간의 통찰력이 아니라 성령의 능력입니다.

"시몬 베드로가 대답하여 이르되 '주는 그리스도시요 살아 계신 하나님의 아들이시니이다' 예수께서 대답하여 이르시되 '바요나 시몬아 네가 복이 있도다 이를 네게 알게 한 이는 혈육이 아니요 하늘에 계신 내 아버지시니라'"(마 16:16-17).

예수라는 한 인물 안에서 하나님을 보는, 그것은 많은 기적을 눈앞에서 목격해 온 베드로조차도 간단한 일은 아니었음에 틀림이 없습니다. 우리도 베드로처럼 "주는 그리스도시요 살아 계신 하나님의 아들이십니다"라고 고백할 때, 그것은 진실한 고백이 되므로, 우리의 생애, 삶, 가치관을 통한 고백이어야 합니다.

15세기 제정(帝政) 러시아를 이끈 이반(Ivan) 대제(3세)에게 이런 일화가 남아 있습니다.

그는 국가를 통일하기 위해, 넓은 러시아 대지(大地)를 싸우며 다녔습니다. 전사(戰士)로서 용감하고, 군대를 이끄는 사령관으로서도 우수했습니다. 그런 그가 비잔틴제국의 황족인 소피아를 왕비로 맞아들이려고 했던 때의 일입니다. 그리스정교회는 소피아와의 결혼에 한 가지 조건을 냅니다. 그것은 이반 대제가 세례를 받는 것입니다. 이반 대제는 자신이 세례를 받는 것이 별 문제가 아니라고 생각했습니다.

그런데 그리스정교회에서는 세례를 받은 자는 직업 군인이어서는 안 된다는 약속을 해야 했습니다. 요컨대 세례라는 신앙고백은 평화의 서약을 동반해야 했습니다. 즉 세례를 받는다는 것은 피를 흘려 온 무기를 버릴 것을 요구 받은 것입니다.

이반 대제는 생각했습니다. 그리고 500명의 정예부대를 데리고 비잔틴제국에 들어갔습니다.

세례를 받을 때, 그의 충실한 부하 500명도 함께 세례에 참여했습니다. 5백 명의 러시아병사에, 5백 명의 사제. 사제들은 예복을 몸에 걸치고, 병사들은 군복을 입고 가슴에는 전쟁의 메달을 달고 허리에는 칼을 차고 있었습니다.

세례의 식문(式文)이 낭독이 되고, 사제들이 세례를 주기 위해 그들의 몸을 물속에 넣으려고 하는 순간, 대제를 비롯해 500명의 병사들은 칼을 뽑았습니다. 그리고 칼이 세례를 받지 못하도록 물 밖으로 칼을 내밀었습니다.

몸은 세례를 받았습니다. 그러나 무기는 세례를 받지 않았습니다. 그러니까 전쟁에 사용할 수 있다는 무언가, 이것도 저것도 아닌 세례였던 것입니다. 저는 이 이야기를 존 M. 드렛샤라는 메노나이트파(派)의 신학자의 책에서 인용했습니다.[1] 메노나이트파 교회는 일관된 평화주의자로서, 전쟁이 많은 미국 기독교의 본연의 자세에 저항을 계속하고 있습니다. 미국이 기독교국가로서 자기들이 스스로 세웠으면서도 전쟁을 계속 반복하는 것은, 이반 대제와 그의 부하들이 세례를 받으면서도 칼을 물 밖으로 내밀고 있는 자기모순과 같은 것입니다.

본래 사도신경이, 초대교회의 세례식에 있어서 세례 받는 자가 고백하는 신앙이었던 것을 더듬어 살펴보면, 이것도 저것도 아닌 세례, 이것도 저것도 아닌 고백이 아니라, 그 고백에 진실하게 살고자 하는 내가 있어야 하는 것입니다.

'나'가 '우리'가 되는 교회

교회에서는 주기도문을 함께 외우며 기도합니다. 간구하는 것은 나 한 사람이 아닙니다. 「하늘에 계신 우리 아버지여」라고 하여 전부 '우리'입니다. 그러나 사도신경에서는 「… 내가 믿사오며…」라고 하여 전부 '나' 한 사람입니다. 여기에는 의미가 있다고 생각합니다.

"너희는 나를 누구라 생각하느냐?"라는 예수님의 질문은 모두가 대답하는 것이 아닙니다. 그것은 나에게 묻는 질문으로, 나 개인의 생각하고 있는 그대로를 대답하면 됩니다.

그러나 교회 안에서 이것을 대답을 할 때는, 우리들은 목소리를 합치고 마음을 합치고, 이 고백을 하나로 하는 것입니다. ―그것이 교회입니다. 때로 나의 고백은, 그 의미하고 있는 것조차 모르지요. 때로 나의 고백은 흔들립니다. 하지만 때로 나의 그 대답이 나보다도 더 흔들리고 있는 사람을 격려하는 것입니다. 때로 나의 그 흔들리는 고백이, 낭랑한 목소리로 고백하는 옆 사람을 더욱 더 격려하기도 합니다.

주 예수님께서는 기도에 대해서 가르쳐 주셨습니다. "두세 사람이 내 이름으로 모인 곳에는 나도 그들 중에 있느니라"(마 18:20).

작은 고백이 모여지고 하나로 될 때 강해지고, 예수님의 모습이 보다 더 선명하게 나타납니다. 다양한 교단들이 마치 전국대회를 하는 것 같이 기획되어 있는 것이 눈에 들어옵니다. 도시의 큰 교회, 시골의 작은 교회, 교회의 규모는 차이가 있지요. '전국'이라는 이름을 붙인 많은 인원수의 예배에서는 작은 교회에서 온 신자가 주눅이 들어버리는 것은 아닌가 하고 생각하지 않는 것은 아닙니다. 그런데 그렇지 않습니다. 작은 무리일수록 자기도 같은 신앙을 고백하는 큰 모임에 자기를 놓아 보고 싶을 것이라고 생각한다는 것입니다. 함께 일어서고, 함께 기도하고, 함께 찬송하고, 함께 성찬에 참여 할 때, 거기에 주님도 함께 계시고, 비로소 「거룩한 공회를 믿사오며」라는 확신에 서는 것은 아닌가 라고 생각합니다.

그렇게 되는 교회는 음부(하데스)의 문에도 승리합니다.

"또 내가 네게 이르노니 너는 베드로라 내가 이 반석 위에 내 교회를 세우리니 음부의 권세가 이기지 못하리라"(마 16:18).

'하데스'는, 죽은 자가 가는 곳, 죽음의 힘이 지배하는 곳입니다. 우리의 인생을 위협하는 많은 괴로움, 슬픔, 그 최후의 궁극적인 것이 죽음입니다. 그 죽음의 지배가 '하데스의 문'으로부터 우리들을 노려보고 있습니다. 그 하데스의 문조차도, 교회에는 대항이 안 됩니다.

왜 그럴까요? 그것은 교회에 특별한 힘이 있기 때문이 아니고, 교회에 모이는 사람들이 훌륭하기 때문도 아닙니다. 그것은 교회가 살아계신 하나님의 아들, 구주이신 주 예수 그리스도를 믿는 신앙을 고백하는 무리이기 때문입니다. 우리들의 죄를 위해서 십자가에 달리시고, 우리들의 무거운 죄에 대가인 죽음을 물리치고 부활하시고, 우리들에게 영원한 생명을 부어 주신 구주 예수 그리스도를 믿는 신앙을 고백하는 무리들은 죽음의 지배를 별로 대수롭지 않게 생각합니다.

지금 이 장면에서 고백하는

교회는 이천 년 역사 동안 「사도신경」을 반복하여 고백해 왔습니다. 그러나 교회는 "지금, 이 상황에서" 무엇을 하는 것이 예수님을 고백하는 것인가, 그것을 생각하고 실행함으로써 비로소 그리스도를 믿는 것이 됩니다. 아돌프 히틀러 정권 아래에서, 39세에 교수형을 당해 순교한 독일의 젊은 신학자 디트리히 본회퍼(Bonhoeffer, Dietrich; 독일의 목사, 신학자, 1906-45. 고백교회의 투쟁을 지도하며 반나치 운동을 벌이다 처형됨. 그의 사상은 현대교회에 대하여 여러 가지 문제를 제기하였음)를 생각해 봅시다.

"지금, 이 상황에서"라는 것은, 본회퍼의 경우는 이러했습니다. 1927년, 그는 약관 20세에 베를린대학 신학박사를 취득했고, 23세에 교편을 잡았습니다. 그리고 6년 후에, 히틀러가 정권을 쥐게 되고 유대인 박해가 시작되자, 드디어 독일은 마치 히틀러가 하나님인 것처럼, 히틀러를 숭배하고 예배하고 따랐습니다.

1934년, 독일교회는 '고백교회'를 결성했습니다. 고백이라는 것은, 히틀러를 숭배하는 것이 아니고, "예수님이야말로, 살아 계신 하나님의 아들이십니다"라고 고백하는 것입니다. 그리고 「바르멘 선언」이라는 유명한 선언을 칼 바르트가 기초해서 독일교회는 일치단결해서 나갑니다.

본회퍼도 이 '고백교회'에서 중심적인 역할을 맡았습니다. 그러나 그 '고백교회'조차도 살아남기 위해, 나치와 타협을 도모하고자 하는 흐름이 점점 강하게 되어갔습니다. 이것은 전시하(戰時下)의 일본 교회도 마찬가지입니다. 일본의 교회도 정권과 싸우는 것보다는, 완전히 먹혀 갔습니다. 독일도 그렇게 되었습니다. 좋은 크리스천은 국가에 따르는 것이라고, 성경에 그렇게 써있다고 주장했습니다. 이렇게 교회는 자신들이 살아남기 위한 말만 하도록 되어 갔습니다.

그런 가운데, 1936년, 본회퍼는 『그리스도를 따르라』라는 책을 씁니다. 그것은 예수 그리스도의 산상수훈 강해였습니다. "심령이 가난한 자는 복이 있나니 천국이 그들의 것임이요"(마 5:3)라는, 그 산상수훈의 설교를 강해하고 있었습니다. 하지만 그것은, 단순한 성경 강해가 아니었습니다.

그는, "지금, 이 상황에서" 교회가 정권에 대항해서 평화를 추구하고, 의에 굶주린, 구주 그리스도를 고백하는 것인가, 어떤가―교회의 존재 의의가 무엇인가를 묻는 독일의 기독교인들을 향한 호소였습니다. "지금, 이 상황에서" 교회는 무엇을 해야 하는가, 기독교인으로서 어떤 판단을 해야 하는가, 만약 질문을 막아버린다면, 만약 교회가 사회적 책임을 방치해 버린다면, 신앙고백은 단순한 입놀림에 그치고, 교회는 그리스도를 믿는 신앙인의 무리라는 실질적인 것들을 잃어버린다는 것입니다.

"지금, 이 상황에서" 예수님을 주로 고백하는 것은 무엇을 의미하는 것인가? 그것을 언제나 질문하고 있는 곳이 교회이고, 우리들의 일상입니다. 가족의 문제든, 일의 문제든, 인간관계의 문제든, 일상생활에서 일어나는 모든 국면에서, "예수 그리스도야말로 나의 주님이십니다"라고 고백할 수 있다면, 인생이 바뀔 것입니다.

우리가 교회 안에서 "예수님은 살아 계신 하나님의 아들이십니다"라고 고백할 때, 개인의 문제만이 아니고, 교회로서도 같은 것을 질문 받고 있습니다. 그저 입놀림만의 고백이 아니라, 신앙으로 살아가는, 그 고백으로 살아간다는 것은 어떤 것인가―를 다음 장(章)에서 계속 살펴보기로 하겠습니다.

기도

은혜가 풍성하신 하나님 아버지! 고백이 우리의 인생을 결정해 버리는 것을 알면서도, 그리고 그 고백이 그저 입놀림에 그쳐 버린다면 그거야말로 하나님의 은혜를 헛것으로 만들어 버리는 것입니다.

믿음으로 살아 갈 수 있도록, 믿음으로 고백하고, 일상에서 일어나는 모든 일들, 모든 문제들에 적용시킬 수 있도록 우리들에게 능력에 능력을 더하여 주옵소서.

예수님의 이름으로 기도 드립니다. 아멘

18. 거룩한 공회 (공동의 교회)를 믿사오며

「공회(公會); 공동(公同)의 교회」는, 별로 귀에 익숙하지 않은 말이라고 생각합니다. 라틴어로는 가톨릭쿠스(catholicus), 헬라어로는 카달로스(kathalos)인데, 여기에서 '가톨릭'이라는 말이 나옵니다. 이 말이 의미하는 바는, 전체(全體)라든가 보편(普遍)이라는 것입니다. 공회(공동의 교회)를 보편공동교회(普遍公同敎會)라고 부르기도 합니다.

성경에는 '공회(공동의 교회)'라는 말이 없습니다. 오히려 많이 나오는 것은 예루살렘교회 라든가, 안디옥교회처럼 지역 교회입니다. 기록된 편지에는 지역 교회의 개별적인 사정에 대해 적고 있습니다만, "원래, 교회라는 것은"이라고 하는 말에는 전체 교회가 상정(想定)되어 있기 때문에, 성경에서는 언제나 교회의 전체성 안에 놓인 개개의 교회를 말하고 있는 것이 분명합니다. 그러니까 「공동의 교회」

라는 표현이 성경에 따로 없어도, 항상 각 교회의 모든 실정(實情), 개별교회의 특색을 넘어서, 보편적인 교회는 공동의 개념으로 의식되고 있다고 말할 수 있겠습니다.

이 「공회」라는 말은, A.D. 110년에 로마에서 순교한 안디옥교회의 이그나티우스의 편지 가운데 처음 나옵니다. 이미 교회는, 사도 바울의 사역에 의해, 유대(이스라엘) 세계를 넘어, 소아시아, 그리스, 로마권으로까지 확장되었습니다. 그것들 모두를 하나로 묶을 조직은 없고, 각자의 마을에 목사가 세워지고, 서로 교류를 하면서도, 독자의 교회가 생겨났습니다. 그러한 교회의 다양한 성장과정 중에서, 이그나티우스를 시작으로, 여러 교부(敎父)들이 「공회」라는 말을 사용했습니다.

조금 지나자 사도신경에도 「공회」라는 말이 들어가게 되었습니다. 16세기의 독일 종교개혁가인 마르틴 루터의 오른팔이라고 불렸던 필립 멜란히톤은 이렇게 말하고 있습니다. "왜 이 단어가 신앙개조(사도신경)에 들어가게 되어, 교회가 보편공동(普遍公同; 가톨릭)이라고 부르고 있는 것일까? 왜냐하면, 전 세계 각지에 흩어진 집회(集會)이고, 그 멤버가 어디에 있어도, 장소적으로 어떻게 얼마를 떨어져 있어도, 같은 말씀, 즉 모든 시대에 공통되는 참 교리를, 처음부터 끝까지 하나부터 열까지 모두 받아들여, 모두가 함께 고백하기 때문이다."[1]

그럼 왜 여러 교파가 있는가?

「거룩한 공회를 믿사옵니다」라고 고백하면서, 왜 이렇게 많은 교파가 있는 것인가? 이 소박한 질문에 대답하지 않으면, 이 문제를 이야기할 의미가 없을 것입니다. 원래 교회는 하나가 아니었던가? 아니 아니, 반드시 그렇지는 않은 것입니다.

예수 그리스도 선교의 시대에 있어서도, 열두 제자들과는 다른, 제자들의 동료가 아닌 다른 무리가 있었습니다. 제자들은 그들을 금하였습니다. "요한이 예수께 여짜오되 선생님 우리를 따르지 않는 어떤 자가 주의 이름으로 귀신을 내쫓는 것을 우리가 보고 우리를 따르지 아니하므로 금하였나이다"(막 9:38). 예수님은, 그들의 일을 "또 이 우리에 들지 아니한 다른 양들이 내게 있어 내가 인도하여야 할 터이니 그들도 내 음성을 듣고 한 무리가 되어 한 목자에게 있으리라"(요 10:16)라고 표현하고 계십니다. 이윽고, 박해를 계기로 교회가 예루살렘에서 밖으로 퍼져나가다가 다른 문화, 다른 민족으로 광범위하게 침투되어 가는 과정에서, 교회의 다양화는 당연한 일, 역사적인 필연이었습니다.

그것만이 아닙니다. 교회가 분화해가는 과정에서 인간의 연약함, 때로는 분열로 인해 무거운 죄를 지은 때도 있었습니다. 1054년, 서방교회와 동방교회의 '동서분열'은 그리스도교회를 동과 서로 나누었습니다. 동방교회는 그리스 러시아정교(正敎)입니다. 서방교회는 로마를 중심으로 한 가톨릭교회입니다. 그러나 서방교회는 중세 가톨릭의 교황청의 추락, 마르틴 루터의 종교개혁으로 시작된 저항과 개혁의 소송에 의해, 16세기에 가톨릭교회와 프로테스탄트(개신교)교회로 분열되어 갔습니다.

그 무렵 그리스도교는, 각 나라에 의해 종파가 결정되었습니다. 프랑스는 가톨릭 국가로 되었습니다. 그렇게 되자 프랑스에 있던 개신교회는 박해를 받아 네덜란드로 피난을 하게 되어, 네덜란드에 멋진

개혁파교회가 생겨나게 됩니다.

영국은 나라가 주체가 되어 운영하는 국교회(國敎會)입니다. 영국 국교회에서 한층 더 개혁되기를 바랐던 사람들인 청교도들은 탄압을 받고, 현재 북아메리카 대륙의 동부로 도피를 가서, 거기에 뉴잉글랜드를 만들었습니다. 이외에도, 독일의 모라비아파(派)와 영국의 퀘이커파와 같이, 자국의 종교와는 다른 교회제도와 예배를 드리던 사람들이, 탄압과 제재로부터 피해서 세계 여러 곳으로 이주를 하여, 이민의 나라 미국이 생겨났습니다. 그런 까닭으로, 미국은 자유의 나라로 불리게 됩니다. 그 자유라는 것은, 무엇보다도 '예배의 자유'입니다. 우리들의 양심의 자유에 따라 하나님을 예배하는, 드디어 그 자유함으로 인해 다양한 교단(敎團)과 교파(敎派)가 생겨납니다. 미국에는 국교회가 없습니다.

일본의 쇄국(鎖國)이 끝나고 그리스도교가 들어왔을 때, 미국을 중심으로 한 여러 나라의 각 교단, 교파로부터 선교사가 들어왔습니다. 일본교회의 여명기에 있어서 우에무라 마사히사(植村正久)를 시작으로, 일본의 많은 기독교인들이 여러 나라의 교파주의(敎派主義)를 일본에 그대로 갖고 들어오는 것은 곤란하다고 간곡히 호소했습니다만, 아무리 반대를 해도 선교는 실질적으로는 외국의 교단과 교파에 있고, 교회는 거기에 따라서 세워졌기 때문에, 일본은 미국은 아니다—하나의 기독교로 좋겠다는 생각은 실현되지 못했습니다.

게다가 교회가 갈라졌던 것은, 하나님의 사역에 의한 것이라고 할 수도 있습니다. 교회가 침체되고 때로는 추락했던 때에, 그것을 타파할 수 있도록 가톨릭교회에는 많은 수도원이 설립되었습니다. 독일에서는 마르틴 루터가 가톨릭교회의 제도와 형태에 「95개조의 반박문」

으로써 개혁을 호소했던 것이 큰 사건이 되었는데, 그것을 받아들일 수 없었던 가톨릭교회는 루터를 파문시켰습니다. 루터의 입장에서는 본의는 아니었지만, 그것에 의해 프로테스탄트교회의 무리가 생겨나게 된 것입니다. 영국의 사제였던 존 웨슬레도 자신은 "국교회의 사제의 아들로서 태어나, 사제로서 죽는다."라고 밝힌 바 있지만, 영국 국교회의 제도는 그의 사역을 받아들일 수가 없었습니다. 결국 웨슬레는 당시의 영국 국교회를 개혁하기 위해서 메소디스트운동을 일으켰는데, 웨슬레가 세상을 떠났을 때, 메소디스트파는 영국 국교회에서 독립한 프로테스탄트교회를 조직하여, 지금은 세계 속에서 그 사역을 전개하고 있습니다.

그러니까 이와 같은 역사의 흐름 가운데서 우리가 「거룩한 공회를 믿습니다」라고 고백할 때, 그 시점은 조금 미묘하게 복잡해집니다.

우리들은, 천국은 하나니까, 어떻든 지상의 교회도 하나로 되었으면 하고 간절히 원합니다. 그러나 반드시 그것을 목표로 하는 것이 「공회; 공동의 교회」의 정신은 아닙니다. 교회는 역사적, 지역적으로 다양성을 띄고 있습니다. 그 다양성에 의의를 인정하고, 존중하고, 배타주의에 빠지지 않도록, 교회로서 일치해 가는 길을 찾는 것이 공교회의 역할일 것입니다.

그것은 개개의 교회 안에서도 마찬가지입니다. 하나의 교회에 모이는 우리들은, 한 사람 한 사람, 성격이나 배경, 안고 있는 문제도 각기 다르면서, 같은 그리스도라는 몸으로 연결되어, 다양성 위에 풍요로움이 생겨난다고 생각합니다. 그 생각을, 하나의 교회로부터, 교단과 교파까지 확장시켜 가면 보다 큰 그리스도의 몸, 다양하면서도 하나인 공교회를 생각할 수가 있겠습니다.

쉽게 말해서, 성경을 예로 들어 봅시다. 성경 66권은 다양성으로 넘칩니다. 구약성경의 처음인 창세기부터 신약성경의 마지막 요한계시록까지, 그 기록된 연대를 생각하면 천년 이상의 시간적 간격이 있습니다. 각 복음서의 문화적 배경과 역사적인 배경도 다릅니다. 구약성경은 히브리어로, 신약성경은 헬라어로 기록되어 있습니다. 신명기가 율법서라면, 시편은 시(詩)와 기도, 아가서는 연애의 노래입니다. 복음서 같은 내용도 있지만, 로마 교회로 보낸 편지 같은 교리서(로마서)도 있습니다. 다니엘서는 요한계시록처럼 계시문학(묵시문학)이라고 불리는 장르도 있습니다. 사도 바울의 서신서도 야고보서처럼 얼핏 보면 신학적으로 서로 받아들이지 못하는 것 같은 내용도 있습니다.

그래도 우리들은 이 66권의 책을 하나로 보고, 게다가 다양성의 이유로 풍부함을 감사하게 받아들입니다. 다양이라는 이유에, 하나님의 풍성함이 잘 표현되어 있습니다. 다양성으로 인해 하나님의 계획과 셀 수 없는 은혜도 뚜렷하게 보입니다. 아무리 다양이라고 해도 우리들은 성경 전체를 하나의 성경으로 보고자 노력해야 하는 것처럼, 교회가 아무리 다양하게 많이 있어도 하나의 교회로 보고자 하는 노력을 하지 않으면 안 됩니다. 그와 같이 보고자 하는 노력이 우리가 「거룩한 공회를 믿사옵나이다」라는 고백 안에 들어있다고 저는 생각합니다.

일치와 다양성

일치(一致)와 다양성(多敎性)의 문제를, 조금 더 구체적으로 에베소서 4장에서 배워보기로 하겠습니다. 사도 바울은 에베소교회를 예로 들어, 교회를 구성하는 멤버의 고유성을 뛰어 넘는 일치를 가르치고 있습니다.

"주도 한 분이시요 믿음도 하나요 세례도 하나요 하나님도 한 분이시니 곧 만유의 아버지시라 만유 위에 계시고 만유를 통일하시고 만유 가운데 계시도다"(5-6절).

"우리 각 사람에게 그리스도의 선물의 분량대로 은혜를 주셨나니"(7절).

5, 6절은 '하나'인 것을 강조하고 있습니다만, 7절에서는 "우리 각 사람에게"라고 하여 주어진 선물의 다양성을 강조하고 있습니다.

"그가 어떤 사람은 사도로, 어떤 사람은 선지자로, 어떤 사람은 복음 전하는 자로, 어떤 사람은 목사와 교사로 삼으셨으니"(11절).

주님은 자신의 몸 된 교회를 세워가기 위해서, 어떤 사람은 신자, 어떤 사람은 어머니, 어떤 사람은 사마리아 사람도 세우게 됩니다.

사도 바울은 고린도전서 12장에서도 같은 내용을 가르치고 있습니다. 거기에서는 교회는 그리스도의 몸이고, 우리는 그 몸에 속한 각 기관이라고 말하고 있습니다. 눈도 있고, 귀도 있고, 다리도 있고, 그 중에는 비교적 약하게 보이는 기관이나 돋보이지 않는 지체도 있습니다. 그러나 불필요한 기관이나 지체는 하나도 없습니다. 모든 것이 조합이 되어 하나의 몸을 구성하고 있는데, 그것이 바로 그리스도의 몸 된 교회라는 것입니다.

그런데 에베소서 4장으로 돌아가 보면, 매우 중요한 것이 적혀 있습니다.

"이는 성도를 온전하게 하며 봉사의 일을 하게 하며 그리스도의 몸을 세우려 하심이라 우리가 다 하나님의 아들을 믿는 것과 아는 일에 하나가 되어 온전한 사람을 이루어 그리스도의 장성한 분량이 충만한 데까지 이르리니"(12-13절).

사람들이 모이는 집단인 교회가 다양성으로 충만한 것은 당연하지만, 사도 바울은 그 다양성에 적극적인 의미를 부여하고 있습니다. 요컨대, 한 사람 한 사람이 서로 다른 개성과 역할을 가지면서, 섬기고 있는 교회의 사역을 감당해 갈 때에, 각자의 다양성이 조합이 되어 하나의 사역이 되어간다는 것입니다. 그 때 교회는 "온전한 사람이 되어, 그리스도의 장성한 몸으로 된다"라고 말하는 것입니다.

한마디로 말하면, 다양성이 없으면 그리스도의 풍성함을 표현할 수가 없다는 것입니다. 여러 가지의 활동이나 사역의 특성이 조합이 되어 비로소, 교회는 그리스도의 풍성함을 표현할 수가 있는 것입니다. 공동의 교회에는 가톨릭교회나 루터파, 개혁파나 장로파, 혹은 메소디스트(Methodist; 감리교)나 뱁티스트(Baptist; 침례교) 등 세계적인 규모의 교단도 있습니다. 혹은 곁가지 같은 50년, 60년 정도의 역사밖에 없는 비교적 약하게 보이고, 돋보이지 않는 기관처럼 보이더라도, 실제로는 없어서는 안 될 존재인 것을 분명히 깨닫고 가슴을 활짝 펴야 마땅하다고 생각합니다.

개성을 없애버리는 것이 아닌

「거룩한 공회」를 믿는 것은, 요컨대 지역교회의 개성이나 독자성, 역사성을 부정하는 것이 아닙니다. 개교회의 역할을 잃지 않으면, 작은 교회라도, 하나의 둘도 없는 부분으로서 전체인 공동의 교회에 공헌을 할 수 있는 것입니다. 그 개성을 없애버리면, 예를 들어 눈이 눈으로서의 역할, 귀가 귀로서의 개성을 없애 버리면, 공헌할 수 없게 될 것입니다.

우리들이 자기의 교단의 배경에 있는 하나님의 섭리, 독자적인 사명의식, 교리적인 독자성, 전통을 잃어버린다면, 이미 전체에 공헌하는 의미는 없는 것입니다. 기독교인이라면 누구라도 하나의 지역교회에 소속이 되어 있지요. 거기에는 설립 이래의 사명이 있고, 특색이 있는 것입니다. 그것을 추구해 갈 때 그 독자성이 공동의 교회를 풍성하게 합니다.

그리고 동시에, 자신이 소속되어 있는 교회나 교단을 공동교회라는 더욱 넓은 범위의 교회 속에 놓아 보는 것이 매우 중요합니다. '과연 그렇구나! 그리스도 교회라는 것이 이렇게 폭 넓고 다양한 것인가.' 하고 놀라면서 다른 교회나 교단 사람들로부터 배우고, 주 안에서 하나 된 것을 감사하게 될 것입니다. 서로 다르다는 이유로 깜짝 놀라서 발을 빼버린다면, 아무것도 배울 것도 없이 내향적으로 되어 버릴 것입니다. 오히려 같은 주 예수 그리스도로 하나된 것을 소중하게 생각하고, 다른 사람들에게 주어진 사명과 독자성을 배움으로써, 자기 자신이 더욱 풍성해지는 것입니다.

어느 때인가, 저희 다카쓰(高津)그리스도교회에 다니는 자매가 이사를 가게 되어, 그곳에서 가까운 뱁티스트(Baptist; 침례)교회로 교인의 적을 옮기기를 희망했습니다. 지금도 침례교회는 세례를 중요하게 여겨, 침례(浸禮; 몸 전체를 물에 담금)를 행하고 있습니다. 저희 교회는 세례시, 목사가 물에 손을 적셔, 그 손을 세례 받는 사람의 머리에 얹는 비교적 간단한 방식을 채택하고 있습니다. 이전에는 다마가와(多摩川) 강에서 세례를 베풀기도 했었습니다만, 이제는 그곳도

깨끗한 물이 아닙니다. 세례는 성령이 그 사람 위에 내리신다는 것도 상징하고 있습니다.

이 세례에 관해서, 잊을 수 없는 일이 있습니다. 이전에, 저희 다카쓰그리스도교회에서 세례를 받은 사람이 이사를 가서 다른 교회에 다니려고 교적을 옮기려고 하니, 그 침례교회에서 세례가 아닌 침례를 받아야만 한다고 하며 새로 침례 받을 것을 요구했다는 것입니다. 저는 솔직히, 그것에는 그다지 좋은 인상을 갖지 못했습니다. 역사적으로는 모르는 게 아니고 압니다. 16세기의 재세례파는, 당시 그리스도교가 국가의 종교였기 때문에, 태어나면 바로 세례(유아세례)를 받은 사람은 그다지 구원에 대한 의식이 부족하다고 생각하고, 자각적인 신앙에 선 후에 세례를 다시 받아야 한다고 주장했습니다. 그러나 저희 다카쓰그리스도교회에서의 세례는 성인 신앙인의 세례입니다. 그렇다면 여기서 받은 세례는 형식이 어떠하든지 존중되기를 바라는 것입니다.

얼마 지나서, 그 자매가 교적 옮기기를 희망했던 교회의 목사로부터 편지를 받았습니다. 편지에는 이렇게 적혀 있었습니다.

"지금까지는, 뱁티스트세례(침례)를 조건으로 교인의 이명(교적을 옮기는 것)을 받았습니다. 하지만 저도 다른 교회에서 받은 세례를 존중해야 한다고 생각하고, 임역원회(役員會; 장로회와 같은 협의모임)에서 상의하여 이 자매를 그대로 받아들이기로 했습니다."

저는 그 교회와 목사에 대해서 자랑스럽게 생각했습니다. 그것은 우리들이 받은 세례를 받아들여 주었기 때문만이 아닙니다. 지금까지 자기들이 당연한 일로 여겨왔던 것을 「공동의 교회」라는 보다 넓은 판위에 놓고, 교인들과 함께 생각을 새롭게 바꿨다는 그 신학적인 진행

과정이 매우 존경할 만한 가치가 있다고 생각했기 때문입니다.

　존 웨슬레의 「공동의 정신」이라는 제목의 유명한 설교가 있습니다. 그 일부를 인용합니다.

　"저는, 감히 자신의 예배형식을 남에게 강요하려고는 하지 않습니다. 저는 자신의 예배형식이야말로 참 의미의 원시적이고 사도적(使徒的)이라고 믿고 있습니다. 그러나 저의 신앙은 타인의 규범에는 적용하지 않습니다. 따라서 사랑이라는 이유로 일치하고 싶다고 바라는 사람에 대해서 아래와 같은 질문은 하지 않습니다. '당신은 우리교회 사람입니까? 저와 같은 모임에 속해 있습니까? 당신은 저와 같은 교회 정치의 형태를 받아들여, 같은 교회의 역원(役員; 장로회원)을 성도로서 인정하고 있습니까? 제가 하나님을 예배하는 것과 같은 태도와 방법으로 성찬을 받고 있습니까?' 거기에다가 세례의 집례에 임하여, '세례 받는 자의 보증을 인정하는가'라고 하는 것으로 저와 의견을 같이 하고 있을지도 묻지 않습니다. 그리고 또 세례 받는 자의 연령에 대해서도, 자신과 의견이 같은가 묻지 않습니다."[2]

　당신이 하나님을 사랑하면 나도 같이 하나님을 섬기고, 사람을 사랑하고 섬기기를 원한다면 나도 기쁨으로 당신과 손을 잡고 싶다―웨슬레가 말하고 싶은 것은, 자기 나름의 조건을 버리라는 의미가 아닙니다. 그는 자신의 교회, 자신의 예배의 있는 그대로가 최선이라고 생각하고 있는 것입니다. 그러나 그것이 최선이 아니라고도 생각할 수 있습니다. ―공동의 교회에서는, 다른 예배형식도 존중하지 않으면 안 된다. 찬송을 부르는 스타일이 달라도 좋다. 하나님을 찬미하고 있는 것에는 아무것도 바뀌는 게 없다, 라고. 「거룩한 공회를 믿사오며」
라고 고백하는 것은 바로 그런 것이 아닐까요?

교회역사에서, 그리고 오늘의 그리스도교의 동향 가운데서, 자기
들이 점하고 있는 위치를 확실히 하고, 그 문맥 아래서 자기들의 독자
성을 의식하지 않는 한, 내향적인 현상을 면할 수가 없습니다. 개교회
의 강조가 때로는 특수성, 국부성, 지역성이라는 나락으로 떨어질 위
험이 있는 것을 겸허하게 인식해야 합니다. 그러므로 다른 쪽과도 연
대를 중요시하고, 보다 큰 전체를 연결해서, 그 시점으로부터 부분에
지나지 않는 자신을 개혁한다는 생각을, 공동교회론에서는 우리에게
요구하고 있는 것입니다.

「공동의 교회」라는 표현을 처음으로 사용한 안디옥교회의 이그나
티우스는, 그 정의를 이렇게 말했습니다.

"예수 그리스도께서 계신 곳, 거기에 공동의 교회가 있다."[3]

롤랜드 베인튼이라는 유명한 교회사(敎會史) 학자가 있습니다. 영
국의 퀘이커 출신으로 나중에 미국에서 루터 연구의 제일인자, 교회
사의 전문가가 됩니다. 그는 만년에, 일본에 강연을 하러 온 적이 한
번 있었습니다. 거기에 이런 에피소드가 적혀 있습니다.

"제 아내는 15년 전에 죽었습니다. 아내는 3년간의 투병 끝에 골수
암으로 세상을 떠났습니다. 3년간 예일대학의 뉴헤븐 병원에 입원하
고 있을 때, 저는 매일 아내에게 병문안을 갔습니다. 일체의 강연을
그만두고, 오로지 병시중만 들었습니다. . . 그런 어느 날, 아내로부터
잠시 떨어져 2시간 정도 볼일을 보러 외출을 했습니다. 돌아오는 길
에, 우연히 작은 교회의 문이 열린 것이 보여서 슬쩍 안을 들여다보았

더니 마침 성찬식이 행해지고 있었는데, 저는 무심결에 안으로 들어
가서, 성찬식에 참여하게 되었습니다. 이것은 나에게는 멋진 위로였
습니다."[4]

지나던 길에 교회의 열린 문으로 보여서 잠시 들른 교회의 성찬식.
부인의 간병으로 지쳐 피로해 있었고, 또 아내의 병이 말기 상태로 마
음이 고통스러웠던 때에 들른 교회의 성찬식에서 위로를 받은—거기
에 틀림없이 예수님이 계셨다. 예수님께서 쓰다듬어 주시고, 위로해
주시고, 격려해 주셨다는 간증입니다.

일본의 교회든지, 세계의 어느 교회든지 "그리스도가 계시는 곳에
공동의 교회가 있다." 그리고 우리들은 그 공동의 교회의 일원인 것을
자랑스럽게 생각합니다. 때로 찬송가를 부르는 스타일이나 기도가 다
르면 우리들은 주저합니다. 이것이 예배인가 하고 발을 뺍니다. 그러
나 상대방도 같은 생각을 하고 있다는 것을 잊지 말아야 합니다. 우리
들은 기쁘게 그 다양성 안에 몸을 던져 그리스도의 은혜를 맛볼 때에,
그리스도의 장성한 몸으로까지 성장하는 자신의 모습이 있다는 것을
마음속에 새겨두어야 할 것입니다.

기도

은혜가 풍성하신 하나님 아버지! 주님이 이 작은 교회를 공동의 교회로서
키워주셨음에 감사를 드립니다. 주님을 사랑하고, 주님을 믿는 사람, 누구라
도 맞아들일 수 있는 교회가 되기를 원합니다.

그리고 또 저희들도, "그리스도께서 계시는 곳이 바로 공동의 교회다."라
고 마음에 믿고, 자신과는 다른 예배에 참석하는 것도 혹시 기회가 된다면 주

셔서 은혜 받게 하옵소서.

예수 그리스도의 이름으로 기도드립니다. 아멘.

19. 성도가 서로 교통하는 것을 믿사오며

"우리가 보고 들은 바를 너희에게도 전함은 너희로 우리와 사귐이 있게 하려 함이니 우리의 사귐은 아버지와 그의 아들 예수 그리스도와 더불어 누림이라" (요한일서 1장 3절)

가톨릭과 프로테스탄트(개신교)

「성도의 교제」는, 헬라어로 '코이노니아 하기온'(거룩한 코이노니아), 라틴어로 '상토룸 코뮤니오'라고 합니다. 프로테스탄트에서는 「성도의 교제」라고 번역합니다만, 이전의 가톨릭에서는, 이것을 「제성인(諸聖人)의 통공(通功)」이라고 번역했습니다.

제성인(諸聖人)이란, 모든 성인(Saint)이나 성도를 의미합니다. 로마 가톨릭교회에서는, 순교하거나, 기적을 일으키거나, 특별한 신앙적인 공적(功績)이나 공덕(功德)을 쌓은 신도들의 모범이 되는 위대한 신앙인들에게 성인(聖人-Saint)이라는 칭호를 줍니다. 성인은 그 위대한 신앙과 행함에 의해, 자기 자신이 '의(義)'가 되는데, 요컨대 자기 자신이 구원받는 데 충분한 공적을 갖고 있는 것만이 아니라 그 공적에 채우고도 남음이 있다고 생각했던 것입니다.

중세초기부터 교회에는, 크게 나누어 두 종류의 신앙인이 있다고 생각했습니다. 위대한 신앙을 가지고 사랑으로 살다간 성인(聖人)과, 자기 자신의 신앙으로는 자신조차 구원시킬 수 없는 연약한, 보통의 신앙인들입니다. 이 둘 사이에 존재하고 있는 교제를 '상토룸 코뮤니오'—「제성인의 통공(通功)」이라고 불렀던 것입니다. 이 교제 안에서 연약한 보통의 신앙인은, 자기의 구원을 위해서 위대한 성인의 공적을 융통해서 빌릴 수가 있는 것입니다. 「통공(通功)」이라는 것은 공적을 융통해서 빌리는 것을 의미합니다.

이런 이해로부터 가톨릭교회의 성인숭배가 시작됩니다. 그리고 교회에는 성인의 이름이 붙어 있습니다. 베네치아의 산마르코 성당, 뉴욕의 세인트 버트릭 성당 등등. 오래된 전통 있는 교회의 대부분이, 성인의 이름을 가지고 있고, 그 성인의 상(像)과, 그 앞에 놓인 제단이 있습니다. 그리고 성인의 공적을 융통해서 빌리기 위해 교회에 사람이 모입니다.

한편 프로테스탄트(개신교)교회에서는, 그 같은 공적은 서로 융통할 수 있는 것이 아니며, 더욱이 어떤 위대한 성인의 공적도 우리들을 구원할 수는 없고, 구원은 예수 그리스도의 십자가를 믿는 믿음에 의해서만, 하나님으로부터 주어지는 것이라고 생각했습니다. 그러므로 프로테스탄트(개신교)교회는 '상토룸 코뮤니오'를 「제성인(諸聖人)의 통공(通功)」이 아닌 「성도의 교제」라고 번역했던 것입니다.

본 장의 마지막 부분에서는, 옛날 가톨릭의 번역인 「통(通)」이라는 개념을 배우게 되는데, 먼저 프로테스탄트의 번역의 의미를 깊이 있게 살펴보도록 하겠습니다.

　프로테스탄트에서 「성도(聖徒)」는 특별한 성인(聖人)을 말하는 것
이 아니라, 성경이 일반적으로 사용하고 있는 기독교인, 즉 십자가에
의해 죄 사함 받고, 하나님의 자녀 된 우리들 기독교인을 가리킵니다.
사도 바울은 고린도교회에 편지를 보낼 때, "고린도에 있는 하나님의
교회" 그리고 거기에 속하는 "성도라 부르심을 받은 자들"에게 보낸
다고 편지를 시작하고 있습니다(고전 1:2). 에베소서에서도 "에베소
에 있는 성도들"에게 편지를 보낸다고 시작하고 있습니다(엡 1:1).

교회는 교제입니다.

　「교제」를 헬라어로 '코이노니아'라고 하는데, 따뜻하게 서로를 생
각해주고, 도와주고, 서로를 지켜주는 공동체를 의미합니다. 거기에
는 부부의 교제, 친구끼리의 교제, 형제간의 교제도 있습니다. 그러면
「성도의 교제」(코이노니아 하기온)는 신앙인 사이에 생기는 교제를
의미하는 것뿐입니까. 그렇지 않고 그것을 훨씬 뛰어넘습니다.
　"우리가 보고 들은 바를 너희에게도 전함은 너희로 우리와 사귐이
있게 하려 함이니 우리의 사귐은 아버지와 그의 아들 예수 그리스도
와 더불어 누림이라"(요일 1:3).
　요컨대 「우리(성도)의 교제」는 하나님과의 교제도 의미하는 것입
니다. 좀 더 정확히 말하면, 신앙인은 때를 넘어 존재하고 있고, 삼위
일체의 하나님 안에 있는 교제에 초청되어 있는 것입니다. 요한은, 하
나님의 안에서의 내면에 있는 교제를 강조하고 있습니다.
　"아버지께서 내 안에, 내가 아버지 안에 있는 것같이 그들도 다 하
나가 되어 우리 안에 있게 하사 세상으로 아버지께서 나를 보내신 것

을 믿게 하옵소서"(요 17:21).

「성도의 교제」는 "아버지께서 내 안에, 내가 아버지 안에 있는 것같이"라고 되어 있듯이, 우선 삼위일체의 하나님 안에서의 교제가 전제되어 있습니다.

그리스도를 믿음으로 인해서 우리들은 하나님의 자녀가 되고, 삼위일체의 하나님의 교제안으로 들어 갈 수 있도록 초대되어지는 것입니다.

예수님은, 우리들이 둘이나 셋이라도 모여서 함께 기도할 때 함께 계시겠다고 약속하셨습니다. "진실로 다시 너희에게 이르노니 너희 중에 두 사람이 땅에서 합심하여 무엇이든지 구하면 하늘에 계신 내 아버지께서 그들을 위하여 이루게 하시리라 두세 사람이 내 이름으로 모인 곳에는 나도 그들 중에 있느니라"(마 18:19-20). 이것은 우리와 그리스도 사이에 존재하는 교제입니다. 또 바울은, 우리가 "하나님의 성전(聖殿)"이고, 우리 안에 성령이 머물러 계신다고 했습니다. "너희가 하나님의 성전인 것과 하나님의 성령이 너희 안에 계시는 것을 알지 못하느냐"(고전 3:16). 이렇게 우리가 성령 하나님과의 교제 안에서 살아가고 있음을 밝히고 있습니다.

그리스도인은 십자가로 죄 사함 받고, 하나님의 자녀가 되고, 하나 되어, 삼위일체의 하나님의 교제 안에 놓여 있습니다. 우리들이 기도할 때, 성경을 펴고 말씀을 읽을 때에, 우리는 하나님의 따뜻한 교제 안으로 초대되어 가는 것입니다.

그리고 "산 돌 같이"(벧전 2:5)되어 교회에 속한 우리들은, 서로를 주 안에 있는 형제자매라고 부릅니다. 이것이 교회 안에서의 「성도의 교제」입니다.

미국의 유명한 목사인 찰스 스윈돌은 젊은 시절에 종군목사(從軍牧師)로 근무했었습니다. 제대 후 한참 지난 어느 날, 해군 시절의 친구가 연락을 취해 왔습니다. 놀란 것은, 그 친구가 퇴역한 후 크리스천이 되었기 때문입니다. 한 때 그는 난폭하게 구는 해병대원으로, 싸움도 많이 하고 술 마시고 여자 뒤나 쫓아다니는 남자로, 교회라고 하면 덮어놓고 싫어했습니다.

크리스천이 된 그는, 스윈돌 목사의 어깨에 손을 얹고 말했습니다.

"있잖아, 나는 크리스천이 되길 잘했네. 하지만 당시를 뒤돌아보고, 한 가지 그리운 것이 있네. 그 시절에는, 술집에 틀어 박혀서 맥주를 마시고 소란 피우며, 이야기하고 싶은 것을 이야기하고, 고민이나 괴로움도 서로 나누었네. 있는 그대로의 자기 모습을 속까지 전부 속속들이 드러낼 수가 있었지. 그 때가 그립네."

스윈돌 목사는, 그 때는 그대로 흘려듣고 그냥 돌아왔다고 합니다. 그러고 나서 후에 어떤 책을 읽고 있는데, 거기에 이런 내용이 적혀 있었다고 합니다.

"그리스도가 교회에 주시려고 하는 교제를, 만약 세상에서 예를 들 수 있는 것이 있다면, 아마도 거리 모퉁이의 술집일지도 모른다. 술의 교제에 성령이 있고, 거기에서는 상하관계도 없고, 모두 자신의 있는 그대로의 모습으로 받아들이고, 누구도 그것에 놀라지도 않는다. 거기에는 완벽한 인간은 한 사람도 없다. 하지만 각자의 고민에 귀를 기울이고, 진지하게 상담에 응하고, 눈물도 흘린다. 크게 웃기도 한다. 비밀을 이야기해도, 그것을 지켜준다. 친절하게 위로해 주고, 동정해 주고, 이해해 준다. 그리스도께서 바라고 계시는 교회의 교제는 어쩌면 길거리 모퉁이의 술집 같은 것인지도 모른다."

그것을 읽으면서 스윈돌 목사는 '과연 그렇겠구나.'라고 생각했다고 합니다.

초대교회는 좋은 일만 있었던 것이 아니었습니다. 사람들로 넘쳐 있었지만 어떻게 해서든지 서로 사랑하고, 서로 나누고, 소중히 여기고, 함께 기뻐하고, 감사하고, 함께 고민하고, 함께 눈물 흘리는「성도의 교제」를 키워 가는가를 생각했습니다. 거기에는 상하관계도 없고, 만약 있었다고 하더라도, 그 상하관계를 극복하는 것에 진지하게 노력하고, 형제자매로서 서로의 존재를 기뻐했습니다. 그와 같은 교회로서 있어야 할 모습을 스윈돌 목사는, 다시 생각하게 되었다는 것입니다.[1]

「성도의 교제」는 교회 안에서 펼쳐집니다. 동일본대지진이 일어난 후, 많은 교회가 지진 피해지에 있는 교회를 지원해 온 것으로 압니다. 그것은, 일찍이 경제적으로 궁핍한 예루살렘 교회를 돕기 위해, 사도 바울이 소아시아와 헬라지역 내의 교회들에게 부탁을 해서, 헌금을 모아 자기 자신이 위험을 당하면서도 갖다 주려고 간 그때의 모습과 같습니다. 이렇게 해서 세계의 모든 교회가「성도의 교제」안에 있고, 서로를 위해서 기도하고, 서로 도와가는 것입니다.

애찬, 사랑의 성찬

많은 교회가 사랑의 성찬을 소중히 합니다. 예배가 끝난 후, 부인회에서 준비한 우동과 카레를 먹기도 하고, 정기적으로 맛있는 것을 해 가지고 와서 먹기도 하고, 다양한 방법으로 같이 식사를 하기도 합니다. 귀찮을 때도 있습니다. 이래 저래 하는 사이에 예배 이상으로 사랑의 성찬에 에너지를 소비하고 지쳐버리는 일도 있습니다. 교회는 여러 가지 사랑의 성찬으로 고생합니다.

그러나 그래도 함께 식사를 나누는 기쁨은 큽니다. 왜냐하면 주님이 식탁의 교제에 함께 계시기 때문입니다. 주 예수께서 갈릴리에서 사역을 처음 시작하셨을 때, 세리 마태를 제자로 부르시자, 그는 자기 집에 예수님을 모시고 동료 세리들과 함께 음식을 대접했습니다(막 2:15). 베다니를 방문했을 때에는, 주님은 마르다와 마리아의 집에서 식사를 하셨습니다(눅 10:38-42). 식사하는 장면이 복음서에 많이 기록되어 있습니다. 떡 다섯 개와 작은 물고기 두 마리로, 남자들 수만 해도 오천 명이라는 많은 군중의 빈 배를 채워주셨습니다(마 14:15-21). 십자가에 달리시기 전 날 밤에는, 제자들과 최후의 만찬을 하시고(마 26:20), 부활하신 후에는 갈릴리 해변에서 제자들에게 찾아와 "와서 조반을 먹으라"고 하셨습니다(요 21:12).

제자들의 기억에는, 함께 잡수신 예수님의 모습이 강하게 남았습니다. 십자가의 사건이 있은 후, 절망적인 가운데 예루살렘을 떠나 엠마오로 향하던 두 사람의 제자는, 자기들에게 다가오셔서 성경을 설명해 주신 분이 부활하신 예수님이라는 것을 전혀 알아차리지 못하다가, 저녁이 되자 이 분을 숙소에 초대해서 식사를 하려고 하는 순간에야 주 예수님이시라는 것을 알게 됩니다.

"그들과 함께 음식 잡수실 때에 떡을 가지사 축사하시고 떼어 그들에게 주시니 그들의 눈이 밝아져 그인 줄 알아보더니 예수는 그들에게 보이지 아니하시는지라"(눅 24:30-31).

우리들이 두세 사람이라도 주의 이름으로 모이면, 주님도 그 안에 있을 것이라고 예수님은 약속하셨습니다만, 함께 식사를 할 때에도 주님은 계십니다. 사랑의 성찬은 「성도의 교제」의 확실한 표현입니다. 그러므로 사랑의 성찬이 남을 비판하거나, 소문을 내는 자리가 된다든지, 세속적인 교제가 되어서는 안 됩니다. 그것은 주님을 둘러싼 「성도의 교제」이기 때문입니다.

여기서, 처음에 인용했던 옛날 가톨릭의 표현인 「제성인(諸聖人)의 통공(通功)」의 '통(通)'에 대해서 살펴볼까 합니다. 옛날의 가톨릭 교회에서는 이 '커뮤니오(communion)'에, 공동체인 '커뮤니티'만이 아니라, 무언가를 전달하는 '커뮤니케이션'이라는 의미를 합쳐서, '통(通)'이라고 했던 것입니다.

물론 우리들은, 프로테스탄트교회는 위대한 성도의 '공적(功績)'을 융통해서 빌리는 것이라는 생각을 하지 않습니다. 그러나 교제 가운데에서는 무언가가 융통되고, 즉 누군가로부터 누군가에게로 무엇인가를 서로 나누는(혹은 서로 공유하는) 것이 행해지고 있는 것입니다. 그것은 불평불만의 융통이 되어서는 안 됩니다. 은혜의 융통이며 지혜의 융통입니다. 신앙적인 교훈, 시련을 겪고 난 이야기, 예수님의 진실, 위로와 격려 등등 우리가 체험 해온 것을 나누어야 합니다.

사랑의 성찬은 이렇게 풍요롭고 여유로운 마음을 가지고 형제자매들과 서로 사랑의 교제를 키워 가는 것을 인정한 위에 드리는 예배야말로 최고 최상의 「성도의 교제」입니다. 같은 신앙고백을 하는 우리들이 함께 기도하고, 찬양하고, 하나님의 말씀(설교)에 귀를 기울이고, 성찬을 함께 하고, 복을 받습니다. 이러한 사실을 가장 잘 나타내고 있는 것이 성찬식(聖餐式)입니다.

성찬식 서문에 이렇게 되어 있습니다.

「주님의 몸과 피를 받을 때, 우리들은 그리스도 안에 있고, 그리스도께서도 우리들과 함께 계시고, 그리스도와 하나가 되고, 우리를 위해 버리신 주님의 거룩하신 목숨과 함께합니다. 더욱이 우리들은 함께 성찬에 함께한 형제자매들과도 하나가 되어, 그리스도께서 우리를 사랑하신 것 같이, 서로 사랑을 나누고, 마음을 다해서 주를 섬기고, 약속하신 재림의 주님을 기다리는 자가 되는 것입니다.」[2]

성찬에 있어서, 우리는 그리스도와 하나가 되고, 형제자매와 하나가 되는 것이기 때문에 실로, 성찬은 '코이노니아 하기온' – 「성도의 교제」입니다. 11세기의 피에르 아베랄드와 13세기의 토마스 아퀴나스는, 사도신경의 이 표현을 성찬의 은혜로 이해하고 있습니다. 성찬은 단순히 기념이나 상징이 아니고, 은혜를 실제로 전한다는 것입니다.

16세기의 스위스의 종교개혁가인 츠빙글리〔Zwingli, Ulrich; 스위스의 종교개혁자(1484-1531). 취리히의 성직자로 있으면서 종교개혁 운동에 종사하다, 인문주의적인 경향에 흘러 특히 성찬론에서 루터와 충돌하였음. 후에 가톨릭군(軍)과 싸우다 전사하였음〕는 루터와 성찬 논쟁으로 다툴 때, "살리는 것은 영이니 육은 무익하니라 내가 너희에게 이른 말은 영이요 생명이라"(요 6:63)의 말씀을 기반으로 영과 육을 이원화(二元化)하고, 성찬식에서 먹고 마시는 떡과 포도주라는 물질(物質; 육)에는 생명을 가져오는 효과가 없다고 주장했습니다. 성찬식을 거행하는 것은 그리스도의 십자가를 기념하는 것이며, 그 사실을 생각해내는 일에 있고, 물질은 생명을 전달하는 것이 없다는 것입니다. 츠빙글리의 영향은 결코 작은 것이 아니었습니다. 그것도 하나의 생각일 수 있습니다.

그러나 루터와 웨슬레는 그렇게 생각하지 않았습니다. 예수님께서 새로운 계약으로서, 성찬의 의식을 인정하시고, 교회역사가 현대까지 변함없이 이것을 가장 존중하는 은혜로서 지켜 왔다는 것은, 성찬이 틀림없이 은혜를 전달하는 것이기 때문입니다. 웨슬레는 이렇게 말하고 있습니다.

"'우리들이 축복하는 축복의 잔은, 그리스도의 피에 맡기는 (communion) 것―혹은 그리스도의 피의 은혜를 이어 받는 (communication) 것―이 아닙니까. 우리들이 찢어 나누는 떡은 그리스도의 찢어진 몸에 맡기는 것이 아닙니까.'(고전 16장). 떡을 먹고 잔을 마시는 것은 눈에 보이는 외적인 수단이 아닐까요. 그 수단에 의해, 하나님은 우리의 영혼에게 모든 영적인 복, 즉 '의'와 '평안'과 성령이 함께하시는 '기쁨'을 전해주는 것입니다."[3]

성찬의 떡과 포도주를 받을 때, 하나님은 반드시 십자가의 은혜를 우리의 영혼에 전해 주십니다. 성찬에 참여할 때 신앙을 가지고 있는 영혼 속에, 하나님은 합당한 은혜를 실제로 쏟아 부어 주십니다. 「성도의 교제를 믿습니다」라고 고백하는 우리는, 십자가 위에서 찢겨진 주님의 몸, 십자가 위에서 흘리신 주님의 피에 맡길 때, 실제로 죄가 사함 받고, 새롭게 성결하게 된다는 것을 믿습니다.

"만일 우리가 우리 죄를 자백하면 그는 미쁘시고 의로우사 우리 죄를 사하시며 우리를 모든 불의에서 깨끗하게 하실 것이요"(요일 1:9).

이 약속은 성찬에 의해서, 현실로 우리에게 전해지고 있는 은혜임을, 마음속으로부터 믿고 성찬에 참여해야 합니다.

⟁ 기도

은혜가 풍성한 하나님 아버지, 지금 여기에 성찬에 참여하는 우리 한 사람 한 사람의 마음속에, 성령의 빛을 비춰 주세요. 우리는 죄가 없다고는 절대로 말을 못 합니다 성령의 빛에 의해, 숨어 있는 죄까지 확실하게 해 주시고, 자신의 죄를 자백하는 용기를 주세요.

그는 미쁘시고 의로우사 우리 죄를 사하시며 우리를 모든 불의에서 깨끗하게 하실 것입니다. 이 은혜를 똑바로 우리들의 영혼의 모든 곳에 이르게 해 주시고, 모든 악으로부터 우리를 깨끗하게 하시고, 하나님의 빛의 교제 가운데로 넣어 주옵소서.

예수님의 이름으로 감사하며 기도드립니다. 아멘.

20. 우리의 죄를 사하여 주심을 믿사오며

일본의 유명한 크리스천 여류소설가인 미우라 아야코(三浦綾子; 소설 『빙점(氷點)』의 작가)는, 그의 소설의 거의 전부를 사람의 죄에 초점을 맞추어 전개했습니다. 미우라 아야코 자신이 신앙으로 인도되어, 예수 그리스도에게 가게 된 경위를 쓴 책 『길이 있다』의 내용에서 인용해 봅니다. 미우라가 '죄'와 마주 앉아 죄에 대해 어떻게 생각하고 있고, 또한 '죄 사함'을 어떻게 생각하고 있는가를 잘 알 수가 있습니다.

저는, 인간은 그렇게 간단히 과거의 자신과 연(緣)을 끊을 수 없는 존재라고, 곰곰이 생각했다. 예를 들어 자기로서는 일체의 과거를 끊었다고 생각할 수 있어도, 자기가 살아오면서 해 온 모든 행동은 결코 지울 수 없는 것임을, 새롭게 나는 느꼈다. (예를 들어, 내가 죽어도

내가 했던 것만큼은, 나의 엉터리 같은 삶만큼은, 이 세상에 그대로
남아 있는 것은 아닐까.)[1]

　나는 침대 위에 앉아 성경을 펼쳤다. 병실은 3인실로, 나의 침대는
복도 쪽에 있었다. 다른 두 사람은, 벌써 조용히 자고 있었다. 성경을
펴자, 다음의 말씀이 눈에 들어왔다.
　"천지는 없어지겠으나 내 말은 없어지지 아니하리라"(눅 21:33,
막 13:31).
　우연의 일치인 것일까, 나는 지금 자신이 생각하고 있던 것과, 너무
나도 똑같은 말씀에 깜짝 놀랐다. 이 세계의 모든 것이 지나가고, 그
리고 망해 없어져도, 예수 그리스도의 말씀은 영원히 없어지지 않으
리라, 여기에 성경은 말하고 있다.
　(예수님의 말씀이 없어지지 않는다는 것은 도대체 무슨 말일까?)
　나의 가는 손가락은, 그 말씀 구절 위에 멈춰 꼼짝하지 않고 있었
다. 나는 생각했다. 요컨대, 예수님의 말씀이 없어지지 않는다는 것
은, 그 말씀이 세상에 있는 한, 나의 보기 흉한 것들도 그대로 머물러
있는 것처럼 생각이 되었다. 예수님이 허락한다고 말씀하시면, 나의
죄는 용서함을 받을 것이다. 그러나 만일, 사함 받지 못한다고 하면,
나의 죄도 영원히 거기에서 지워지지 않을 것이다.
　"천지는 없어지겠으나 내 말은 없어지지 아니하리라"
　나는 반복해서 중얼거렸다.[2]

　예수님이 용서해 주신다고 말씀하시면, 나의 죄는 사함을 받을 것
이다. 그러나 용서하시지 않으신다고 말씀하시면, 나의 죄도 영원히

거기에서 지워질 수가 없겠지. —그런 생각을 가지고, 미우라 아야코 는 그리스도를 믿게 되었습니다.

누가복음 5장 17-26절에는, 예수 그리스도에 의한 죄 사함에 대한 선언이 나타나 있습니다.

"하루는 가르치실 때에 갈릴리의 각 마을과 유대와 예루살렘에서 온 바리새인과 율법교사들이 앉았는데 병을 고치는 주의 능력이 예수 와 함께 하더라 한 중풍병자를 사람들이 침상에 메고 와서 예수 앞에 들여놓고자 하였으나 무리 때문에 메고 들어갈 길을 얻지 못한지라 지붕에 올라가 기와를 벗기고 병자를 침상째 무리 가운데로 예수 앞 에 달아 내리니 예수께서 그들의 믿음을 보시고 이르시되 이 사람아 네 죄 사함을 받았느니라 하시니 서기관과 바리새인들이 생각하여 이 르되 이 신성 모독 하는 자가 누구냐 오직 하나님 외에 누가 능히 죄 를 사하겠느냐 예수께서 그 생각을 아시고 대답하여 이르시되 너희 마음에 무슨 생각을 하느냐 네 죄 사함을 받았느니라 하는 말과 일어 나 걸어가라 하는 말이 어느 것이 쉽겠느냐 그러나 인자가 땅에서 죄 를 사하는 권세가 있는 줄을 너희로 알게 하리라 하시고 중풍병자에 게 말씀하시되 내가 네게 이르노니 일어나 네 침상을 가지고 집으로 가라 하시매 그 사람이 그들 앞에서 곧 일어나 그 누웠던 것을 가지고 하나님께 영광을 돌리며 자기 집으로 돌아가니 모든 사람이 놀라 하 나님께 영광을 돌리며 심히 두려워하여 이르되 오늘 우리가 놀라운 일을 보았다 하니라"

"예수께서 그들의 믿음을 보시고 이르시되 이 사람아 네 죄 사함을 받았느니라 하시니"(눅 5:20).

같은 사건을 다룬 마가복음에는 "예수께서 그들의 믿음을 보시고 중풍병자에게 이르시되 작은 자야 네 죄 사함을 받았느니라 하시니"(막 2:5)라고 했는데, 여기 "작은 자야"라는 말은, 직역으로는 "사람이여"입니다. 문어역(文語譯) 성경에는 "애야, 이놈의 죄 용서해졌다"라고 했습니다.

여기에 나오는 인물은, 중풍으로 인해 일어서지를 못하는 한 남자입니다. 그는 예수님이 가르치고 계신 집에, 4명의 친구의 도움을 받아 침상 째 찾아 왔습니다.

"무리 때문에 메고 들어갈 길을 얻지 못한지라 지붕에 올라가 기와를 벗기고 병자를 침상 째 무리 가운데로 예수 앞에 달아 내리니"(눅 5:19).

지붕 위에서 달려 내려온 남자를 향해 다가가셔서 예수님께서 하신 말씀이 "이 사람아 네 죄 사함을 받았느니라"였습니다. 즉석에서 비판의 웅성거림이 있었습니다. 그런데 율법교사와 바리새인들은 억지를 부리기 시작했습니다.

"서기관과 바리새인들이 생각하여 이르되 이 신성 모독 하는 자가 누구냐 오직 하나님 외에 누가 능히 죄를 사하겠느냐"(눅 5:21).

"오직 하나님 외에 누가 능히 죄를 사하겠느냐"라는 것은 누구나 다 알고 있는 것입니다. 그러나 예수님은 그 하나님 외에 하실 수 없는 죄 사함을 이 남자에게 선언하셨던 것입니다. 이 집에서 일어났던 일의 기록은 다음과 같이 매듭지어져 있습니다.

"모든 사람이 놀라 하나님께 영광을 돌리며 심히 두려워하여 이르되 오늘 우리가 '놀라운 일'을 보았다 하니라"(눅 5 :26).

'놀라운 일'이라고 번역되어 있는 헬라어는 '파라독스'입니다. 영어의 '파라독스', 즉 모순이라는 말의 어원(語源)입니다. '놀라운 일'이라는 것은 무슨 말인가. 그것은 통념(通念)에 반(反)하고 있는 것, 혹은 간이 떨어질 정도의 일, 모순 될 정도의 것이 이 장면에서 일어났다라는 거기 있는 사람들의 반응을 나타내고 있습니다. 그 예상하지 못한 일 가운데는, 예수님의 입으로부터 나온 "이 사람아 네 죄 사함을 받았느니라"라는 발언이 포함되어 있습니다. 이 남자는 병을 치료 받으려고 생각하고, 친구들에게 실려 왔습니다. 그러나 예수님은 이 병을 치료 받고 싶어서 온 남자를 향해서, "네 죄는 사함을 받았느니라"라고 말씀하셨습니다. —이것은 '놀라운 일'이었습니다.

어느 쪽이 쉬운가

"서기관과 바리새인들이 생각하여 이르되 이 신성 모독 하는 자가 누구냐 오직 하나님 외에 누가 능히 죄를 사하겠느냐 예수께서 그 생각을 아시고 대답하여 이르시되 너희 마음에 무슨 생각을 하느냐 네 죄 사함을 받았느니라 하는 말과 일어나 걸어가라 하는 말이 어느 것이 쉽겠느냐 그러나 인자가 땅에서 죄를 사하는 권세가 있는 줄을 너희로 알게 하리라 하시고 중풍병자에게 말씀하시되 내가 네게 이르노니 일어나 네 침상을 가지고 집으로 가라 하시매 그 사람이 그들 앞에서 곧 일어나 그 누웠던 것을 가지고 하나님께 영광을 돌리며 자기 집으로 돌아가니"(눅 5:21-25).

비판의 웅성거림이 커져 있을 때, 예수님은 율법학자들의 억지를 꿰뚫어 보시고 이렇게 말씀하십니다. — "네 죄 사함을 받았느니라"

라고 말하는 것과 "일어나 걸어가라" 하는 것 중에 어느 쪽이 쉬운가. 어느 쪽이 어려운가.

이 상황에서는 "일어나 걸어가라" 하는 쪽이 어렵지요. "네 죄 사함을 받았느니라"라는 것은, 말하는 것뿐이라면 누구라도 그렇게 말할 수 있을 것입니다. 하지만 많은 사람들 앞에서 "내가 네게 이르노니 일어나 네 침상을 가지고 집으로 가라"라고 말했다고 한다면, 상대가 그 말을 듣고 일어나서 침상을 가지고 걷지 않으면, 그 순간, 예수님의 권위는 실추되어 버리고 말 것입니다.

예수님은 그 어려운 부분을 잘 처리하시고는, 이어서 "인자가 땅에서 죄를 사하는 권세가 있는 줄을 너희로 알게 하리라 하시고 중풍병자에게 말씀하시되 내가 네게 이르노니 일어나 네 침상을 가지고 집으로 가라"고 말씀하셨습니다.

그런데 실제로, 예수 그리스도 또는 하나님께 있어서 "일어나 네 침상을 가지고 가라"라고 말씀하는 것과 "죄를 사한다"라고 하는 것 중에 어느 쪽이 어려울까요? 복음서를 읽어 가보면, 예수님은 여러 가지 기적을 행하시고 계십니다.

* 갈릴리바다의 바람과 물결을 꾸짖으시어 잔잔케 하신 일(눅 8:24).

* 예수께서 아이의 손을 잡고 불러 '아이야 일어나라' 하시고 다시 살리신 일(눅 8:54).

* 오천 명에게 떡 다섯 조각과 물고기 두 마리로 배불리 먹게 하신 일(눅 9:13-).

그런 예수님이 여기에 등장하는 중풍병자의 병을 낫게 해 주시는 것이 어려운 일이었을까요. 아니 그렇지 않았을 겁니다.

그러나 거룩하신 하나님께서 죄인을 용서해주신다는 것은 결코 쉬운 일이 아니었습니다. 거룩하신 하나님께서 죄로 물든 우리들을 껴안아 주신다는 것은, 하나님 입장에서 고심으로 가득 차 있다는 것을 성경은 가르쳐 주고 있습니다.

예를 들면 호세아서에, 하나님의 고심하시는 모습이 기록되어 있습니다.

"에브라임이여 내가 어찌 너를 놓겠느냐 이스라엘이여 내가 어찌 너를 버리겠느냐 내가 어찌 너를 아드마 같이 놓겠느냐 어찌 너를 스보임 같이 두겠느냐 내 마음이 내 속에서 돌아서 나의 긍휼이 온전히 불붙듯 하도다"(호 11:8).

호세아서는 예언자 호세아가 적은 책입니다. 하나님은 자신의 고심하신 것을 예언자 호세아의 인생을 통해서 나타내고 계십니다. 호세아는 고멜이라는 여성을 사랑하고 결혼했습니다. 그런데 고멜은 호세아의 사랑을 배신해버리고, 다른 남자를 찾아, 창녀가 되어 노예시장에 팔려 갔습니다. 호세아가 고멜을 포기하고, 그녀에 대해 분노를 안고 잊어 버렸다면 그 건 그대로 좋았을 겁니다.

그러나 호세아는 고멜을 잊어버릴 수가 없었습니다. 이윽고 그는 자기의 괴로운 마음을 삼켜가면서, 노예시장에 팔려있는 자신의 아내를 "사러 갑니다"(호 3:2). 말하자면, 자신을 배반한 그녀를 용서한 것입니다.

하나님은 이스라엘 사람들을 사랑하셨습니다. 그들은 하나님을 배반하고, 길 잃은 양처럼 하나님을 떠나, 자기 마음대로 길을 걷다가, 드디어 그 죄와 죽음의 심판 끝에 팔려 갑니다. 그 모습을 보고, 하나님이 우리들을 잊어버릴 수 있다면, 죽도록 내 버려둘 수 있다면, 버릴 수 있다면, 거기서 그대로 끝나 버립니다.

그러나 하나님의 사랑은, 오히려 더욱 끓어오르고 불타오릅니다. 그 고심의 모습이 호세아 11장 8절에 나오는 하나님의 말씀입니다.

"에브라임이여 내가 어찌 너를 놓겠느냐 이스라엘이여 내가 어찌 너를 버리겠느냐"—에브라임은, 이스라엘의 한 지파입니다. 죄 많은 너희들의 마음을 보면 볼수록, "내 마음이 내 속에서 돌아서 나의 긍휼이 온전히 불붙듯하도다"라고 사랑하기 때문에 고뇌하고 계시는 하나님의 모습입니다.

사랑이시며 동시에 거룩하신 하나님은 죄로 물들어 버린 우리들을 포기하지 않으시고, 찾고 또 찾으시고, 그리고 안아주시고, 죄로 물든 우리들을 하나님 나라로 초대하셔서 영접해 주시는데, 이것은 하나님 쪽에서 보면 쉽지 않은 것이었습니다.

"일어나 네 침상을 가지고 집으로 가라"라는 것은, 전능하신 권위를 가지고 계신 예수 그리스도께 있어서, 별로 어려운 것이 아닙니다.

나중에 그리스도께서 지상생애의 마지막인 최후에, 십자가 위에서 "아버지여 저들을 사하여 주옵소서 자기들이 하는 것을 알지 못함이니이다"(눅 23:34)라고 하는 편이 훨씬 어려웠던 것입니다. 하나님의 아들 예수 그리스도께서는, 죄 많은 우리들을 거룩하신 하나님 앞에 세우시기 위해, 자신의 영광을 버리고, 자신을 낮추시고, 우리들이 받아야 마땅할 죄의 심판을 대신 지시는 몸이 되어 모든 짐을 지시고, 십자가에 달리신 것입니다. 그 믿을 수 없을 정도의 크나큰 희생 위에 이루어졌기 때문에 "네 죄 사함을 받았느니라" 하는 편이 그렇게 어려운 것입니다. "일어나 네 침상을 가지고 집으로 가라"라는 것은, 전능하신 권위를 가지고 계신 예수 그리스도께 있어서는, 별로 어려운 것이 아닙니다.

　죄를 사하시는 권위는 하나님만의 것입니다. 아무리 정당한 사람일지라도, 몸을 대신하는 대역을 감당하지는 않습니다. 그렇기 때문에 우리들을 사랑하시는 하나님은, 사람의 죄를 사하시기 위해 자신을 우리들을 대속하여 희생하시고, 십자가 위에서 마지막 죄 값으로 ‘죄 와 사망’까지도 멸해주셨습니다. 죄 사함의 선언은 그 정도로의 십자가의 대속하심과 바꾸게 되었습니다. 우리들을 하나님의 희생하신 목숨 대신으로 살아가는 자가 되게 하려 하기 위해서는 그것 밖에는 없었습니다―하나님 편에서의 궁극적인 선택은 아니었을까요.

　중풍병자는 예수님의 말씀을 들었을 때, 다리가 낫는 그 이상의 깊은 평안과 기쁨을 안고, 일어섰음에 틀림이 없습니다. 서서 걸을 수도 없고, 침상으로부터 일어날 수도 없었던 것은 병의 문제입니다. 거의 대부분의 사람은, 육체의 문제, 마음의 문제, 환경의 문제, 사회문제, 그 외의 많은 문제로 침상에 묶여서 자유를 빼앗기고, 원하는 것도 할 수 없고, 생각대로 되지 않고, 이 남자처럼 자신의 부자유함, 연약함을 언제나 의식하고 있습니다. 하지만, 그것들, 병이나 부자유함의 문제의 깊은 곳에―아마, 이 남자도 그랬겠지요―그것 이상으로 의식했던 적이 있습니다. 그것은 자신의 죄입니다.

　자신의 ‘무거운 죄’라는 것은, 성경에 비추어 자신의 마음을 보지 않는 한, 혹은 성령의 역사하심에 자신의 마음을 속속들이 드러내지 않는 한, 우리들은 아마 알 수 없는 것입니다. 예수님은, 이 남자의 영혼의 외침―“병을 낫게 해 주세요.”라는 외침 이상의 “하나님이시여, 죄 많은 나를 용서해 주세요.”라는 외침을 듣고, 이 남자를 사해 주셨던 것입니다.

자기 자신의 마음속 깊이, "병을 고쳐주세요." "문제를 해결해 주세요"라는 바람 이상으로, "죄 많은 나를 불쌍히 여겨 주세요."라고 하는 소원이 있는 것을 알아차리지 못하는 한, "죄를 사하여 주시는 것을 믿사오며"라고는 말할 수가 없는 것이지요. 그러니까 우리들은 예배드리는 장소에 와서「죄를 사하여 주시는 것을 믿사옵나이다」라고 고백 드릴 때에는 반드시 "여러 가지의 문제, 과제들을 해결해 주세요."라고 하는 그 밑바탕에, "주여, 죄 많은 저를 불쌍히 여겨 주세요."라는 외침이 있다는 것을 생각해야 합니다.

모든 것의 밑바닥에

이마무라 마리꼬(今村眞子)는 일찍이, 다마가와 세이가쿠인(玉川聖學院)에서 국어(國語)를 가르치고 있던 진실한 신앙인인데, 1999년 5월, '악성임파종'이라는 병 때문에 40세를 일기로 세상을 떠났습니다. 남편이 부인과 마지막까지 함께 했던 그 간증을「당나귀 자녀의 노래」라는 제목으로 발표하게 되었습니다. 그것은「크리스천신문」의 제22회 간증문학 입선작품의 하나로, 『마음의 방을 열 때』(크리스천신문)라는 책에 다른 세 작품과 함께 수록되어 있습니다.

'죄 많은 나를 불쌍히 여겨 주세요.' 그 간증에는, 나는「죄 사함」을 믿는 우리들의 생각이 훌륭하게 스며들어가 있다고 생각하고, 잠시 인용해 보겠습니다.

방사선 치료의 보람도 없이, 종양이 머리 전체에 상당한 세력으로 번져서, 혼수상태가 계속되고 있을 때, 남편은 기도를 했습니다.

"주여. 주님은 잘 알고 계시리라 믿습니다. 마리꼬(眞子)가 지금까지 주님을 믿고, 큰 죄를 저지른 적도 없고, 누가 보아도 성실하게 살아온 것과, 재능이 많고, 아직 40살이 막 지난 한창때의 여자이고, 이 세상에 해야 할 일들이 아직 많이 남아 있는 것과, 제가 마리꼬와 아이들을 너무나 사랑하는 것과, 조금 잘난 듯이 재판의 일을 하는 것 이외에 별로 쓸모가 없는 평범한 남자라는 것과, 제가 마리꼬와 함께 하지 않으면 살아갈 수 없는 약하고 약한 존재라는 것과, 또 우리 가족이, 당신에게 의지하며 살려고 해 왔던 것, 그리고 이제 겨우 12살, 9살, 5살, 세 아들 녀석들에게 아직 엄마가 필요한 때인 것 등등, 전부 주님은 알고 계시리라 믿습니다."(44, 45페이지).

"마음속 깊은 곳으로부터 기도 드렸습니다. 함께 눈물이 복받쳐 올라 멈출 줄을 몰랐습니다. 기도와 눈물이 범벅이 되어, 기도의 눈물이 되었습니다. 그녀의 몸을 안고 뺨을 비벼가며 기도하고, 그리고 얼른 나아서 꼭 함께 집에 돌아가자고 함께 울었습니다."(45페이지).

그러나 상태는 더 나빠져 악화됩니다. 그리고 남편의 기도는 바뀝니다.

"저희들은 주님에게 죄를 범했습니다. 주님을 따르는 것처럼 행동하면서, 실은 가끔씩 등지고 살아왔습니다. 죄 많은 저희를 불쌍히 여겨 주옵소서. 그리고 우리들로부터 마리꼬를 데려가지 말아주세요. 주님이 필요하시다면 마리꼬의 육체와 영혼을 주님에게 맡길 테니까, 불쌍히 여기셔서 저희들에게 돌려주옵소서."(46페이지).

남편 이마무라(今村)의 처음 기도는, 주님 앞에 겸손하게 병을 치료해 주실 것을 기도드리고 있습니다. "주여, 잘 알고 계시리라 믿습니다. 마리꼬가 지금까지 주님을 믿고, 큰 죄를 저지른 적도 없고, 누가 보아도 성실하게 살아온 것……."

그러나 상태는 더 나빠져 악화됩니다. 그러자 남편의 기도는 바뀝니다.

"저희들은 주님에게 죄를 범했습니다. ……죄 많은 저희들을 불쌍히 여겨 주옵소서."

'고쳐 주소서, 이번 일을 꼭 성공시켜 주시고, 가족들을 지켜주옵소서.'라고 우리들의 마음속에는 수많은 일상의 소원들로 가득 차 있습니다. 하지만 우리들이 만약 마지막으로 기도할 것이 있다고 한다면, 그 영혼의 깊은 곳에 있는 기도는 이렇습니다― '죄 많은 저를 불쌍히 여겨 주옵소서.'라고.

그 기도에 예수님은 응답하십니다. ―"친구여. 안심하거라. 네 죄는 사함을 받았느니라. 네가 등에 지지 않으면 안 되는 그 죄와 그 죄의 대가인 죽음을, 내가 십자가 위에서 대신 짊어졌기 때문이다. 죄를 씻음을 받은 채로 하얀 흰 옷을 입고, 마리꼬는 8개월 정도를 기적적으로 살아 있다가, 많은 사람들의 기도를 받으면서, 가족들과 더욱 가깝게 이야기를 나누고, 천국으로 여행을 떠났습니다.

우리들도, 드디어 인생의 궁극적인 마지막 장면에 있어서는, 이마무라처럼 기도가 바뀌겠지요. 그리고, 우리들도 십자가 앞에 설 때에, 이마무라의 기도를 생각하고, 이 평범한 영혼으로부터 깊은 기도가 스며 나옵니다. 온갖 소원을 주님께 드릴 때, 영혼의 밑바닥으로부터 기도가 나옵니다. ― 우리의 무거운 죄를 불쌍히 여겨 주옵소서.

"천지는 없어지겠으나 내 말은 없어지지 아니하리라"(눅21:33). 예수 그리스도께서 사하신다고 말씀하시면 당신의 죄는 사함받습니다.

그러므로 우리는 십자가를 향하여 나아가는 것을 멈출 수가 없습니다. 기도는 전부 "예수그리스도의 이름으로 기도드립니다"라고 끝맺습니다. 예수그리스도의 권위와 사랑에 마음을 두고, "너희 죄는 사함 받았다"라는 약속을 믿으면서 기도 드리는 것입니다.

기도

은혜가 풍성하신 하나님 아버지, 저희들이 주님 앞에 앉을 때에, 예배드리기에는 정말로 적합하지 않은 자들입니다. 주님을 따르는 것처럼 행동을 하면서도, 실은 가끔씩 주님에게 등을 돌리며 살아 왔습니다. 자신의 부족함, 오만함, 죄 많은 우리들의 모습을 보려고도 하지 않는 무거운 죄, 그것들을 마음속 깊이 새깁니다. 이렇게 어리석고 부족한 저희를 용서해 주옵소서.

그리고 저희 모든 죄를 등에 지시고, 십자가에 달리신 예수님, 주님을 마음속 깊이 사랑합니다. 저희들은 「죄를 사하여 주시는 것을 믿사옵나이다」라고 고백했으니까, 그 영혼의 깊은 곳에 "네 죄는 사함을 받았느니라"라는 주님의 선언이 울리게 하여 주옵소서.

예수님의 이름으로 기도 드립니다. 아~멘.

21. 우리의 죄를 사하여 주심을 믿사오며(2)

지난 장에서는 '나의 죄가 그리스도의 십자가에 의해 사함을 받는다'는 은혜를 배웠습니다. 그것과 짝을 이루어서 배우지 않으면 안 되는 것이 있습니다. 그것은 "내가, 자기에게 대해서 죄를 범한 자를 용서한다"라는 것입니다. 이 둘은, 죄 사함에 있어 짝을 이루고 있음을, 우리들은 잘 알고 있습니다. 왜냐하면 「주기도문」에서 반복해서 기도하고 있기 때문입니다.

마태복음 6장 12절에는 "우리가 우리에게 죄 지은 자를 사하여 준 것같이 우리 죄를 사하여 주시옵고"라고 했고, 누가복음 11장 4절에는 "우리가 우리에게 죄 지은 모든 사람을 용서하오니 우리 죄도 사하여 주시옵고 우리를 시험에 들게 하지 마시옵소서"라고 되어 있습니다.

"하나님에 의해서 우리의 죄가 사함 받는" 것과, "우리가 남의 죄를 사하는" 것이, 짝을 이루고 있는 것은 분명합니다.

먼저 하나님께서 용서해주신다.

「주기도문」에서는 "우리가 우리에게 죄 지은 자(부채가 있는 자-죄가 있는 자)를 사하여 준 것같이 우리 죄(나의 부채-나의 죄)를 사하여 주시옵고"라고 하여 「우리가 남을 용서」하는 것이 먼저 나옵니다. '하나님의 용서를 받기 위해서는, 먼저 우리들이 남을 용서하지 않으면 안 되는 것일까. 그것을 조건으로 해서, 우리는 죄 사함을 받는 것일까.' 이런 식으로 생각하기 쉽지만, 결코 그렇지 않습니다. 「하나님께서 우리를 용서하신다」는 것이 먼저입니다.

"우리가 아직 죄인 되었을 때에 그리스도께서 우리를 위하여 죽으심으로 하나님께서 우리에 대한 자기의 사랑을 확증하셨느니라"(롬 5:8).

하나님은 우리들이 올바르니까 우리를 용서하신 것이 아니라, 우리가 아직 죄인 되었을 때에 그리스도께서 우리를 사해주셨다는 것이 성경전체의 가르침입니다.

"사랑은 여기 있으니 우리가 하나님을 사랑한 것이 아니요 하나님이 우리를 사랑하사 우리 죄를 속하기 위하여 화목 제물로 그 아들을 보내셨음이라"(요일 4:10).

요컨대 하나님의 용서, 그리고 그 죄 사함을 보여준 십자가가 언제나 먼저라는 사실은 그리스도교의 대전제입니다. 아마 이것을 제일 정확하게 표현하고 있는 곳이 있다고 한다면, 마태복음 18장 21-35절일 것입니다.

여기 비유에 나오는 임금에게 1만 달란트의 빚을 지게 된 종은 바로 우리입니다. 예수님은 감히 그 빚을 1만 달란트라는 터무니없이 많은 금액으로 설정하고 있습니다. 1데나리온은, 당시 노동자의 하루 평균 일당이고, 1달란트는 6천 데나리온입니다. 요즘 시세로 따지면 어마어마한 금액이 됩니다(일당 10만원이라면, 1만 달란트는 무려 6조 원이 됩니다.)

당시의 유다, 사마리아, 갈릴리의 국세(國稅)가 현대 돈으로 약 10억 원 정도라고 추정하고 있으니까, 1만 달란트는 감히 생각할 수 없는 큰 부채입니다. 이 부채가 예수님께서 말씀하시고자 하는 부분입니다. 우리들이 하나님께 대해 지고 있는 부채는 평생을 갚아도 갚을 수 없는 금액입니다. 만약 갚을 방법이 있다면, 그것은 목숨과 바꿀 수밖에 없는 것입니다.

임금은, 이 정도의 빚을 지고는 도저히 갚을 수 없는 이 종에게 나름대로의 원칙을 표합니다. "갚을 것이 없는지라 주인이 명하여 그 몸과 아내와 자식들과 모든 소유를 다 팔아 갚게 하라 하니 그 종이 엎드리어 절하며 이르되 내게 참으소서 다 갚으리이다 하거늘"(마 18:25-26),

종은 "참으소서"라고 집행유예(執行猶予), 즉 기간연장을 원하고 있습니다. "시간을 주소서, 그러면 어떻게 해서든지 형편을 맞춰 보겠습니다."라고 불쌍히 여겨 달라고 간구하고 있습니다. 매우 중요한 부분입니다. 종은 자신의 빚이라는 것을 명확하게 생각하고 있지 않습니다. 빚은 약 6조 원이라는 터무니없는 엄청난 금액임에도 불구하고 시간이 있으면 갚겠다고 말하고 있으니, 자기의 노력으로 어떻게 되지 않을까 하고 생각하고 있는 것입니다.

이 예는, 그리스도교의 죄에 대한 생각을 잘 표현하고 있습니다. 행하기 어려운 고행(苦行)으로 죄로부터 벗어나려는 사람이나, 순례나 출가(出家) 등을 통한 보상으로 하나님의 호의(好意)를 얻는다는 것이 보통의 일반적인 종교적인 감각입니다. 거기에 인간의 어리석음이 있다고 예수님께서 말씀하시는 것입니다. 시간이 있고 노력하면, 자기가 어떻게든지 할 수 있다—노력에 의해, 봉사하는 것에 의해, 바치는 것에 의해, 어려운 고행을 수행하는 과정에 의해, 자기의 죄가 어떻게 되지 않을까—그것은 실로 '종'과 같은 자의 발상입니다.

그러나 예수님께서 말씀하신 것은 "아니, 너희 인간의 죄는 하나님 앞에서는 그런 것이 아니다. 갚을 수 없을 정도의 많은 금액의 빚인 것이다."라는 것입니다. 그와 같이 자기의 무거운 죄를 가볍게 생각하고 있는 우리들의 모습을, 이 종의 예를 들어 설명하고 있는 것입니다.

거기서 "참으소서"라고 집행유예, 즉 기간연장을 원하는 것을 듣고, 기간연장이 아닌 전혀 다른 차원으로 모든 빚을 탕감해줍니다.

"그 종의 주인이 불쌍히 여겨 놓아 보내며 그 빚을 탕감하여 주었더니"(27절).

주인은 종이 원했던 이상으로 불쌍한 마음으로 베풀어주고, 그를 용서해주고, 그 빚을 전부 없애 주었습니다. 그것은 사도바울이 골로새 교인들에게 보낸 편지, 골로새서에서 말하고 있는 것과 같습니다.

"또 범죄와 육체의 무할례로 죽었던 너희를 하나님이 그와 함께 살리시고 우리의 모든 죄를 사하시고, 우리를 거스르고 불리하게 하는 법조문으로 쓴 증서를 지우시고 제하여 버리사 십자가에 못 박으시고"(골 2:13-14).

이것이 바로 그리스도인의 시작입니다. 먼저 하나님께서 우리들을 사랑해주시고, 불쌍히 여기시고, 그리고 그리스도의 십자가의 못 박히심으로, 그것을 믿는 자의 모든 죄를 사하여 주셨습니다. 이 은혜를 토대로 해서, 우리들은 남을 용서해야 하는 것입니다.

남을 용서하는 일의 어려움

그러나 우리들은 남을 용서하는 어려움에 직면해 있습니다. 이 종은 탕감을 받고 임금 앞을 나오다가, 동료 한 사람을 우연히 길에서 만납니다. 그의 얼굴을 보자마자, 안색이 바뀌어 그를 붙들어 목을 잡고는 빚을 갚으라고 합니다. 그에게 100데나리온을 빌려준 것이 생각이 났던 것입니다. 100데나리온이라면 1,000만 원 정도일 것입니다. 방금 전에, 임금으로부터 약 6조 원 상당의 빚을 탕감 받은 것을 까마득히 잊어버리고, 이 동료에게 달려들어 목을 죄고 빚을 갚으라고 독촉했던 것입니다. 그 동료는 간절하게 애원했습니다.

"그 동료가 엎드려 간구하여 이르되 나에게 참아 주소서 갚으리이다"(마 18:29).

조금 전에 이 종이 주인에게 했던 말과 똑같습니다. 그렇지만 그는 동료를 용서하지 않았습니다. 옥에 가두었습니다. 이 종은, 자신이 지었던 빚을 전부 제쳐놓고, 그것을 주인에게 전부 탕감 받은 것 또한 제쳐놓고, 동료의 목을 조인 것입니다. 자기에 대한 빚은 용서하지 않은 것입니다. 확실히 어리석습니다. 그러나 이것이 우리들의 모습이기도 합니다. 이처럼 남을 용서한다는 것의 어려움을 우리들은 잘 알고 있습니다.

미국의 맥스 루케이도는 『Grip of Grace』라는 저서 중에서, 케빈 터넬이라는 청년의 이야기를 적고 있습니다.

그는 매주 금요일에, 어느 가정집에 1달러의 수표를 보내지 않으면 안 됩니다. 그 가정은, 이전에, 그에게 150만 달러의 손해배상을 청구했습니다. 그러나 그는 정말 갚을 수 없었습니다. 그래서 가족들은 그것을 포기하고, 939달러로 바꾸고, 그 지불은 매번 1달러씩, 매주 금요일에 받기로 했습니다. 거기에는 이유가 있었습니다.

1982년 첫 금요일, 17세의 케빈 터넬은 몹시 취한 채 차를 운전하다가 사고를 내고, 사람을 치었습니다. 죽은 사람은 18세의 여자아이였습니다. 그는 음주운전, 과실치사로 실형을 받고, 그 후에도 음주운전반대 캠페인에 7년간 자원봉사를 해야 했습니다. 하지만 매주 금요일에 1달러의 수표를 보내는 것을 게을리 했던 것입니다. 매주해야 하는 의무를 죽은 여자아이의 부모는, 딸의 나이인 18세에 맞춰서 18년 동안 하게 했습니다. 그는 수표를 희생자 명의로 해서 우송하고, 받은 가족은 장학기금으로 적립했습니다.

그러나 결정된 것에 따르지 않아서, 그는 4번이나 재판소에 출두명령을 받았습니다. 그는 그 이유를 말했습니다. 재판소의 명령을 무시하고 있는 것은 아니라 금요일에 수표를 보내려고 하면, 언제나 그 아이의 죽음이 생각이 나서, 그 기억 때문에 괴롭고, 정신적으로 신경쇠약에 걸렸다는 것입니다. 그래서 그는 요구한 금액보다 1년 치 많게 19년 치를, 수표 한 장에 전부 써서 가족에게 주었지만, 그 가족은 받기를 거부했습니다. 피해자의 어머니는 매우 완강했습니다.

"우리들은 매주 금요일, 그가 사고를 일으킨 날에 수표를 받고 싶은 것입니다. 그것을 18년 동안 해야 할 것을 그는 잘 알고 있을 것입니다. 필요하다면 우리들은 매달이라도 법정에 오겠습니다.”

이것은 양보할 수 없는 어머니의 생각이었습니다. 피해자의 가족의 분노는 누구라도 압니다. 발랄한 여고생입니다. 이제부터 빛나는 미래가 있습니다. 그것이 아무런 실수도 없고, 어이없는 음주운전으로 목숨을 잃어 버렸다는 것처럼 불합리한 일은 없을 것입니다.

이런 이야기를 들을 때에 자기들이라면 어떻게 할까, 얼마나 괴롭고 슬플까라고 생각할 것입니다.

하지만, 맥스 루케이도는 말합니다. “936번 지불하는 것으로 충분한 것인가. 이것은 그 돈을 보내는 터널의 입장에서가 아니고, 요구하고 있는 가족의 입장에서 말이다.” 18년간, 매주 지불하는 것으로, 유족은 어떤 납득을 얻게 될까. 18년이 지나면, 그를 용서하는 것일까. 아니 용서 하느냐 용서 안 하느냐의 문제가 아니고, 바라고 있는 것은 속죄(贖罪) 행위인 것이죠. 하지만 그래도 딸을 잃은 슬픔은 결코, 다 할 수는 없는 것이지요. 18년의 보상이 끝나면, 그 다음 해부터는 증오와 후회스러움을 어디에다 대고 부딪쳐야 할까요.

용서는 인생의 큰 문제입니다. 왜냐하면 우리들은 살아있는 한 어떤 형태로든지 상처를 받기 때문입니다. 누군가가 어디에선가 나에게 상처를 입힙니다. 그 때, 도대체 어디까지 그 문제를 질질 끌고 가는 걸까요. 어떠한 방향을 제시하는 것일까요.

예수님의 예에 나오는 ‘종’은 그 정도까지 탕감을 받았는데도, 동료를 용서하지 않았던 그 일이 임금의 귀에 들어가서, “악한 ‘종’”으로 불리고는 감옥에 들어가게 됩니다. 어둡고 차가운 감옥입니다. 만일 자기에 대해서 해(害)를 끼치고 혹은 엄한 말이나 비열한 행위를 한 사람을 용서 할 수 없어서 용서 못한다고 한다면, 반드시 우리들은 이

용서 못한다는 분노의 감정의 감옥에 자기 자신의 몸을 집어 쳐 넣어
버리는 결과가 되는 것입니다."

그러면, 방금 전의 위와 같은 사건이, 자기에게 일어났을 때, 자신
은 용서할 수 있을까요. 그렇게 간단하게는 안 되겠지요.

예수님께서 말씀하시는 것은, 자신도 용서받아야 할 인간이며 죄
인이고, 그리고 자신은 이미 용서 받은, 하나님에 의해 6조 원이라는
엄청남 빚을 탕감 받았던 것을, 언제나 머릿속 구석 어딘가에 잊지 말
고 꼭 넣어 두라는 것입니다. 그러면 자기가 내려놓은 무거운 짐, 받
은 은혜의 크기를 조금이라도 머릿속에 넣어 두면, 자신이 불합리한
말로써 상처 받았을 때에, 비열한 행위를 하지 않고, 자기 자신을 분
노와 원한의 감정 안에다가 처박아 넣지 않도록 조금이라도 기도할
수가 있겠지요.

그리고 만일, 그런 어려운 상황에 처해 있다면, 용서할 수도 없고,
잊을 수도 없는 자기 자신을 책망할 일이 아니라, 그런 슬픔을 위로
받을 수가 있는 것은, 우리들의 마음속에 새로운 창조를 가져다주시
는 성령의 능력 이외에는 없다고, 주님 앞에 조용히 무릎을 꿇는 길
밖에 없는 것입니다.

그리스도의 모범

자신에게 상처 입힌 사람을 용서하고, 자신에게 악을 행한 사람을
용서한다는 대단히 어려운 입장에서, 우리들은 최종적으로 그리스도
의 모범을 생각하게 됩니다. 「용서하라」라는 것은, 예수 그리스도의
명령이기도 합니다. 누가복음 23장을 보실까요.

"해골이라 하는 곳에 이르러 거기서 예수를 십자가에 못 박고 두 행악자도 그렇게 하니 하나는 우편에, 하나는 좌편에 있더라 이에 예수께서 이르시되 아버지여 저들을 사하여 주옵소서 자기들이 하는 것을 알지 못함이니이다 하시더라"(33-34절).

여기서 예수님께서 말씀하셨던 것은 매우 깊은 의미가 있습니다. 이것이 우리 크리스천의 모범이 됩니다.

영화 같은 데서 자주 봅니다만, 유럽의 기독교나라에서는 사형수의 사형 집행 전에, 신부나 목사가 그를 위해 최후의 기도를 드립니다. 이 기도 전에, 말하자면 소위 고백청문(告白聽聞)을 하게 됩니다.

"이것으로 당신의 인생은 막을 내리고, 당신은 하나님 앞에 섭니다. 지상의 재판의 일련의 것들이 전부 끝나고, 이제부터 하늘나라의 재판이 시작됩니다. 당신에게 지상에서 아직 용서받지 못한 고백할 죄는 없습니까?"

그리고 그렇게 물은 뒤, 반드시 또 하나의 질문을 합니다.

"아직 지상에서 용서하지 못한 사람은 없습니까?"

이 두 번째 질문은 매우 흥미가 있습니다. 우리들의 지상에서 인생의 막을 닫고, 하나님 앞에 섰을 때, 자신의 죄가 "사하여졌다"는 것은 매우 중요합니다. 그러나 이처럼 중요한 것이, "사람을 용서했어." 라고 하는 마음의 상태입니다. 내 죄는 사함 받았습니다. 이것으로 천국에 갈 수 있다는 것뿐만이 아니라, "나는 사람을 용서하고 천국에 가고 싶다"라는 생각이 주어질 것임에 틀림이 없습니다.

이것이 얼마나 중요한 것인가, 예수님이 십자가 위에서 친히 몸으로서 우리에게 가르쳐 주셨습니다.

"아버지여 저들을 사하여 주옵소서 자기들이 하는 것을 알지 못함이니이다 하시더라"(눅 23:34).

　이것은 예수님의 기도이고 선언이었습니다.—아버지여, 저를 십자가에 매단 사람들을 용서하여 주옵소서. 저는, 그들을 용서합니다.—이것이 십자가 위에서 숨을 거두시기 직전, 파라다이스를 향하고 있는 주님의 입으로부터 터져 나온 말씀이었습니다.

　예수님은 지상생애에서 사람을 용서하는 것을 가르쳐 주셨습니다. 그러나 죄 없는 그리스도께서 죄의 그늘을 가지는 함정이 있었다고 한다면 이 십자가의 장면에서 있었던 것입니다. 그 깨끗한 마음에, 지금 실로 먹구름이 올라오고 있습니다. 자신에 대해서 이 같은 나쁜 짓을 하는 사람들에게, 어떤 감정을 갖게 되는 것일까. 자신을 배신한 가룟 유다에 대해서, 자신을 부인한 베드로에 대해서, 그 깊은 슬픔과 실망을 안고 있는 채일까요. 위증의 재판에서, 사형을 결정해버린 유대인 지도자들에게 대해서, 얼굴을 때린 로마 병사에 대해서, 십자가에 매달라고 외친 어느 군중에 대해서, "만일 하나님의 아들이라면, 자기를 구원해 보라. 십자가에서 내려 오라"라고 비웃으며 조롱하는 길 가는 사람들에 대해서, 예수님은 어떤 감정을 안고, 숨을 거두신 것일까요.

　분노, 원망, 슬픔, 실망, 그 어떤 감정에 싸여도, 이상하지 않습니다. 그것을 뭐라고 할 사람은 아무도 없고, 그것이 예수 그리스도의 십자가의 장면입니다. 그러나 말할 수 있는 것은, 그와 같은 분노와 화, 원망이라는 감정을 갖고서는, 하나님 나라에 갈 수 없다는 것입니다.

　예수님은 말씀하셨습니다. "아버지여, 저들을 용서하여 주옵소서"—저는 그들을 용서합니다. 이렇게 기도하는 것으로 주님은 그 자신의 마음속으로부터 일체의 나쁜 생각을 밖으로 내쫓은 것은 아닐까요. 낙원에 가는 데 한 점의 그늘도 없는 상태로 올라가신 것입니다.

드디어, 그리스도교의 첫 순교자 스데반 집사도 돌로 치는 형(刑)으로 던지는 돌에 맞아 죽으면서 마지막으로 이렇게 말했습니다. "무릎을 꿇고 크게 불러 이르되 주여 이 죄를 그들에게 돌리지 마옵소서 이 말을 하고 자니라"(행 7:60). 거기서부터 시작되어 초대교회로부터 현대에 이르기까지 순교자들은 같은 것을 반복해 왔습니다. 순교하기 전에는 사도신경을 고백하고, 즉 자신의 신앙을 확실하게 하고, 그리고 주기도문을 외우고, 마지막에 자신을 형(刑)에 처하는 자들을 용서하는 기도를 했습니다. 모두 그 패턴입니다. '천국에 갈 때에는, 깨끗한 생각으로 가고 싶다, 지상의 생애에서 받은 여러 가지의 마음에 상처를 모두 깨끗이 씻음 받고 한 점의 그늘도 없이 순백함으로, 하나님 앞에 서고 싶다'—라는 그런 소망을 우리들은 그 순간 안고 있는 것은 아닐까요.

「죄를 사하여 주시는 것을 믿사옵나이다」라고, 죄의 용서를 의식하고 고백할 때에, 우리들은 사람에 대한 분노, 불유쾌한 기분, 비판을 당한 분함, 그런 마음속의 저속한 생각들을 전부 버리려고 합니다.

그리고 "주여, 주님의 큰 은혜를 저의 마음 깊은 곳까지 이르게 주시고, 사람들로부터 받은 여러 가지 상처를, 그것에 대한 분노의 생각을, 버리고 지워 버리도록"라고 하는, 기도 없이는, 온전한 크리스천은 될 수 없기에 기도로서 그것들을 없애 주시는 것은 바로 하나님의 전능하신 능력과 불쌍하게 여겨 주시는 것 외에는 없다고 믿고 고백하는 것입니다.

　은혜가 넘치는 하나님 아버지! 우리들은, 예수님께서 비유를 들어 말씀해 주신 종을 결코 어리석은 자라고 생각하지 않습니다. 실로 이것이 바로 우리의 모습이라고 생각하고, 또 실제로 케빈 터넬이라는 청년이 음주운전으로 치여 죽인 그 여자 아이의 부모가, 어떻게 해서든지 그 죄를 갚게 하고 싶다는, 그 강한 분노의 기분도 잘 압니다. 왜냐하면 우리들도 그 입장에 서게 되면, 같은 반응을 하게 될 것임에 틀림이 없기 때문입니다.

　그러나 우리들이 천국에 갈 때에는, 한 점의 그늘도 없이 "아버지여, 그들을 용서하여 주소서"라고 기도할 것임에 틀림없으리라 생각한다면, 「죄를 사하여 주시는 것을 믿사옵나이다」라고 고백할 때, 이미 우리의 죄가 용서받았음을 깊이 깊이 깨닫게 해 주시고, 그런 까닭으로, 우리가 받았던 많은 상처도, 반대로 해방되어가는 것 같은 자유를 우리들에게 허락해 주옵소서.

　오늘, 그와 같은 해방을 원하고 있는 사람이 있다면, 예수님, 그 사람을 어루만져 주시고, 그 사람의 마음속에 있는 여러 가지의 원한이나 분노를 전부 없애 주옵소서.

　예수님의 이름으로 기도 드립니다. 아멘.

22. 몸이 다시 사는 것과 영원히 사는 것을 믿사오며

"누가 묻기를 죽은 자들이 어떻게 다시 살아나며 어떠한 몸으로 오느냐 하리니 어리석은 자여 네가 뿌리는 씨가 죽지 않으면 살아나지 못하겠고 또 네가 뿌리는 것은 장래의 형체를 뿌리는 것이 아니요 다만 밀이나 다른 것의 알맹이뿐이로되 하나님이 그 뜻대로 그에게 형체를 주시되 각 종자에게 그 형체를 주시느니라 육체는 다 같은 육체가 아니니 하나는 사람의 육체요 하나는 짐승의 육체요 하나는 새의 육체요 하나는 물고기의 육체라 하늘에 속한 형체도 있고 땅에 속한 형체도 있으나 하늘에 속한 것의 영광이 따로 있고 땅에 속한 것의 영광이 따로 있으니 해의 영광이 다르고 달의 영광이 다르며 별의 영광도 다른데 별과 별의 영광이 다르도다 죽은 자의 부활도 그와 같으니 썩을 것으로 심고 썩지 아니할 것으로 다시 살아나며 욕된 것으로 심고 영광스러운 것으로 다시 살아나며 약한 것으로 심고 강한 것으로 다시 살아나며 육의 몸으로 심고 신령한 몸으로 다시 살아나나니 육의 몸이 있은즉 또 영의 몸도 있느니라" (고린도전서 15장 35~44절)

욥기에 유명한 질문이 있습니다. "장정이라도 죽으면 어찌 다시 살리이까"(욥 14:14).

욥은 많은 시련 가운데, 스스로 자문합니다. "나무는 희망이 있나니 찍힐지라도 다시 움이 나서 연한 가지가 끊이지 아니하며"(욥 14:7), 하지만 "장정이라도 죽으면 소멸되나니 인생이 숨을 거두면 그가 어디 있느냐"(욥 14:10). 그렇게 해서 모든 것이 전부 끝나고 마는 것인가?

"사람이 죽으면, 다시 살아 돌아오는가?"—이것이야말로, 모든 시대의 모든 사람에게 공통된 질문은 아닐까요? 다른 사람의 죽음에 대해서는 현실에서 매일 보고 듣게 됩니다. 사람이 죽으면, 모든 것이 끝나는 것일까요? 모르는 사람의 죽음이라면, 나타났다가 사라지는 물거품 같을 지도 모릅니다. 그러나 그것이 만일 사랑하는 사람의 죽음이라면, 그것은 평생 동안 마음으로부터 결코 떠나지 않는 비통한 체험이 되고, "사람이 죽으면 다시 살아 돌아올까?", "이제는 그 사람과 다시 만날 수 없겠지요?"라는 질문이 끊임없이 머리를 떠나지 않게 됩니다. 더욱이 그것이 자신의 죽음이라면, 주위의 사람들에게 체면 불구하고 묻고 돌아다니며, 대답을 요구하지는 않아도 언제나 묵직한 느낌이 드는 무거운 돌이, 마음속에 언제나 가라앉아 있는 것 같은 불안이 되는 것입니다.

슬픈 통곡소리로 가득 찬 세계에서, 크리스천은 매주 예배에서 「몸이 다시 사는 것을 믿사옵나이다」를 고백하고 있습니다. 이것은 놀랄 만한 일이라고, 다시 한 번 새롭게 생각을 해 보지 않으면 안 됩니다.

그리스도의 부활에 대해서

사도 바울은, 십자가가 자신의 죄 때문이었다는 것을 알아차리고, 그리스도의 사랑을 받아들여 죄 사함을 받는 신앙은 그리스도에 연합하는 신앙이라고 가르치고 있습니다. 그리고 만일 그리스도와 연합된다면 그리스도의 부활과도 결합되는 것이 된다고 말하고 있습니다.

"만일 우리가 그의 죽으심과 같은 모양으로 연합한 자가 되었으면 또한 그의 부활과 같은 모양으로 연합한 자도 되리라"(롬 6:5).

로마서 6장에서, 사도 바울은 세례를 예로 들어 이것을 설명하고 있습니다. 세례를 받을 때에, 몸이 물속으로 가라앉습니다. 그것은 그리스도께서 죄에 대해서 죽으신 것처럼, 우리들도 죄에 대해서 죽는 것이라고 바울은 설명하고 있습니다. 그리고 가라앉은 몸이 이번에는 물속으로부터 건져 내어집니다. 그것은 그리스도의 부활과 결합되어져, "그러므로 우리가 그의 죽으심과 합하여 세례를 받음으로 그와 함께 장사되었나니 이는 아버지의 영광으로 말미암아 그리스도를 죽은 자 가운데서 살리심과 같이 우리로 또한 새 생명 가운데서 행하게 하려 함이라"(롬 6:4)라는 것이라고 설명합니다.

"만일 우리가 그리스도와 함께 죽었으면 또한 그와 함께 살 줄을 믿노니"(롬 6:8).

그러니까 우리들이 「몸이 다시 사는 것을 믿사옵나이다」라고 고백할 때, 그것은 그리스도의 부활에 결합되어, 그리스도께서 다시 사신 것처럼 우리도 다시 사는 것을 믿는 것입니다.

바울은 그리스도의 부활을 '첫 열매'라고 부릅니다. 첫 열매는 그 해 수확의 최초의 열매가 되는 것입니다. 첫 열매 후에는, 황금색 물든 논에서 풍성한 수확을 하게 됩니다. 그리스도께서 첫 열매가 되어 다시 사셨다고 말할 때는, 그리스도를 믿고 있는 사람들이 큰 수확을 하여, 부활의 몸을 받아서 다시 사는 것을 우리들은 믿는 것입니다(고전 15:20).

이전에 이탈리아를 방문했을 때, 로마 교외에 있는 지하의 공동묘지, 카타콤(catacomb; 지하공동묘지)을 관광했습니다. 로마 주변에는 몇 군데의 카타콤이 있습니다. 더운 여름이었지만 계단을 내려가면 서늘할 정도로 시원했고, 지하 3층부터 5층으로 되어 있고, 가는 층 사이에도 벌집같이 복도가 펼쳐져 있고, 벽에는 시신을 넣을 수 있는 공간이 파져 있었습니다. 가끔씩 작은 공간이 있어서, 어린아이가 가족과 함께 장사 된 것을 알 수가 있었습니다. 몇 백 명이 매장되어 있었습니다. 하나의 교회 가족, 전체가 그대로 지하공동묘지에 옮겨진 것 같은 곳이었습니다. 초기 그리스도교회의 모습이 묘지로부터 상상이 가능했습니다.

성찬식의 잔이 벽화로 그려져 있었습니다. 그 공동묘지는 약 2세기 정도의 것이라고 들었습니다. 그런 지하의 카타콤에는 없어서는 안 되는 것이 있다고 합니다. 그것은 벌집 같은 지하에 펼쳐진 지하의 어딘가에 하늘이 보이는 빛이 들어올 수 있는 구멍이라고 합니다. 가이드는 그 이유를 이렇게 말합니다. 부활을 믿고 있는 기독교도들이 그리스도의 재림과 함께, 그 빛을 받아서 죽은 자도 다시 무덤에서 살아난다는 것을 믿고 있었기 때문이라고 설명을 해 주었습니다.

일찍이, 기독교도들은 몸이 다시 사는 것을 믿고 있었던 것을 안 로마 황제는, 기독교도들을 박해하고 죽인 후에도 그 시체를 방치하지 말라고 명했습니다. 그래서 순교자의 시체를 불에 태워 뼈를 잘게 부수어 바다에 버렸습니다. 그러나 당시의 기독교도들은 의연하게 고백했습니다. 흙으로 사람을 지으신 창조주 되신 하나님은(창 2:7) 재나 먼지로라도 몸을 다시 살 수 있도록 창조해주실 것으로 믿었습니다. 당시의 기독교도들에게 그 어떤 동요도 없었습니다.

굳이, 「몸」

그런데 그리스도교 신앙은 다시 사는 것은 다시 사는 것이지만, 「'몸'이 다시 사는 것」에 구애됩니다. 왜 이런 표현을 하는 것일까요?

당시의 헬라 세계에는, 영혼의 불멸이라는 사상이 있었습니다. 영혼과 육체의 이원론(二元論)으로 세계를 생각했습니다. 육체는 악의 온상이고, 그 육체를 멸해서 없애고 나서야, 영혼은 참 자유라는 기쁨을 얻을 수 있다는 것이 헬라 사상(思想)이었습니다. 기원전 5세기에 소크라테스는 정치적인 모함으로 인해 사형에 처해지게 되지만, 감히 대항할 수가 없었습니다. 소크라테스는 저술조차 남기지 못했지만, 제자인 플라톤이 그의 사상을 책으로 펴내서 '영혼의 불멸'이라는 사상이 상세하게 전개되고 있습니다.

마침내 헬라 사상은 그노시스(gnosis; 知)사상으로 불리고, 점점 더 퍼져 초대교회의 시대에, 끊임없이 기독교 안으로 들어왔습니다. 사도 바울이나 요한, 그리고 초대교회의 지도자들도 모두 이 그노시스주의(Gnosticism)와 싸웠습니다.

그노시스주의에 의하면, 세계는 이원화되어 있습니다. 그 둘의 현실은 함께 영원히 지속됩니다. 하나는 영혼의 '영(靈)'의 세계, 또 하나는 몸의 '물질(物質)'의 세계입니다. 우리들이 지금 살고 있는 세계는 물질의 세계이고, 본질적으로 악의 세계입니다. 거기서 구원을 바란다면, 그 구원은 단순히 영적인 것만을 뜻하며, 그것도 어려운 고행(苦行)을 몸에 부과시켜서 금욕주의를 가지고 육체에 얽매이지 않는 영혼을 만들어야 합니다. 최종적으로는 죽음에 이르러 이 신체(身體), 육체로부터 떠나는 때에야, 비로소 영혼은 자유를 얻게 된다고 가르쳤던 것입니다.

이것에 대해서 그리스도교는, 육체의 세계나 물질의 세계를 결코 악(惡)이라고 간주한 적이 없습니다. 이 세계는 하나님에 의해 창조되고, 그것을 보신 하나님은 "보시기에 심히 좋았더라"(창 1:31)라고 말씀하셨습니다. 몸을 가진 인간을 하나님이 창조하셨습니다. 그리고 그리스도는 육신이 되셨습니다. 즉 하나님 자신이 몸을 가진 사람이 되셨다는 것입니다. 물론 몸은 썩어갑니다.

그러나 그 몸에 성령께서 머무시고, 이 죽을 수밖에 없는 몸을 성령께서 지켜주시고 계십니다.

"예수를 죽은 자 가운데서 살리신 이의 영이 너희 안에 거하시면 그리스도 예수를 죽은 자 가운데서 살리신 이가 너희 안에 거하시는 그의 영으로 말미암아 너희 죽을 몸도 살리시리라"(롬 8:11).

"그러므로 형제들아 내가 하나님의 모든 자비하심으로 너희를 권하노니 너희 몸을 하나님이 기뻐하시는 거룩한 산 제물로 드리라 이는 너희가 드릴 영적 예배니라"(롬 12:1).

사람의 몸은 가볍게 경시되어야 할 존재가 결코 아닙니다. 그것은 하나님의 아들 예수께서 육신이 되신 것이기도 하고, 성령이 머무시는 하나님의 성전인 것입니다. 그래도 몸은 약해지고, 여러 질병에 걸리기도 합니다. 마침내 우리들이 죽을 때, 이 몸은 사라져 버립니다. 그 때 장례를 집례하는 목사의 기도는 이렇게 될 것입니다.

"우리들은 지금, 후지모토 미쓰루의 시신이 주님의 손에 맡겨져, 흙은 흙으로, 재는 재로, 먼지는 먼지로 돌려주려고 하고 있습니다. 후지모토 미쓰루의 육체는, 우리들의 눈에서 사라져 없어지지만, 마지막 날에는 하나님의 크신 능력으로 영광의 몸으로 바뀌게 될 것을 믿습니다." 이것이 「몸이 다시 사는 것을 믿사옵나이다」인 것입니다.

그러면 「몸이 다시 사는 것」은 어떤 것일까요?

그 질문에 바울은 다음과 같이 답하고 있습니다.

"어리석은 자여 네가 뿌리는 씨가 죽지 않으면 살아나지 못하겠고 또 네가 뿌리는 것은 장래의 형체를 뿌리는 것이 아니요 다만 밀이나 다른 것의 알갱이뿐이로되 하나님이 그 뜻대로 그에게 형체를 주시되 각 종자에게 그 형체를 주시느니라"(고전 15:36-38).

씨는 어떤 형체를 가지고 살아가게 됩니다. 땅에 뿌리면 씨는 흙에 묻히고, 우리들의 눈에는 한 순간에 보이지 않게 됩니다. 그리고 땅 속에서도 그 형상을 잃어버리고, 말하자면 죽게 됩니다. 그러나 창조주이신 하나님에 의해, 새로운 생명은 이미 시작되고 있는 것입니다. 거기서부터 다시 살아오는 것은, 이전의 씨와는 전혀 다른, 아름다운 꽃이 됩니다. 같은 원리를 바울은 죽은 자의 부활, 즉「몸이 다시 사는 것」에 적용시키고 있습니다.

사람은 혈육의 몸을 가지고 살고 있습니다. 마침내 땅에 심겨지고, 땅에 떨어져 죽습니다. 그러나 거기서 다시 살아나게 되면, 이전의 썩어지는 혈육의 몸과는 다른, 멋진 '성령의 몸'(고전 15:44) 신령한 몸이 되는 것입니다.

이 신령한 몸은 어떤 형체를 하고 있습니까—예를 들면, 몇 살 때의 자기와 비슷한가—그것은 혈육의 몸의 발상에 지나지 않습니다. '성령의 신령한 몸', '다시 사는 몸'은, 그 같은 감각이 아닙니다. 혈육의 몸으로 다시 사는 것이 아니고, 영(靈)의 영광의 몸으로 다시 사는 것이라고 바울은 가르치고 있습니다. '성령의 신령한 몸'—이것이 부활의 희망인 것입니다. 우리 중 많은 사람은, 이렇게 해서 얻게 되는 새로운 몸의 동경을 아직 품어 본 적이 없을 지도 모릅니다.

육체를 존경하는,

그렇게도 육체의 부활을 고집한다면, 우리들은 지금의 몸을 소중하게 여겨야 할 것입니다. 그것은 반드시, 건강의식을 높이고, 몸을 소중히 여깁시다, 걸읍시다, 운동합시다, 건강치 못한 생활은 그만 둡시다, 라는 형태의 것만이 아닙니다. 우리들은 지금의 우리의 몸이 안고 있는 부자유함이나 연약함들도, 하나님께서 보내 주신 성령에 의해 지켜지고 있다는 것을 알고, 존중하는 마음과 부드러운 눈빛을 자기에게, 그리고 타인에게 향해야 할 것입니다.

"하늘에 속한 형체도 있고 땅에 속한 형체도 있으나 하늘에 속한 것의 영광이 따로 있고 땅에 속한 것의 영광이 따로 있으니 해의 영광이 다르고 달의 영광이 다르며 별의 영광도 다른데 별과 별의 영광이 다르도다"(고전 15:40-41).

확실히 지상의 몸의 영광과 다시 사는 몸의 영광과는 다릅니다. 그러나 두 몸 모두 '영광'이라고 표현되어 있습니다. 이전에 방문했던 어떤 교회에서는 주일 예배에, 휠체어를 타고 오신 분들이 많이 와 계셨습니다. 가까운 장애인 복지시설에서 오신 분들이 말도 제대로 못하지만, 움직이지 못하는 입을 어떻게 해서라도 움직여가면서 찬송을 부르고 있었습니다. 예배가 끝난 후에 목사님이 설명해 주셨습니다. 장애인 시설에서 오신 이분들에게 있어서, '다시 사는 영광의 몸이 얼마나 큰 희망이겠는가!'라고.

눈이 보이지 않는 분, 신체의 어딘가에 장애가 있는 분, 몸이 쇠약해진 분, 다리가 불편한 분, 몸의 여러 가지 균형이 깨져 있는 분, 몸에 혹은 머리가 고뇌로 가득 찬 분. 이런 부자유한 몸은, 다시 사는 몸을 몹시 애타게 기다리고 있습니다. 땅에 떨어져, 썩지 않는 것으로 다시 태어나는 것입니다. 즉 "욕된 것으로 심고 영광스러운 것으로 다시 살아나며 약한 것으로 심고 강한 것으로 다시 살아나며"(고전

15:43)입니다.

육체의 부자유를 맛보면 맛볼수록 「몸이 다시 사는 것을 믿사옵나이다」가 희망이 됩니다. 이것을 의식하고 고백하지 않으면, 어느 사이엔가 우리들은 다시 사는 몸이 아니라 지금의 육체, 이 몸의 욕구를 충족하는 것으로 보람을 갖고 살아가게 될 것입니다.

지금의 이 육체의 몸을 어떤 방법으로 건강하게 지킬까, 이것은 대단히 멋진 일입니다. 지금의 몸도 하나님으로부터 받은 것이기 때문에 소중하게 여겨야 합니다. 하지만 그 이상으로 우리가 죽음을 맞이할 때에 받게 되는 다시 사는 몸은 훨씬 멋진 것입니다. 그것을 잊고 지금의 몸에만 집착해가면 「몸이 다시 사는 것을 믿사옵나이다」라고 고백하는 것이 아닙니다. 지금의 몸도 소중하게 여깁시다. 하지만 후에 다시 사는 몸을 더욱 동경하는 크리스천이 되어야 합니다. 하나님은 그 두 몸에 영광을 나누어 주시고 존경해 주십니다.

부자유스런 몸이어도, 늙은 몸이어도, 장애가 있는 몸이어도, 하나님은 그것을 존경해 주십니다. 지금, 이 몸을 가지고 사는 지상의 발걸음도, 또한 하나님께서 주신 것이라고 바울은 말합니다. 왜냐하면 그 안에 자신의 영광을 나누어 받았기 때문입니다. 우리는 그런 눈으로 우리의 몸을 보고 있는 것일까, 또는 약함과 부자유한 몸을 그와 같은 부드러운 눈으로 보고 있는 것일까 생각해 볼 수 있어야 합니다.

그러나 41절에 있는 것처럼, 각자의 몸에는 개성이 있고, 그 영광이 틀리다는 것입니다. 개개의 별에 의해서도, 빛나는 밝기가 틀리다는 것입니다. 41절은 문어역성경에서는 "이 별은 그 별과 광영(光榮)을 달리"로 되어 있습니다.

하마마쓰(浜松) 정신장애아 시설의 이사장을 역임하신 야마우라

도시하루(山浦俊治) 선생은, 이 구절로부터 『이 아이들은 광영을 달리하고』라는 제목의 책을 썼습니다. '이 아이들은'은, 시설의 아이들입니다. 건강한 아이, 장애아라는 딱지를 붙여서 아이들을 나눠서는 안 되고, 사람의 몸에는 같은 하나님의 서로 다른 차원의 영광이 제각기 주어져 있다는 부드러운 시선을 가지고 자신의 몸을 돌보는, 그리고 주위의 사람들의 몸을 존중해야 한다는 기도가 들어가 있는 책입니다.

"자기의 빛남을 자랑하고, 남을 업신여기는 것 같은 보기 흉함에 빠지지 않도록, 그리고 또 자기의 빛남을 내보이지 못해서 절망하는 일이 없도록, 주여, 저의 몸에도, 그 사람의 몸에도 주어진 주님의 빛남을 똑같이 보여 주세요. 그런 상냥한 눈빛으로, 늙어 가는 몸에도, 병든 몸에도, 혹은 선천적인 이유로 몸의 자세가 틀어진 장애의 몸에도, 주님의 영광을 똑같이 보는 것 같은 부드러운 사람이 되게 해 주세요." 이것이 「몸이 다시 사는 것을 믿사옵나이다」라고 하는 우리들의 기도입니다.

 기도

"해의 영광이 다르고 달의 영광이 다르며 별의 영광도 다른데 별과 별의 영광이 다르도다"(고전 15:41).

은혜가 넘치는 하늘에 계시는 하나님 아버지! 지금의 우리 몸을 윤택하게 하는 것에만 마음을 빼앗기고 다시 사는 몸의 희망을 잃어버리는 일이 없도록, 주님은 지금의 우리 몸에도 영광을 나누어 주고 계십니다.

때때로 너무나도 이 몸과 머리도 부자유하고, 우리 자신의 부자유함을 받아들일 수 없을 정도가 되어, 우리들은 이 몸의 영광을 내보일 수가 없습니다. 회개합니다. 몸이 다시 사는 것을 믿는 저희들이, 지금의 몸도 아끼는 것 같은 주님의 시선에 서 있는 신앙인이 될 수 있도록 한없는 은혜를 부어 주시기 바랍니다.

예수님의 이름으로 기도 드립니다. 아멘.

23. 영원히 사는 것을 믿사옵나이다

영원을 사모하는 마음이라는 것과 반대로, 전도서는 공허감으로 가득 차 있습니다. 전도서는 "전도자가 이르되 헛되고 헛되며 헛되고 헛되니 모든 것이 헛되도다 해 아래에서 수고하는 모든 수고가 사람에게 무엇이 유익한가"(전 1:2-3)라고 시작됩니다. 이 말씀이야말로 전도서의 메시지라고 말할 수 있습니다.

지상에서의 지혜, 예술, 사업, 부(富), 성공, 이 모든 것을 손에 넣고, 모든 영화를 다 누렸다는 솔로몬 왕이, 그 결과로 얻은 결론은 '공허(空虛)', '허무함'이었습니다. 그는 '해 아래'라는 표현으로 지상에서 모든 성공을 이루었지만, 마음에는 메울 수 없는 바람 구멍이 나 있다는 것입니다. 그 허무함의 근거는 죽음입니다. 어떻게 성공을 해도, 인간의 눈에 행복하게 보이는 사람도, 결국 죽어 버리면 짐승의 죽음과 같은 것이 아닌가. "인생이 당하는 일을 짐승도 당하나니 그들이 당하는 일이 일반이라 다 동일한 호흡이 있어서 짐승이 죽음 같이 사람도 죽으니 사람이 짐승보다 뛰어남이 없음은 모든 것이 헛됨이로 다"(전 3:19). 죽음이라는 압도적인 현실 앞에서는 지상의 모든 영화 를 다 누린 솔로몬 왕조차도 공허감에 싸였습니다.

그런 회색빛 허탈감으로 쓰여 있는 전도서에는, 반짝거리며 빛나 는 희망이 몇 군데에 나타나 있습니다. 그 하나가 이것입니다. "하나 님은 사람에게 영원을 사모하는 마음을 주셨다"—죽음의 반대편에 있는 영원으로의 동경입니다. 영원을 사모하는 마음이 왜 있는 것일 까요? 자세한 설명은 쓰여 있지 않습니다. 그러나 확실히 사람에게는 영원을 사모하는 마음이 있습니다. 영원을 사모하는 마음은 여러 가 지로 다양하게 철학이나 종교에 나타납니다.

헬라 사상, 그리고 힌두교나 불교에서도 영혼의 영원을 믿습니다. 영혼은 영원한 생명을 가지고 있고, 육체를 떠난 후에 또 다시 다른 몸으로 다시 태어난다는, 즉 윤회전생(輪廻轉生)이라는 사상을 생각 하게 된 것입니다. 육체가 망해 없어져도 영혼은 어떻게 해서든지 다 시 살아간다는, 영혼의 영원성의 표현입니다.

일본 고래의 사고로는, 죽은 사람은 음부(陰府)의 나라로 갑니다. 그러나 사후에도 정기적으로 이 세상과 왕래를 합니다. 그것이 '오봉' (お盆)이고, '피안'(彼岸)입니다. 오봉의 처음 시작에는, 조상의 영을 맞아들이기 위해, '무까에비'(迎え火; 영 맞이 불)을 피웁니다. 오봉 의 마지막에는 음부의 나라로 보내는 '오쿠리비'(送り火; 보내는 불) 를 피웁니다. 교토(京都)의 오오모지야키(大文字燒)는 '오쿠리비'입 니다. 바다를 향해 보내는 '오쿠리비'에는 '도우로우나가시'〔燈籠流 し; 〈불교〉 우란분재(盂蘭盆齋)의 마지막 날에 등롱에 불을 켜서 강이

나 바다에 띄우는 행사, 유등(流燈)가 있습니다. 이렇게 해서 사람의 마음속에는 종교사상의 차이는 있되, 영원으로의 동경이 숨 쉬고 있는 것입니다.

죽음이라고 하는 것은 불안과 슬픔으로 가득 찬 것, 마치 지금까지 쌓아온 관계된 인생의 모든 것이, 거기서 끝나버릴 것 같은 그 죽음 다음에 무엇이 있는 것입니다. 우리들은 「영원한 생명을 믿습니다」라는 말에서 무엇을 고백하고 있는 것일까요.

죽음의 불안과 슬픔

「우리는 영원한 생명을 믿습니다」라는 신앙고백이, 성경 여러 군데에 명확하게 쓰여 있습니다만, 요한복음 13장을 보실까요. 이 장의 배경은, 예수님이 십자가에 달리시기 전날 밤, 제자들과 최후의 만찬을 함께하신 자리였습니다. 주님 자신도 동요 속에 계셨습니다.

"예수께서 이 말씀을 하시고 심령이 괴로워 증언하여 이르시되 내가 진실로 진실로 너희에게 이르노니 너희 중 하나가 나를 팔리라 하시니"(21절).

예수님을 기다리고 있는 것은 십자가의 고난뿐이 아니었습니다. 제자인 가룟 유다는 예수님의 목숨을 노리고 있는 유대인 지도자의 손에 스승인 예수님을 팝니다. 예수님이 체포되자, 다른 제자들은 뿔뿔이 흩어져 도망갑니다. 베드로는 예수님을 모른다고 강한 어조로 세 번이나 부인합니다. 그리고 예수님 혼자 이 세상을 떠나십니다. 제자들과 함께 지낸 시간, 교제를 뒤로 하고, 홀로 외롭게 사라져 갑니다.

예수님의 동요가 한꺼번에 그 곳을 감쌉니다. 베드로가 묻습니다.

"시몬 베드로가 이르되 주여 어디로 가시나이까 예수께서 대답하시되 내가 가는 곳에 네가 지금은 따라올 수 없으나 후에는 따라오리라"(36절).

이 말씀 가운데에, 죽음에 대한 독특한 불안 요소가 들어가 있습니다. 그것은 죽을 때에는 '혼자'라는 것입니다. 사랑하는 가족이 죽음에 이르기까지 침상 곁에서 간호하고, 손을 잡고, 추억을 이야기하며, 기도의 찬송을 부르고, 다른 말을 반복해서 위로해 주어도, 죽음의 어두운 골짜기를 나설 때에는 혼자가 되는 것입니다. 누구도 같이 동반할 수가 없습니다.

남은 사람들은, 불안 이상의 슬픔이 강하게 밀려옵니다. 열왕기상 17장에는, 사르밧에 사는 과부의 자식이 중한 병에 걸려 그대로 모친의 팔에 안겨 죽어 가는 일이 기록되어 있습니다. 그 때 사르밧 여인이 말합니다. 그녀는 예언자 엘리야에게 호소합니다. "여인이 엘리야에게 이르되 하나님의 사람이여 당신이 나와 더불어 무슨 상관이 있기로 내 죄를 생각나게 하고 또 내 아들을 죽게 하려고 내게 오셨나이까"(18절). 엘리야는 자기가 머물렀던 옥상의 다락방 침대에 그 아이를 뉘이고, 남자아이가 살아 돌아오기를 위해 기도합니다.

"엘리야가 그에게 그의 아들을 달라 하여 그를 그 여인의 품에서 받아 안고 자기가 거처하는 다락에 올라가서 자기 침상에 누이고"(19절).

이 장면이 바로 죽음의 슬픔을 상징하고 있지 않습니까? 어머니는 자식을 떠나려 하지 않는 것입니다. 중병으로 숨을 거둔 아들은 어머니 팔에 안겨 있고, 어머니는 그 시체를 품에 꼭 안고 있습니다. 마음이 떨리는 슬픔으로, 어머니는 그 아들의 시체에 매달려 있는 것입니다. 이것이 우리들을 둘러싸고 있는 죽음에 관련된 정경입니다. 인생이 끝나는, 사람의 일생이 닫힐 때에 실감하게 되는 죽음의 불안과 슬픔입니다.

예수님은 자신의 마음도 심하게 흔들리고, 제자들도 이별의 분위기를 감지하지만, 그 독특한 불안감 속에서, 힘차게 말씀하십니다.

"너희는 마음에 근심하지 말라 하나님을 믿으니 또 나를 믿으라"(요 14:1).

믿으라

하나님의 세계의 일도, 사후의 세계의 일도, 영원에 관한 일도, 우리들은 잘 모르는 일이 많이 있는 가운데에, 불안에 떠는 우리들에게 예수님은 괜찮다, 죽으면 영혼은 어딘가에 가 꼭 붙을 거라고 위로해 주는 게 아니라, 명확하게 "나를 따르라"라고 말씀하셨습니다.

죄 사함을 믿는 일도, 몸이 다시 사는 것을 믿는 일도, 영원한 생명을 믿는 일도, 결국은 모든 것이 예수님을 믿는 것입니다. 이 분을 믿는 것이 그리스도교의 신앙입니다. 그러니까 사도신경은 '기독교의 진수'가 아니라 '기독교 신앙의 진수'라고 부르는 것이라고 생각하는 것입니다. 그리스도교라고 말할 때, 거기에는 그리스도교의 역사적 과오도 있습니다. 세속적인 교회의 모습도 있습니다. 그러나 그리스도교 신앙이라는 것은, 그리스도교 종교보다도 순수한 것입니다.

한마디로 말하면, 그리스도교 신앙이라는 것은 '나를 믿으라'라고 말씀하시는 그리스도에게 인생을 맡기고, 몸과 영혼을 모두 가지고 그리스도를 따라 가는 것입니다.

'케 세라 세라'(Que Sera, Sera)라는 유명한 노래가 있습니다. 히치콕 감독의 영화「너무 알고 있던 남자」에서, 미국 여배우 도리스 데이가 부른 곡입니다. 그 가사에는, 작은 여자아이가 "장래, 자기는 어떻게 되는 거냐."고 엄마에게 묻습니다. 엄마는 여자아이에게 대답합니다. "케 세라 세라"라고. "케 세라 세라"라는 말은 스페인어에서 유래한 말로, 아무것이든지 될 대로 되라는 의미입니다.

최후의 만찬석상에서 이 가운데에 나를 파는 자가 있을 거라고 예수님은 알리고, "나의 가는 곳에 네가 지금은 따라올 수 없으나 후에는 따라오리라"라고, 짐작도 하지 못한 미래를 제시 받았을 때, 제자들의 마음은 불안으로 가득 찼습니다. "주여, 어떻게 되는 겁니까?"라고 하자, 주님은 대답하십니다. '케 세라 세라'일까요? 아니요. 주님은 확실하고 분명하게 말씀하셨습니다.

"너희는 마음에 근심하지 말라 하나님을 믿으니 또 나를 믿으라"(요 14:1).

주님께서는 확신을 가지고 명하셨습니다. 그 확신의 토대를 세 가지로 들 수가 있습니다.

영원한 세계로부터 오신 스승

실제 사도신경에는 없지만, 여기까지 '우리는 참 스승이신 예수님을 믿사오며'를 배웠습니다. 예수님의 참 스승으로서의 자세가 잘 표현되어 있는 표현이 여기에 있습니다.

"내 아버지 집에 거할 곳이 많도다 그렇지 않으면 너희에게 일렀으리라 내가 너희를 위하여 거처를 예비하러 가노니"(요 14:2).

죽은 후의 천국의 세계, 그것을 예수님은 아버지의 집이라고 부릅니다만, 만약 그것이 없다면, 묘한 기대를 가질 수가 없게끔, 확실하게 "없어"라고 말씀하셨을 텐데, 주님은 "정말 있다."라고 말씀하셨습니다. 영원한 생명이란, 우리에게는 어렴풋하게라도 상상이 안 됩니다. 누구도 그 세계를 본 사람이 없습니다. 그러니까 우리들은 사후의 세계가 뭔지는 모르지만 나름대로 상정(想定)하면서 살아가고 있습니다. 예수님은 그것들을 현실에서 확실하게 알 수 있도록, 스승의 어조로 말씀하셨습니다. 요한복음에는 이것을 반복해서 적고 있습니다.

"본래 하나님을 본 사람이 없으되 아버지 품속에 있는 독생하신 하나님이 나타내셨느니라"(요 1:18).

"하늘에서 내려온 자 곧 인자 외에는 하늘에 올라간 자가 없느니라"(요 3:13).

"예수께서 대답하여 이르시되 내 교훈은 내 것이 아니요 나를 보내신 이의 것이니라"(요 7:16).

"내가 너희에게 대하여 말하고 판단할 것이 많으나 나를 보내신 이가 참되시매 내가 그에게 들은 그것을 세상에 말하노라 하시되"(요 8:26).

무엇인가 잘 모르는 것에 대해 정보를 얻으려고 하면, 우선 정보원(情報原)을 확실히 하지 않으면 안 됩니다. 그것과 마찬가지입니다. 사후 세계의 일은, 영원 세계의 일은, 누구도 가본 적이 없기 때문에, 거기에서 온 사람만이 가르쳐 줄 수 있다고 말씀하십니다.

그 예수님이, 죽음과 이별의 분위기에 둘러싸인 제자들과 최후의 만찬 자리에서, 확실하게 말씀을 해 주신 것입니다.

하늘로부터 내려온, 곧 진리인 나를 "너희는 마음에 근심하지 말라 하나님을 믿으니 또 나를 믿으라"(요 14:1)라고.

영원한 생명

"내가 곧 길이요 진리요 생명이니 나로 말미암지 않고는 아버지께 로 올 자가 없느니라"(요 14:6).

주께서 "나를 믿으라"라고 말씀하신 것은, 이 분이 바로 생명이시 기 때문입니다. 요한복음 15장에서, 주님은 거듭해서 "내 안에 거하 라"고 말씀하십니다. 생명이신 예수님을 믿는 것은, 생명 안에 거하는 것입니다. 그리고 그대로 우리들은 마침내 영원한 생명의 세계로 옮 겨지는 것입니다.

인간에게는 모두 배꼽이 있습니다. 그것은 일찍이 어머니의 태 안 에서, 어머니의 생명과 연결되어 있었다는 증거입니다. 이 세상에 태 어날 때에 배꼽 부분의 탯줄을 끊어 버립니다. 그로 인해 우리들은 스 스로 호흡을 해야 하고, 입을 통해서 영양분을 취하고 있습니다. 한 사람의 자립된 인간이 되기 위한 스타트를 끊는 것입니다. 그와 같이 하나님의 생명의 관을 자르고, 자립한 것처럼 생각하고 있는 것이 우 리의 모습입니다.

철학자 포이에르바하나 니체도, 어떻게 해서든지 하나님과 자신을 갈라 떼어내든가, 자신의 힘으로, 하나님 없이, 자신만을 믿고 어떻게 살아가는가를 추구했습니다. 아니, 철학자는 아니지만, 우리들도 똑 같다고 생각합니다. 교회에 열심이다가 어느 사이엔가 교회가 마치 배꼽의 탯줄처럼 방해가 되어, 그것이 있는 한 자신의 자유를 찾을 수 없고, 자유롭게 될 수 없다고 생각하고는 그것을 끊어 버리는 것입니다.

"내 안에 거하라 나도 너희 안에 거하리라 가지가 포도나무에 붙어 있지 아니하면 스스로 열매를 맺을 수 없음 같이 너희도 내 안에 있지 아니하면 그러하리라"(요 15:4).

주님 안에 거하면 영원한 생명 안에 거하는 것이고, 동시에 죽을 수밖에 없는 우리 몸에 영원한 생명이 거하는 것이 됩니다.

죽음의 불안과 슬픔

예를 들어 영원한 생명이 있다고 해도, 그것이 부족함 투성이의 죄 많은 나에게 있다는 보증이 어디에 있는 것일까요. 우리에게 "나를 믿으라"라고 말씀하시는 것에 얼마만큼의 의미가 있는 것일까요.

아니, 그것은 완전히 보증되어 있습니다. 아버지 집이 존재하고 있는 것만이 아닙니다. 예수님은 "내 아버지 집에 거할 곳이 많도다 그렇지 않으면 너희에게 일렀으리라 내가 너희를 위하여 거처를 예비하러 가노니"(요 14:2)라고 말씀하셨습니다. 예수님은 우리의 죄를 대신 지시고, 우리의 죄를 사하여 주시고, 하나님의 자녀 되게 하시고, 하나님 아버지 집에 들어 갈 수 있도록 해 주시고, 천국에 우리의 거할 처소를 준비해 주셨습니다.

저는 일하면서 이동할 때, 시간적 여유가 없는 경우가 많아서, 예약하는 것을 철저히 하게 되었습니다. 되는 대로 하지는 않습니다. 가서 자기의 거처가 없으면 큰일이지요. 그래서 호텔 프런트에 가서 "1박 예약한 후지모토입니다"라고 말하면, "네, 1박 싱글로 준비되어 있습니다."라는 답을 듣게 됩니다.

몇 년 전, 말레이시아의 수도 쿠알라룸푸르에서 비행기의 환승 때문에, 공항에 병설되어 있는 호텔을 예약했습니다. 정말 멋있는 호텔이었습니다. 프런트에서 내 이름을 말하자, 잊어버리지 않은 말이 돌아 왔습니다.

"후지모토님, 기다리고 있었습니다."

'에에 그런가? 낯선 나라에서 온 나를, 기다려 주었다고?' 이 말은 보통의 대응이었지만, 이상하게 따뜻한 기분이 되었습니다. 나를 위해서 방을 준비하고 기다리고 있었는가 라고, 감사하는 기분이 되었습니다.

주님은 하나님 아버지 집에, 나를 위해 거처를 준비해 주신다고 말씀하셨던 것입니다. 아니 그것만이 아닙니다.

"가서 너희를 위하여 거처를 예비하면 내가 다시 와서 너희를 내게로 영접하여 나 있는 곳에 너희도 있게 하리라"(요 14:3).

죽음이라는 것은 지상에서의 생애, 또는 사랑하는 사람들과의 이별입니다. 그러나 그것은 다르게 말하면 예수 그리스도와 재회하는 것으로, 영원한 생명의 세계로 들어가는 더 없이 행복한 순간이라는 것입니다.

나 같은 자가 「영원한 생명을 믿사오며」라고 자주 고백하는 것이 가능하다고 생각됩니다. 왜냐하면 대체로 거의, 이 지상의 생애에 있어서, 나는 영원한 생명에 걸맞게 살아왔다고는 생각하지 않기 때문입니다. 그러나 이 은혜에 맡길 수 있는 유일한 근거는, "나를 믿으라"라고 말씀하시는 예수 그리스도입니다. 정말로 이 고백에는 감동과 감사가 동반되지 않으면 안 된다고 생각합니다.

'퀼트'(quilt; 누비질한 수예품)라는 이야기를 어디선가 읽은 적이 있습니다.

최후 심판의 날, 저는 많은 크리스천들과 함께, 주 앞에 섰습니다. 잠시 후 우리들은 모두, 인생의 단편 조각을 마치 헝겊과 같이 겹쳐 쌓게 되었습니다.

한 사람 앞에 천사가 앉아서, 헝겊조각을 기워 맞춰서 큰 퀼트를 만드는 것을 도와주었습니다. 나에게 붙은 천사가 그 헝겊조각들을 한 장 한 장 들어 올리자, 그것은 정말 더러웠고, 가운데에 구멍도 나 있었습니다. 그 헝겊에는 우리의 시련의 때마다, 유혹에 흔들리던 해마다 기워져 있었습니다. 내가 견뎌낸 시련이 가장 컸던 해는, 헝겊이 너덜너덜하게 구멍이 많이 나 있었습니다.

저는 주위 사람들의 것들도 돌아봤는데, 그 정도는 아니었습니다. 그 중에는 깨끗하게 채색되어 아름답게 완성이 된 퀼트도 있었습니다. 다 떨어진 헝겊조각을 기워놓은 것 같은 제 자신의 인생을 봤을 때, 저는 정말 실망했습니다.

완성된 퀼트를 늘어놓는 시간이 되었습니다. 한 사람씩 일어서서 퀼트를 빛에 비췄습니다. 제 순서가 되어 빛을 비추자 너무 더럽고, 너덜너덜한 구멍이 제 눈에 확 띄는 것이었습니다. 너무 창피해서 얼굴을 들 수가 없었습니다.

제 인생은 고난과 고통의 연속이었습니다. 웃음과 즐거움도 있었습니다만, 고뇌와 번민, 병, 사랑하는 사람의 죽음, 사람들로부터의 오해, 비난 등등, …… 순조로운 것이 하나도 없었습니다. 좌절에서 다시 일어나는데, 많은 시간이 걸린 적도 있었습니다. 하지만 그런 너덜너덜한 인생에서 가난해도 열심히 주님께 매달리고 기도하면서 여기까지 올 수 있었습니다.

그러나 제 인생의 퀼트를 연결해 맞춰 보니까 비참했습니다. 그것이 역시 저의 참 모습이었습니다. 거짓으로 살아온 인생에, 저는 직면하지 않으면 안 되었습니다.

그때 주님은 천천히 주님의 빛 앞에 저의 인생을 들어 올렸습니다. 많은 구멍들을 통해 주님의 영광의 빛이 눈부시도록 제 눈에 들어 왔습니다. 그러자 이상하게 그 구멍들로부터 새어 나오던 빛이 주님의 얼굴 모습으로 바뀌어 있었습니다. 주님은 웃으면서 말씀하셨습니다.

"네가 나에게 좌절을 맡기면서 빌었을 때, 그 좌절은 벌써 네 것이 아니고 나의 것이 되었다. 네가 실패와 부끄러움을 십자가에 맡겼을 때, 그것들은 나의 것이 되었다. 네가 혼자서 손에 쥐고 있던 좌절이나 실패, 부끄러움, 고뇌를 나에게 확실하게 넘겨주었을 때, 그것들은 모두 나의 것이 되었다. 그러니까 그 전부를 연결시키면, 이렇게 나의 얼굴이 되는 것이다. 나는 너의 약함을 통해서, 그 좌절이나 부끄러움이나 고뇌를 통해서, 나의 영광을 나타내 온 것이다. 잘했지? 나에게 전부 그것들을 맡긴 것이."

그 때 우리는 주님에게 이렇게 응답하겠지요.

"감사합니다. 믿으라고 말씀하셨던 예수님. 주님을 믿고, 주님을 따라서 온 것을 감사합니다."

「영원히 사는 것을 믿사옵나이다」라고 고백하는 것은 생명의 근원이고, 영원한 생명에 관해 하늘로부터 스승이 되시어 계시해 주시고, 그 영원한 세계에 우리의 거처를 준비하시기 위해 십자가에 달리시고, 우리의 인생이 끝나는 때에 우리들을 영접하러 오시는 예수 그리스도를 믿고, 이 땅에서 살아간다고 고백하는 것입니다.

그렇게 생각하면, 사도신경이 「영원히 사는 것을 믿사옵나이다」라고 끝나는 것에는 깊은 의미가 있다는 것을 마음에 새겨 두시기 바랍니다.

기도

"내 아버지 집에 거할 곳이 많도다 그렇지 않으면 너희에게 일렀으리라 내가 너희를 위하여 거처를 예비하러 가노니 가서 너희를 위하여 거처를 예비하면 내가 다시 와서 너희를 내게로 영접하여 나 있는 곳에 너희도 있게 하리라"(요 14:2-3).

"예수께서 이르시되 내가 곧 길이요 진리요 생명이니 나로 말미암지 않고는 아버지께로 올 자가 없느니라"(요 14:6).

은혜와 사랑이 넘치는 하나님 아버지! 주님이 어떤 표정으로, 어떤 어조로 제자들에게 말씀하셨습니까? "너희는 마음에 근심하지 말라 하나님을 믿으니 또 나를 믿으라"(요 14:1). 이 말씀은 아마도, 인자하신 눈빛으로, 그러나 명확하고 단호한 어조로 저희 마음속의 웅성거림을 단번에 조용하게 만드신 말씀임에 틀림이 없습니다.

주님은 그 말씀을 이제까지 저희 교회 가족들에게, 하늘나라에 간 형제자매, 한 사람 한 사람에게 말씀하셨습니다. 드디어 저희에게도, 같은 말씀을 해 주실 인생의 마지막 날이 오게 될 것입니다. 주님! 그 때에는, 인자하신 말씀으로 꼭 말씀해 주실 것을 믿고, 「영원히 사는 것을 믿사옵나이다」라고 매주 고백하고 있는 저희들이 감사와 감동을 주님에게 드릴 수 있도록, 영원한 생명으로의 희망을 불어 넣어 주옵소서.

예수 그리스도의 이름으로 기도 드립니다. 아멘.

후기

저는 25년 전에 다카쓰(高津) 그리스도교회의 목사로 부임한 이래, 모든 설교를 전부 원고로 준비하고 있습니다(강단에 서서는 비교적 자유롭게 설교하고 있습니다만). 부임하고 나서 얼마 안 있어서, 아버지께서 학위수여를 축하해 주시며 컴퓨터를 사 주셨습니다. 당시에는 소프트웨어를 포함한 가격이 지금과 비교하면 단위가 틀릴 정도로 비쌌기 때문에, 어린 아이가 둘인 우리 부부의 형편으로서는 엄두도 내지 못했습니다. 당시의 설교를 읽어 보면, 지금과는 상당히 설교스타일이 달라서 당혹하기도 합니다. 앞 뒤 생각 없이 죽을 둥 살 둥 전하려고만 하다가 중요한 내용을 지나쳐 버린 적도 있는 듯합니다. 그러나 열심히 노력한 결과, 설교는 제법 신학적이고, 성경의 해석도 공이 많이 든 것처럼 보입니다. 시간도 많이 걸렸습니다.

25년이 되어 가는데, 조금씩 설교가 부드러워진 느낌도 듭니다. 인

간의 죄 많음과 불성실함보다는 훨씬 크신 하나님의 사랑과 능력과
진실을 단적으로 전하려는 것에 초점을 맞춘 것으로 회고하고 있습니
다.

이래도 저래도 다카쓰 임마누엘교회의 형제자매들이 그리스도의
사랑으로 살아나고, 신앙을 진실하게 믿고 살아가는 모습을 보고, 겸
손함을 배웠고, 격려도 받고, 용기를 북돋아 주었습니다. 그 형제자매
들과 함께 사도신경을 고백하면서 받은 은혜를, 저 자신이 특히 실감
하게 되면서 이번 사도신경을 설교하는 계기가 되었다고 생각합니다.

2011년, 나이가 들어서 믿음을 갖고 일본기독교단 시미즈카오카교
회에서 1994년(당시 73세)에 세례를 받은 이래, 성경 전체를 목숨을
걸고 손으로 한 자 한 자 써서 필사본 책으로 만든 고바야시 다케오
(小林武男) 형제가 다카쓰교회(高津敎會)에서 90세를 일기로 하늘나
라로 가셨습니다. 문어역(文語譯), 구어역(口語譯), 신공동역(新共同
譯), 신개역(新改譯)으로 합계 22책(冊)의 성경 전부를 필사 사본으
로 해서 제본을 하여, 많은 교회에서 강단 성경으로 사용하고 있는 것
은 감사한 일입니다. 고바야시 형제가, 혼자 사는 아파트, 노인시설,
병원침대 위에서 하루 종일 성경책과 마주앉아 씨름하는 모습이 생각
이 나서, 그런 선배의 신앙을 본받아서 천국에 가고 싶은 생각입니다.
그것이 작은 교회에서 '함께 고백하는 사도신경'의 은혜일 것입니다.

사도신경 설교는 2011년 정월 1일 신년감사예배 때부터 시작해서
8월에 끝냈습니다.

다나카야스코(田中保子) 자매는 설교가 끝나면 3일 이내에, 녹음
된 설교내용을 문자로 해서 홈페이지에 올려 주었습니다. 자매는 몇

년 동안 그 수고를 아끼지 않고 봉사해 주고 있습니다. 그것을 기초로 하여 둘이서 책으로 나올 수 있도록 원고정리를 하니 불과 두 달 만에 출판사에 넘길 수 있었습니다. 이 자매의 도움이 없었으면 출판은 어림도 없었을 것입니다.

사도신경 설교는 처음부터 출판을 염두에 두었기 때문에, 그 준비하는 매주 토요일이 상당히 괴로운 시간이었습니다. 아내는 제가 설교 준비를 끝낼 때까지, 커피를 끓여주고, 옆에 있어 주었습니다. 도움을 받는 것만이 아니고, 때로는 아내를 도와주지 않으면 안 되겠다는 생각도 하면서, 이제부터 10년, 20년 아내와 함께 복음 전하는 길을 걷고 싶습니다.

책의 디자인과 장정을 담당해 준 미야모토 노부유키(宮本信幸) 형제에게, 그리고 딸 아야카가 찍은 사진을 쓸 수 있도록 해 주신 것에도 감사를 드리고 싶습니다.

"내 영혼아 여호와를 송축하며 그의 모든 은택을 잊지 말지어다"(시 103:2).

2011년 10월
후지모토 미쓰루

1장

1) 『그리스도教史』(후스트 곤잘레스著/石田學教/新教出版社/2002年)79페이지 고로마신조의 그리이스어판은 340년의 앙큐라의 마르케로스에, 라틴어판은 400년경의 루피누스에 발견됨

2) 『사도신경강해』 C. E. B. 크렌필드 著/ 関川泰寬譯/新教出版社/1995年/14페이지).

3) 고로마신조의 성립과정이랑 교회적인 의미에 대해서는, 『니케아신조강해』 / (関川泰寬 著/教文館/1995年)、『니케아신조・사도신조입문』 〔F・양著/木寺廉太 訳/ 教文館/2009年〕, J. N. D. Kelly, Early Christian Creeds(London: Continuum 2006), Jaroslay Pelikan, Credo Confessions of Faith in the Christian Tradition(Yale University, 2005) 등을 참조.

4) 『현대에 사는 사도신조』 (바넨베르크, 보른캄, 콘쉘만, K・라나 외 著/ 喜多川信 訳/ 新教出版社/ 1970年) 발터「레뷔니히【사도신조의 발생과의미】7페이지

5) 동서 13페이지.

6) 『웨슬레의神學』(藤本 満 著/ 福音文書刊行會/1990年) 「웨슬레의日誌」1736年 2月 9日, 42페이지.

5장

1) 「begotten」에 얽힌 문장은、C・S 루이스著『기독교인의精髓』 (柳やぎ生う 直行訳 / 新教出版社) 「1 창조하는 것과 낳는 것 Ⅳ인격을 초월한 것」을 참조「인용하고있습니다.

2) ⓒ1988, Linda Mae Richardson "Comforters-When I Was Diagnosed with Cancer", posted by LoriHope, http://www.carepages.com/blogs/helpshurtsheals/posts/comforters-when-i-was-diagnosed-with-cancera-poem-about-what-helps-what-hurts-what-heals97.

11장

1) (http://yaplog.jp/seasidebc/monthly/201104/)

14장

1）『사도신조신해』（윌리암 · 버클리著 / 斎藤正彦訳 / 日本基督教団出版局）三
　· 八페이지
2）Wesley, John, The Journal of JOHN WESLEY, 1th February 1738
3）ibid., 24th May 1738.

17장

1）John M. Drescher, Why I Am A Conscientious Objector (Masthof Press, 2001),
　p.35.

18장

1）『종교개혁의 사상』（高柳俊一訳 / 教文館）271페이지)
2）『존「웨슬레説教53（下）』（勝間田充夫「河村従彦「藤本満訳 / 임마누엘綜合伝
　道団出版事業部 / 1977年）「공동의 정신」一 · 11부터
3）『사도교부문서』（講談社 / 八木誠一訳）『이그나티오스의편지-스미르나의
　기독교인에게』8 · 2
4）『길─ 베인튼来日講演集（1982年）』内海望訳 / 聖文舎 로부터 / 415페이지

19장

1）Charles Swindoll, David: A Man of Passion and Destiny, Thomas Nelson Inc,
　p.79.
2）『식문』（임마누엘통합전도단출판사업부）
3）『존 · 웨슬레説教(上)』（勝間田充夫「河村従彦「藤本満訳 / 임마누엘통합전도단
　출판사업부 / 1995年）説教「은혜의 수단」Ⅲ

20장

1）『길은 여기에』(주부의 벗사), 176쪽.
2) 같은 책, 176, 177쪽.